新编21世纪社会工作系列教材

社会工作实务案例选编

主 编 万仁德
副主编 周小帆 王志武

Selected Cases on Social Work Practice

中国人民大学出版社
·北京·

编委会

主　编　万仁德

副主编　周小帆　王志武

编　委　吕　方　刘　杰　陈安娜

李雪燕　李　琳　郑广怀

杨生勇　杨　乐　陈　琦

陈喜枝　金小红　赵万林

洪　佩　顾永红　高玉玲

黄　君

内容简介

《社会工作实务案例选编》一书由华中师范大学社会学院教师与武汉博雅社会工作服务中心社会工作者同人共同完成。本书围绕一线社会工作者开展的专业实践成果，收集了近几年获得国家、省、市级荣誉的优秀案例，以社会工作实务教学大纲为标准，由专业教师逐一进行案例点评，深入地阐述了实务案例的经验与可借鉴之处。入选案例内容涵盖社区社会工作、残疾人社会工作、家庭社会工作、青少年社会工作、老年社会工作和医务社会工作等方面，凝聚了社会工作者的专业素养与实践智慧。案例类型丰富、服务技巧专业、介入过程完整、社会影响较广，较好地展现了社会工作服务在不同领域的专业优势。

本案例选编为读者提供了丰富实用的社会工作实务经验，适合作为社会工作专业“社会工作实务”课程的教学用书，同时也可供一线社会工作者学习参考。

作者简介

万仁德 华中师范大学社会学院副教授，武汉博雅社会工作服务中心理事长，湖北省社会工作联合会副会长，湖北省素质教育研究会会长，武汉市社会学学会副会长。长期从事社会学与社会工作专业教学、研究及实务督导，2015年入选武汉市“黄鹤英才（社会工作）计划”。先后发表学术论文二十余篇，主编高等院校社会工作系列教材《社会工作导论》（华中科技大学出版社，2006年），主持编写《医务社会工作服务规范》（湖北省地方标准DB42/T 2170-2023）。

周小帆 华中师范大学社会学院教师，香港中文大学社会福利哲学博士，武汉博雅社会工作服务中心督导，社会工作师。长期从事社会工作专业教学、研究及实务督导工作，主持、参与多项国家及省部级课题。

王志武 武汉博雅社会工作服务中心党支部书记、副总干事、研发部部长，社会工作师，武汉市“最美社工”，从事社会工作服务13年，在国家、省、市各级平台发表多篇文章。

序言

社会工作是一门以实践性、应用性为核心特征的学科与职业，案例教学在培养学生的实践能力和将理论应用于实务中的能力上发挥着举足轻重的作用。教育部在 2015 年发布的《教育部关于加强专业学位研究生案例教学和联合培养基地建设的意见》中指出："鼓励教师将编写教学案例与基于案例的科学研究相结合，编写过程注重理论与实际相结合，开发和形成一大批基于真实情境、符合案例教学要求、与国际接轨的高质量教学案例。"国务院学位委员会、教育部在《专业学位研究生教育发展方案（2020—2025）》中提出，专业学位研究生教育要改革教学方法，推行案例教学，树立全新的教育理念。在此背景下，由华中师范大学社会工作系万仁德教授主编、其他同人参与的《社会工作实务案例选编》可视作一种响应加强案例教学要求的集体努力。

整体来看，这本案例选编具有以下几个特点。

第一，这是社会工作教育界和实务界共同努力的结果，体现了专业教育与专业实务的良性互动和深度融合。不同于西方社会工作，我国社会工作在发展路径和发展次序上表现出"教育先行"的特征，高校教师领办社会工作服务机构成为我国社会工作发展的一幅独特画面。本书中呈现的案例大多来自由华中师范大学社会学院教师领办的武汉博雅社会工作服务中心的服务实践，这正是高校教师领办社会工作服务机构的实践成果，反映出我国社会工作专业教育与专业实务之间的深度融合。此外，本书中的部分作者是华中师范大学的本科生和研究生，他们基于自身的实习经历和专业反思将服务过程写成实务案例，表明专业实习为专业教育与专业实务之间的良性互动搭建了桥梁，教育界和实务界在专业人才培养上形成了合力。

第二，本书的案例既回应了社会治理领域的一些重要问题，也有针对性地回应了特定人群的多元化需求。自 2015 年开始，社会工作多次被写入政府工作报告，并被赋予推动社会治理创新、强化社区服务功能的重要使命。社会工作参与社会治理，既要整体性、综合性地响应社会需求，也要有针对性地为有需要的人群提供精专的专业服务。在这本案例选编中，社会工作不仅为残障人士、青少年和老年人等特定人群提供了精细化的服务，也面向有需要的家庭提供了专业支持，同时借助“五社联动”推动了基层治理体系的健全和基层治理能力的提升。社会工作在社会治理中的多层次、全方位参与有助于系统化和精准化地回应社区居民的多元需求，彰显了社会工作参与社会治理的专业优势。

第三，本书的案例都曾在国家级或省市级案例竞赛中获评“典型案例”或“优秀案例”，这一方面说明华中师范大学与武汉博雅社会工作服务中心同人的努力是有成效的，另一方面也表明中国社会工作参与社会治理的成效得到了业内的认可。改革开放以来，面对急剧的社会变迁，党和政府期待社会工作能够在稳定社会、为民解困等方面发挥积极功能，因此大力支持社会工作专业的发展。近年来，在教育界和实务界的共同努力下，社会工作在不同的领域扮演着日益重要的角色，党和政府对社会工作的“期待”正在逐渐变为“现实”，中国社会工作正在从因受期待而“有为”迈向因“有为”而受认可的发展阶段。本书中的“典型案例”和“优秀案例”是中国社会工作整体发展的一个缩影，一定程度上反映了中国社会工作在社会建设和社会治理领域的“有为”的一面。

上述三个特征意味着这本案例选编可以有多种用途。在社会工作专业教育越来越重视案例教学的背景下，它可以被用作专业参考教材，帮助学生更加形象地理解和感知社会工作在本土实践情境下的真实运作过程。本书囊括了不同的实务领域，涉及多种社会工作专业理论与方法的实际操作，可以为相关领域的实务工作者提供参考借鉴的经验。本书呈现了不少关于社会工作促进基层社会治理创新的典型案例，因而，它也可以作为基层工作者学习社会工作专业知识的基础读物。习近平总书记在党的二十大报告中强调：“以中国式现代化全面推进中华民族伟大复兴。”在迈向中国式现代化的时代征程中，推动中国社会工作高质量发展的落脚点在于自主知识体系的建构。社会工作的自主知识体系建构并非无源之水、无本之木，而是植根于中国绵延的社会历史底蕴和当代实践。本书呈现了社会工作在中国本土的实践样貌，为中国社会工作建构自主知识体系提供了重要的经验基础。但与此同时，我们也要看到，建构自主知识体系并非一日之功，如何从中国社会文化传统中发掘治理与解决社会问题的中国智慧、中国理论和中国方法，并将其应用到实务工作之中，仍然需要业界同人上下求索。

马凤芝

北京大学社会学系教授、博士生导师

中国社会工作教育协会会长

目录

第一篇

社区社会工作

第二篇

残疾人社会工作

第三篇

家庭社会工作

第四篇

青少年社会工作

第五篇

老年及医务社会工作

第一篇

社区社会工作

案例一　社区自组织参与老旧小区环境改善项目①

蔡莉萍②

一、背景介绍

D 街地处市中心老城区核心地带。作为老城区，D 街部分社区存在院落密集、配套设施不齐全、小区路面狭窄、绿化面积少、停车位严重不足等问题，多数小区的物业管理缺位。面对上述问题，D 街的部分社区曾尝试引进第三方物业公司进行管理，但由于物业公司未能有效解决上述问题，以及居民缺乏物业管理消费意愿，物业收费十分困难，居民与物业公司之间的矛盾日益激化，最终导致物业公司不得不撤出小区。为了更好地服务居民，社区居委会承担了部分物业管理任务，但这极大地增加了社区工作人员的工作负担。

H 社区位于 D 街中段。H 社区由大大小小的院落组成，辖区内仅有一个新型小区配有物业公司进行管理，其余的院落均为老旧小区，大部分由房改房、还建房以及开发商遗留下来的零散院落组成，小区环境脏、乱、差。

为了进一步推进社会治理创新，激发基层社会活力，提高居民的自治能力，解决老旧社区物业管理难问题，H 社区大胆创新改革，以政府先期投入推动社区环境改造，以及尝试通过组建物业自管组织协助居民解决问题等方式，探索出一套适合老旧城区居民物业自管的服务机制，更好地让居民参与到社会治理中，以达到从社区管理模式逐步向社区治理模式转型的目的。在这样的背景下，"三社联动"社会工作服务项目落地该社区，围绕社区社会组织孵化、社区居民自治和困难群体帮扶等项目开展社会工作服务。

---

① 本项目获评 2015 年度湖北省优秀社会工作服务项目。

② 蔡莉萍，社会工作师，武汉博雅社会工作服务中心副总干事，曾获评"中国百名社工人物"。

二、分析预估

H 社区的院落大小不一，由还建房、房改房、单位房以及其他零星建筑组成，整个社区缺乏合理的规划。就 H 社区而言，其面临的主要问题包括以下四个方面。

首先，社区公共卫生较差。因社区缺乏专门的清扫人员，且部分社区居民未能养成良好的卫生习惯，乱堆乱放、随手乱丢垃圾及违章搭建等现象较为严重，多数小区存在“脏、乱、差”现象。

其次，基础设施建设不足。社区内基础设施缺乏，并且现有的公共设施较为老旧，社区经常出现断水断电现象，严重影响到社区居民的正常生活。

再次，在治安管理方面缺乏保障措施。H 社区的大部分院落属于开放性院落，无专人看守、巡视或监管，偷盗现象偶有发生，居民的财产安全得不到保证。

最后，社区内的车辆缺乏管理。与其他老旧社区一样，H 社区也存在着公共道路狭窄、车辆乱停乱放等问题，这使得社区内经常发生交通堵塞问题，严重影响到居民的日常出行。

由于存在上述问题，H 社区的大部分居民对目前的居住环境不满，迫切希望改善现状。在未能引入第三方物业公司管理的情况下，H 社区居委会开始兼管物业事宜。在实行网格化管理后，H 社区的所有辖区被划分成了八个网格，除社区书记外，社区内的其余工作人员每人对应一个网格开展管理工作。社区工作人员在兼管物业事宜后都处于“力不从心”的状态。他们不仅要负责岗位专干工作，还要兼顾老旧物业维修、环境卫生宣传及楼道垃圾清理等任务，由此陷入工作忙、任务重的境地。这既影响了网格化管理的进程，也致使部分社区工作人员因不堪压力而选择离职。

因此，H 社区迫切需要转变思路，充分动员社区居民参与到社区环境改善和物业自管之中。只有形成多方协同治理的格局，才能更好地提升社区治理的现代化水平。H 社区的居民以中低收入人群为主，下岗待业人员等弱势群体比例较高，居民花钱购买服务的意愿较低，自我管理的意识尚未形成。许多居民认为物业管理是政府或单位提供的福利，其成本不应当由个人承担，对物业收费存在抵触心理。需从居民的真实需求及想法出发，成立老旧物业自管组织，才能更好地为居民服务。基于上述问题和需求，结合项目资助方的愿景，本项目旨在达成以下四个主要目标。

（1）链接资源进行社区基础设施的改造升级。包括对社区老旧设施进行维修，以满足居民需求，并根据社区的特点增设基础设施，如健身器材、晾衣架、休闲桌椅等。

（2）成立小区物业自管委员会。由居民推举并投票选举产生自管委员会成员，实现物业自管。自管委员会成员针对小区或院落的情况，联合社区及社会工作者的力量进行整治与管理。

（3）依托物业自管委员会开展安防治安巡查。通过进行院落封闭、设置治安岗亭并安排安保值守人员、加强院落治安巡查等方式，保证院落内居民的人身财产安全。

（4）依托物业自管委员会推动社区卫生环境改善。包括改善社区内存在的环境“脏、乱、差”现象，加强卫生宣传，提高居民的环保意识，等等。

三、理论依据

社区工作在工作手法上强调社区居民的参与、协作，其主导模式如地区发展模式与社区教育模式均不同程度地强调了社区参与的重要性①。本项目旨在依托小区物业自管委员会这一内生力量来回应老旧社区面临的上述问题，自组织理论能够为本项目提供理论支撑。在社会科学中，社区自组织化一般指的是一种不需要外部具体行政指令强制，而是通过社区成员之间的面对面协商实现共识凝聚、分歧消除、冲突解决、信任强化，从而形成合作治理社区公共事务的过程②。社区自组织化有助于培育和强化社区的自助与互助能力，形成社区自主发展机制，其背后体现的是“以社区能力建设为中心的内源发展观”。有学者指出，“以社区能力建设为中心的内源发展”强调的是社区自身的发展，即用“以人为本”的理念看待社区能力建设，从社区居民的所思、所想和所能出发，协助社区居民成为社区发展的真正主体，而不是由发展工作者、政府官员或专家等外来者越俎代庖。在这个意义上，内源发展观主张社区能力建设应将重点放在社区自身的创造力培养上，将社区能力的提升与社区的自主改变联系在一起，通过公众参与，让人们在发展的过程中学习，获取发展的知识并形成新的态度③。社会工作促进社区自组织化在某种程度上构成一个“组织与教育过程”，其中，组织过程主要包括参与、研究和动员，教育过程则主要包括自助、合作和自治④。

虽然社区自组织化强调社区的自我管理与自主运作，但社区自组织并非完全脱离于政府与市场，社区秩序与社区活力的维系离不开自组织与“他组织”之间的整合互构、联动协作⑤。一方面，政府部门以及相关的市场力量可以充当社区自组织的资源输入者，积极参与对社区基础工程的投资，为居民提供公共物品，增加社区自组织的活动经费，加大社区活动的设施建设力度，改变社区自组织活动中出现的缺人、缺钱、缺场地、缺

---

① 王思斌．社会工作导论．北京：高等教育出版社，2004：195－198.
② 陈伟东，李雪萍．社区自组织的要素与价值．江汉论坛，2004（3）.
③ 钱宁，田金娜．农村社区建设中的自组织与社会工作的介入．山东社会科学，2011（10）.
④ 同③.
⑤ 同③.

设备的局面[①]。另一方面，社会工作等专业力量既可以协助社区居民建立自组织的自主运作机制，也可以在联动其他“行动系统”[②] 方面发挥积极作用。此外，在本土实践中，推动社区自组织化往往要借助社区能人的力量，因为能人作为自组织的核心成员，其拥有的政治、经济或社会威望在自组织过程初期发挥着重要作用[③]。

四、服务计划

（1）入户调查，收集民意。通过老旧物业自管服务宣传，让居民对老旧物业自管的运作方式有一定的了解。以入户走访及问卷调查的方式，充分了解居民对成立物业自管委员会的意见与建议。

（2）摸底评估，选取试点。根据 H 社区八个网格的实际情况，选取具备一定群众基础、居住环境相对较差的网格进行试点。通过对试点网格的模式探索，积累同类型院落改造的经验，以便后期开展对 H 社区网格的全面改造。

（3）选拔骨干，成立组织。各方协同，共同选拔、培育居民骨干，通过居民民主选举，产生自管委员会负责人及委员，并成立自管委员会。

（4）召开会议，筹备服务。组织院落居民代表召开议事会，广泛征求居民的意见及建议，为试点院落自管委员会的服务开展奠定基础。

（5）开展工作，为民服务。通过前期的调研和召开试点院落居民代表大会，将居民反映最为集中的问题加以整合，链接老旧物业维修及惠民资金等经费资源，解决社区居民所反映的相关问题。

（6）对照问题，逐项改造。根据议事会及服务对象所反映的问题，政府前期投入部分资金对这些问题逐项进行改造，让居民得到实惠，也让居民明白政府推行居民自治的信心与决心。

（7）签订协议，移交工作。通过前期社区工作人员、社会工作者及自管委员会委员的共同努力，自管委员会的日常工作开展步入正轨。经过不断的反思、探索及改进，社区工作人员、社会工作者正式将工作移交给自管委员会。

（8）开展活动，促进成长。社会工作者根据自管委员会的实际推进情况，有针对性地开展活动，如开展环保活动、培养居民良好的卫生习惯等，协助自管委员会更好地开展工作。

---

① 王瑞华．政府在社区自组织能力建设中的作用．中国行政管理，2008（1）．

② 陈树强．社会工作实践四个基本系统的实践意义再认识．东岳论丛，2022，43（1）．

③ 罗家德，孙瑜，谢朝霞，等．自组织运作过程中的能人现象．中国社会科学，2013（10）．

五、服务过程

（一）全面开展物业自管宣传及入户调研工作

为了让服务对象理解物业自管的概念，了解物业自管模式的优势，H社区的社区工作人员及社会工作者通过楼栋会、单元会、网格信件、入户走访等形式，进行老旧物业自管宣传。在进行老旧物业自管宣传的同时，搜集和整理居民的想法及意见，再结合专业的社会工作研究方法，编制科学合理的调查问卷。在完成试调查工作后，社区工作人员、社会工作者在居民骨干的协助下，入户开展居民问卷调查工作。此次问卷调查面向H社区A1公寓、A2大院等八个网格展开，覆盖范围达社区居民总人数的70%以上。社会工作者对回收的调查问卷进行了整理汇总，分析统计数据如表1-1-1所示。

表1-1-1　问卷调查数据分析

序号	院落名称	物业自管的支持率（%）	承担物业自管费用的支持率（%）
1	A1公寓	87.5	80.4
2	A2大院	80.7	77.8
3	A3公寓	56.0	58.7
4	A4宿舍	80.0	76.0
5	A5宿舍	93.5	90.3
6	A6小区	81.5	76.9
7	A7宿舍	65.4	53.8
8	A8大院	28.6	28.6

在问卷调查过程中，社区工作人员与社会工作者将服务对象所反馈的意见及建议记录在册，并整理汇总。在这个过程中，社会工作者发现，所有网格存在很多共性的问题，如服务对象普遍对当前的居住环境不满意，乱堆乱放、随地吐痰、乱丢垃圾等现象严重，院落安全防范措施较差，丢失电动车等偷盗事件屡有发生，车辆乱停乱放引发居民之间的矛盾，基础设施老化、下水管道堵塞影响居民生活，等等。

通过本次问卷调查，社会工作者整理出一份物业自管调查总结分析表，更加清晰地展现出社区居民对成立自管委员会的看法及建议，并针对院落存在的问题进行分析，以备后期按照此问题清单逐项进行解决。

（二）选取试点院落，开展自管物业试点工作

对H社区八个网格的问卷调查显示，A1公寓、A2大院、A4宿舍、A5宿舍和A6小区这五个院落的服务对象较为支持开展老旧物业自管服务。综合各方面的考虑，项目

选取了居民自治基础较好、对物业自管支持率相对较高、卫生环境问题和基础设施问题等各种问题突出的 A2 大院作为 H 社区老旧物业自管的第一个试点院落。

（三）挖掘居民骨干，成立 A2 大院自管委员会

社会工作者通过社区推荐、居民举荐、社区走访及活动观察等方式，发掘居民骨干。在此过程中，社会工作者了解到 H 社区退休书记蒲某居住在 A2 大院。因为有着多年的社区工作经验，蒲某在院内建立了较好的群众基础。社会工作者与社区书记等人同蒲某就成立 A2 大院自管委员会的事宜进行沟通，蒲某表示十分赞同社区在 A2 大院成立自管委员会的想法，也愿意发挥余热，同意成为 A2 大院自管委员会主任候选人。经过一段时间的发掘及访谈，社会工作者最终确定了十余人成为 A2 大院自管委员会委员候选人。

通过开展培训及交流活动等，社会工作者针对 A2 大院自管委员会候选人进行骨干能力建设，增强其沟通、管理、服务等各方面的能力，以便其更好地为服务对象提供服务。

2015 年 4 月 16 日，在 H 社区的组织下，A2 大院自管委员会委员选举会议召开，大院的居民代表参与此次选举，最终民主选举出主任 1 名、副主任 1 名、委员 6 名。在 D 街街道党工委的大力支持及 H 社区工作人员、社会工作者、A2 大院居民骨干的共同努力下，A2 大院自管委员会于 2015 年 4 月 24 日正式备案成立。

（四）利用开放空间技术，推动居民自治的实现

为了实现居民自治，充分调动服务对象的积极性，让服务对象更好地融入服务中去，真正做到“民事民提、民事民议”[①]，社会工作者应用开放空间技术组织 A2 大院居民代表召开议事会。议事会分为三个环节。第一，团队游戏环节。设置此环节的目的在于培养服务对象的团队协作能力，促进服务对象之间的分工合作，以更好地开展服务。第二，议事环节。社会工作者根据议事会的主题，设置相应的分主题，然后组织服务对象按桌分组，每组推举产生 1 名组长负责主持本组讨论，另推举 1 名成员进行记录。服务对象就社会工作者给出的议题在组长的主持下进行讨论，并将结果记录在纸上。第三，分享环节。每组组长将本组讨论的结果在白板上进行展示，并向其他组成员进行讲解。这一环节的设置一方面将本组的想法与其他组员进行分享，另一方面也借此培养组长的逻辑思维与表达能力。经过多次的开放空间议事会，最终协商制定出了 A2 大院居民自治公约、工作经费筹集及运转形式、矛盾纠纷处置方法、意见建议回告处理机制等，形成了

① “四民工作法”是指：民事民提、民事民议、民事民决、民事民评。湖北武汉全面推行“四民工作法”.(2013－10－28)［2023－09－10］. http://dangjian.people.com.cn/n/2013/1028/c117092－23350588.html.

社区自治物业管理工作正式方案，并确定了自管委员会管理职责、管理范围、管理方法与监督机制等。

以下是第一次居民议事会的议题及内容，详见表1-1-2。

表1-1-2　第一次居民议事会的议题及内容

院落内存在的问题	
高空抛物	电线老化
楼道卫生差	信报箱少
油烟扰民	居民素质不高
存在楼道“牛皮癣”	有火灾隐患，存在安全问题
煤气管道老化	休闲桌椅被私营老板占有，不卫生
无监控设备	小广告乱贴
存在二次供水问题	存在偷盗现象，急需安装防盗门
路灯数量少	老鼠多，急需除四害
存在院内绿化问题	存在用水问题
餐馆泼油，出行安全受影响	“一键通”的紧急呼叫功能受限
如何看待H社区成立自管委员会	
支持成立自管委员会	增设娱乐场地
加强环境卫生治理	要解决天然气和自来水供应这两大生活问题
加强文化交流的开展	二次供水泵噪声太大，需要维修
84号居民参与意识不强，管理有难度	解决经费问题，账目要有标准公示
建设公共车棚	在楼道内安装座椅
控制外来车辆进入	电线老化、杂乱
您心目中的自管委员会是什么样的	
协调好院落内公共卫生工作	经常进行楼道巡查，解决狗患问题
能够及时解决居民反映的难题	高度重视社区治安问题
能够团结居民，发动居民及时与社区沟通	上传下达，解决实际问题
自管委员会成员需要有奉献精神	对设备进行定期维修保养
要有标准化的服务	
若您是自管委员会成员，您将会怎么管理	
做好上门宣传工作	做好文明宣传，提高整体素质
听取群众意见，联合社区共同解决，若能自主解决会自主解决	经常组织大家会谈，通过组织活动促进交流
融入群众，做好上传下达工作，以身作则	每月进行一次安全宣传
将院落进行封闭	每月进行一次卫生宣传

（五）基础设施改造，为民提供贴心服务

A2 大院常住人口 828 人，其中 65 岁以上的老年居民 429 人，占大院总人口的 52%，是一个老龄化较为严重的院落。在议事会中，很多居民反映水泵老化造成水压不足，楼层较高的居民经常需要到较远的地方提水，以供日常使用。同时，多数居住在较高楼层的居民年龄较大，下楼提水存在困难。D 街街道党工委书记、H 社区书记分别与房屋权属单位及供水局进行多次沟通协调，最终拿出方案：由房屋权属单位提供资金，供水局提供维修及技术支持，社区、街道及专管部门提供协助，为 A2 大院更换供水设备，通过多主体协同解决了 A2 大院服务对象用水难的问题。除此之外，在成立 A2 大院自管委员会之后，相关方还针对大院的环境及基础设施，进行了为期一个月的改造。

（1）安防设施方面。在 D 街街道办的大力支持下，投入资金开展 A2 大院的院落封闭建设。H 社区协助将 A2 大院前后三条通道封闭并设置电子门禁及机动车道闸出入口。院落封闭后建造服务岗亭，安排专人值守，并安装监控设备以保障居民安全。

（2）基础设施方面。安排专人针对基础设施老化等问题进行修整改造，更换供水设备，疏通下水管道，安装天然气管道，修补破损道路及各种其他器材，等等。

（3）文化建设方面。为了让服务对象积极参与社会服务，建造 A2 大院“街坊话廊”，以供服务对象在长廊内开展活动与日常休闲。

（4）院落环境方面。针对院落内的花坛、休闲桌椅、停车位等进行整体规划设计，就卫生、停车等问题制定相应的规章制度，并配备专门的保洁人员每天定时进行楼道清扫。

通过一系列的改造，A2 大院的环境有了较大的改善。

（六）签订协议，移交工作，自管委员会正式自管

在基础设施改造完毕，且前期工作已初步完成后，在 H 社区居委会、社会工作者及 A2 大院自管委员会的共同推进及努力下，社会工作者于 2015 年 6 月正式与 A2 大院自管委员会签订自管工作协议，并将 A2 大院自管相关工作全部移交给 A2 大院自管委员会，正式由居民进行物业自管。

A2 大院自管委员会在正式接手自管工作后，每天都安排委员值班，接待服务对象并为他们解决问题，定期安排专人在小区开展清扫及巡查服务，以保证 A2 大院的卫生与安全。服务对象在接受服务的过程中，真正感受到了物业自管给他们带来的方便。通过亲身体会，居民看到了自管委员会的工作成效，从而使自管委员会在居民心中的形象被树立了起来，也促使更多居民相信自管委员会并非一个“空架子”，而是真正为居民服务的组织。

工作移交并不意味着自管委员会就是孤军奋战的。在居民自管的过程中，A2 大院自管委员会实际上成了居民与社区、政府之间的桥梁。服务对象遇到问题之后，可以通过自管委员会将问题转达给社区，社区有事情也可以通过自管委员会转达给服务对象。当遇到不好解决的问题时，自管委员会通过不定期组织多方会谈进行商讨，共同制定解决方案。

（七）开展多样化的活动，促进携手共治

社会工作者根据自管委员会及社区的实际情况，不定期开展多样化的社区活动，邀请居民走出家门，加入社会共治行列中。譬如，2015 年 4 月，社会工作者与 H 社区携手社区社会组织及共建单位，以文明创建为契机，以“分享幸福，传递文明”为主题，借鉴当时热播的综艺节目《奔跑吧兄弟》，开展“社区寻宝”主题活动，让居民、社区社会组织、社区工作人员、共建单位、社会工作者组建六支队伍，参加有奖问答、趣味游戏及寻宝活动，进行互动交流，获得了较好反响。2015 年 5 月，社会工作者开展“三社携手，共亮楼道”活动。活动组建了五个组，每组分别由 1 名社会工作者、1 名社区工作人员、2 名社区社会组织骨干带领服务对象开展楼道清理大比拼活动，激发了服务对象对社区环境卫生的关注。通过签订卫生协议，进行定期评比，活动有效地遏制了楼道乱堆乱放现象。除此之外，社会工作者还组织开展了“和谐邻里一家亲”系列活动，通过活动的开展，增加了服务对象之间的了解和信任，营造了温馨和谐的社区氛围，提高了服务对象对公共事务的参与度，为自管委员会后期工作的开展奠定了良好的基础。

六、成效评估

（一）过程评估

第一，社会工作者在执行项目的过程中，认真倾听了社区居民或服务对象的内心想法，始终坚持以服务对象的需求、利益和福祉为本位，充分体现了“民事民提、民事民议、民事民决、民事民评”的“四民工作法”原则，这在很大程度上保障了居民在项目各个环节中的知情权和参与权。在 A2 大院自管委员会筹备、成立过程中，社会工作者均充分征集和尊重民意，并且做到对每一个表决、每一项决定都进行公示。

第二，在项目开展过程中，社会工作者扮演了资源链接者的“桥梁”角色，并在某种程度上促成了多主体协作联动的治理格局。具体而言，在应对老旧物业问题的过程中，街道投入资金支持，社区投入人力、物力支持，社会工作者开展老旧物业自管组织孵化工作。2015 年 4 月 24 日，A2 大院自管委员会正式成立，建立起了值班制度、环境清扫

制度和小区安全巡查制度，形成了街道、社区、社会工作者与自管委员会之间的联动格局。此外，A2 大院自管委员会能够如此快速地成立及实施服务，离不开房屋权属单位、水务局、天然气公司、城管局、街道办、教育局等各方力量的支持，在服务实施过程中，各方力量各司其职，实现了多方协同共治。

第三，在项目服务过程中，社会工作者联合社区居委会发现并动员了一批热心居民成为自管委员会成员。在社区的大力支持与协调下，设置了 A2 大院自管委员会办公室。自管委员会成员轮流坐班，协助小区居民解决房屋漏水、下水管道堵塞和天然气安装等问题。自管委员会能够自主解决的问题当下便协助解决；自管委员会难以自主解决的问题则上报给社区，然后由社区牵头，协调其他部门与居民商议，共同寻求解决办法。自管委员会自成立以来，共解决大小事件 30 余起，居民普遍表示自管委员会成员十分认真负责，虽然不拿一分工资，但是每天按时坐班，协调解决居民们的问题，寒冬时节有的居民半夜家中水管漏水，他们二话不说，上门维修。居民们对自管委员会给予了高度评价。

（二）成果评估

围绕老旧物业存在的各种现实问题，社会工作者通过与街道和社区的协商合作，既在“硬件”上推动了基础设施的改善和用水问题的解决，也在“软件”上促进了社区居民对社区公共议题的觉察与关注，并在逐步推动居民自组织化的过程中强化了各方主体之间的联系。

第一，自管委员会成立以后，由 D 街街道办出资，H 社区协助，将 A2 大院前后三条通道封闭，设置电子门禁及机动车道闸出入口。院落封闭后安排专人值守，安装监控设备，保障了居民安全。

第二，安排保洁人员定时进行楼道清扫。通过卫生宣传及相关环保活动的开展，帮助服务对象正确对待环境问题，减少了乱堆乱放、乱贴乱画等现象的发生。

第三，划分了停车位，制定了相应的停车管理制度，针对车辆乱停乱放情况进行了整治。

第四，对下水管道进行了疏通，协调了水压不稳及用气难问题，铺设修整了破损路面，对老化设施进行了维修。修建了“街坊话廊”，为居民提供了相对优雅舒适的生活环境。

第五，为自管委员会增设了办公地点，方便了自管委员会为居民提供服务、解决问题。

（三）效益评估

A2 大院自管委员会自运营以来，获得了服务对象的广泛好评。政府的先期投入，改善了小区的居住环境，提高了服务对象的生活质量。通过自管委员会试点运营、规范化管理，让居民了解并接受物业自管、居民自治，充分相信政府对于实现居民自治的信心及决心，并愿意加入社会治理的行列，形成自我管理、自我成长的良好机制。在先期投入过程中，居民逐渐享受到物业自管带来的好处，打破了原本由物业收费所带来的抵触心理。2015 年 8 月，A2 大院自管委员会开始实施物业收费。在 A2 大院自管委员会的宣传下，短短几天时间便收到了 70％的物业费。在后期的服务中，物业费收取率达到 90％以上。由此可见，A2 大院探索的物业自管道路较为成功，具有一定的借鉴意义。

七、专业反思

（一）社区自组织中的能人与动员

结合本案例来看，社会工作在助力社区自组织化的过程中可以着重在两个方面发力。第一，充分利用社区走访、社区推荐或个人自荐等方式发掘能人，包括政治能人、社会能人与经济能人[①]，进而通过对这些能人的动员与增能，将其转化为社区自组织成形与发展的积极力量。社区自组织的“从无到有”是一个艰难的过程，A2 大院自管委员会的成立同样如此。为了实现“破局”，社会工作者发掘了包括蒲某在内的多位社区能人和积极分子作为自管委员会的候选人。而在自管委员会后续的运作中，这批能人也发挥了重要的作用。第二，服务成效的初步彰显有助于实现对一般社区居民的动员。在服务初期，很多服务对象对老旧物业自管持怀疑态度，认为“这么多年没有物业管理也过去了，平时楼道脏了自己动手扫扫，管好了自己就可以了，并不是十分迫切地需要物业管理”。但当物业自管得到真正的推进后，服务对象看到了政府为民办事的决心，觉察到了整个院落从之前“脏、乱、差”到整洁舒适的转变，并且看到有专门的自管委员会联动社区、社会工作者一起为他们解决问题，开始意识到物业自管是十分必要且可行的。由此，项目揭示了一种可行的社区动员路径，即从起初的“能人动员”逐步过渡到基于服务成效的“效率动员”。而当一般社区居民见证社区环境的改善并积极参与到物业自管之中时，社区自组织的力量也开始显现。在实践中我们发现，倡导居民自治，让居民按照自己的想法规划院落，自己提想法，自己做决定，自己调矛盾，自己享成果，充分发挥居民的主观能动性，这样一套居民自治模式不但提高了居民解决问题的能力，也节约了行政成本，提高了居民的参与度。

---

① 罗家德，孙瑜，谢朝霞，等．自组织运作过程中的能人现象．中国社会科学，2013（10）．

（二）社会工作者在“三社联动”中的角色

社会工作者在A2大院自管服务推进过程中，坚持“三社联动”的原则，充分基于社区、社会工作者及社区社会组织的资源及特色，整合资源为服务对象提供更好的服务，主要扮演了资源整合者的“桥梁”角色。一方面，A2大院自管委员会能够快速地成立并自主运作，离不开社区和社会工作者所争取到的房屋权属单位以及包括水务局、天然气公司、城管局、街道办、教育局在内的各方力量的支持。在执行项目的过程中，各方力量各司其职，形成了多方协同共治的良好局面。另一方面，在筹备老旧物业自管委员会的过程中，社会工作者专门成立了A2大院自管委员会筹备组，通过“业主＋房屋权属单位＋街道＋人大代表＋社区＋社会工作者”的协作机制，完成了自管委员会前期筹备工作。此外，在自管委员会自主运作后，社会工作者、社区仍然适时地协同自管委员会，继续与自管委员会保持联动的关系，持续为老旧物业自管提供服务。由此，在“三社联动”的格局中，作为“改变推动者系统”，社会工作者实际上依据“目标系统”的阶段性转换而积极地与相应的“行动系统”展开联动①，主要扮演着资源链接者和资源整合者的角色。

专家点评

如何促进社区公共议题的形成，如何进行有效的社区动员、推动居民的社区参与，以及如何建立较为完善的民主协商与利益协调机制，这些都是社区社会工作实践中需要关注的重要议题。案例较为完整地展现了社会工作者推动老旧小区物业自管委员会成立并自主运作的过程，包括前期的宣传与民意搜集，对社区能人的发掘与动员，以及后期推动物业自管委员会自主运作的各种制度与机制建设。从结果上看，老旧物业“换了新颜”；从过程上看，社会工作者、社区、街道与其他主体之间的联动协作，以及社区能人和一般居民的社区参与得以实现。就此而言，本案例具有完整性、成效性和一定的示范意义。可以进一步思考的是，除案例中提到的开放空间等干预技术的应用之外，是否还有其他条件支撑了项目成效的取得？譬如，案例中各个主体之间的联动对于最终的项目成效具有重要的意义，这种联动是如何实现的？另外，项目选取“居民自治基础较好、对物业自管支持率相对较高”的A2大院作为试点，那么，这一试点的工作模式能否推广到类似于A8大院的小区？换言之，在参与意愿不那么强烈或参与积极性不那么高的小区，社会工作者如何有效地进行社区动员？

赵万林　华中师范大学社会学院讲师

---

① 陈树强．社会工作实践四个基本系统的实践意义再认识．东岳论丛，2022，43（1）．

案例二　时间银行模式下的社区志愿服务培育项目[①]

邓亚情[②]

一、背景介绍

近年来，全国上下推行志愿服务理念，倡导志愿服务走入千家万户。不过，在具体实践中，我国的志愿服务发展还面临一些困境和挑战，如志愿者在服务过程中的付出与回报不对等、志愿者的积极性不足、志愿服务的持续性较差、参与志愿服务的人群有限。正是在这样的背景下，“时间银行”作为一种促进社区志愿服务的手段受到了学界和政策界的广泛关注。时间银行建立在美国法律学者埃德加·S. 卡恩所倡导的“时间币”（time dollars）的基础上。按照时间等价的原则，居民每付出一小时的劳动，就可以获得一个时间币，在积累一定数量的时间币之后，居民可以在自己有需要的时候从时间银行的其他成员那里获得相应的服务[③]。通过引入时间银行这一运作模式，研究者和实践者期待能够以此促进社区居民之间的互助互惠和社区社会资本的提升[④]。

从 20 世纪 90 年代上海市虹口区展开对时间银行的探索起，时间银行在我国得到了较为快速的发展[⑤]。虽然时间银行项目在实际运作中存在各种各样的困境[⑥]，但也有学者基于实证研究指出，时间银行显著提高了志愿者的持续性参与意愿[⑦]。就目前而言，时间银行主要以社区为平台，重点服务对象包括老年人、儿童、残障人士等弱势群体（现有研究尤其讨论了时间银行对互助养老模式构建的意义）。这种服务模式在服务特殊人群的

---

① 本项目获评2019 年度湖北省优秀社会工作服务项目。

② 邓亚情，助理社会工作师，武汉博雅社会工作服务中心社工，曾获评武汉市“优秀社会工作者”。

③ CAHN E S. On LETS and time dollars. International journal of community currency research，2001 (5).

④ 吴飞．从单向志愿到网络互惠：“时间银行”可持续发展的现实选择．理论导刊，2021 (12).

⑤ 陈功，黄国桂．时间银行的本土化发展、实践与创新：兼论积极应对中国人口老龄化之新思路．北京大学学报（哲学社会科学版），2017，54 (6).

⑥ 陈友华，施旖旎．时间银行：缘起、问题与前景．人文杂志，2015 (12).

⑦ 王焕，魏培晔．时间银行能否带来可持续志愿参与?：基于一项混合研究．中国行政管理，2021 (10).

同时，既体现了服务者的自我价值，也让社区志愿者队伍建设初见成效。由此，如何有效地推动更多居民积极地参与志愿服务活动，推动志愿服务队伍建设，提高社区志愿者的影响力以及号召力，如何让志愿服务活动得到进一步推广，继而推动社区的整体发展，朝着专业化、规模化的方向迈进，构成了我们目前需要探索的紧迫课题，而时间银行则为我们提供了回应这一课题的一种可行选择。

2018 年 12 月，武汉博雅社会工作服务中心承接了由武汉市汉阳区民政局购买的“携手志愿，让爱启航”社区志愿服务项目，开始了培育和组建时间银行的实践探索。

二、分析预估

经过前期的走访，社会工作者对 Q 街道的基本情况有了大体了解。Q 街道包括 A1、A2、A3 三个社区。

A1 社区是一个老旧社区，社区内老年人所占比例很高，65 岁以上老年人 1 182 人，其中 80 岁以上老年人 207 人。社区在册志愿者 987 人，其中党员志愿者 126 人，社区党员志愿服务队伍基础较好，同时社区商业、医疗、学校等资源较为丰富。社区居委会曾组织居民开展了一系列文化娱乐、健康维护、救助帮扶等志愿服务活动。但志愿服务后劲不足，社会参与不够，志愿者管理机制不完善，志愿者的积极性有待提高。

A2 社区属于还建小区，该社区人口结构复杂，人员分布比较零散，社区老年人较多。辖区内学校资源、医疗资源较为丰富。A2 社区目前存在的较为棘手的问题主要有以下三方面：第一，小区为还建小区，物业管理情况不是特别理想，小区内的租户较多，楼道里垃圾乱丢的情况常常出现，且难以约束。第二，小区内存在停车难的情况，很多居民把电动车停放在楼道里，堵住了消防通道，造成了很大的消防隐患。第三是宠物管理问题，居民对宠物大小便不加约束，影响了环境卫生和邻里和谐。

A3 社区下辖十个小区（八个小区有物业公司管理，另外两个小区为无物业公司管理的老旧小区），共计 4 428 户，商品房、还建房、老旧小区并存，辖区内低保户、残疾人户数不多，社区居委会之前主要以中老年及青少年为对象开展活动。社区内孵化的组织以文娱队伍为主，同时物业志愿者资源丰富，前期开展过“云生活”志愿者积分兑换，服务基础较好。

在对三个社区的基本情况开展前期调研后，社会工作者针对社区之间的共性问题采取了如下行动策略。

（1）关注 Q 街道弱势群体多元化、个性化与层次化的需求。在前期的实地调研中，社会工作者发现，社区现有的志愿服务参与者多是社区干部，已开展的服务形式、内容单一，专业力量介入不足，缺乏系统培训。一方面，社区居民的需求不断转变；另一方面，现有的社会服务能力不足，无法满足社区居民的多层次服务需求。由此，社会工作者可以通过培育社区志愿服务组织，针对现有社会服务的不足，提供有较强针对性的志愿服务，填补现有社会服务的薄弱环节，及时满足社区居民多样化的需求。

（2）关注社区志愿服务组织的培育、孵化需求。社区志愿服务组织的培育与发展是社区居民自组织化的重要组成部分，是发挥社区内生力量的重要体现，而社区志愿服务组织的培育与发展不仅需要基层社区居委会的支持，也需要社会工作者等专业人才的引导。因此，在社会工作者的介入下，依托社区，培育、孵化社区志愿服务组织也构成了社会治理的一项重要需求。

（3）关注时间银行积分兑换制度的建立健全需求。由于前期缺乏对志愿服务组织的有效引导及管理，志愿者参与活动的积极性不高、志愿服务难以持续。引入时间银行这一社会干预模式，并建立健全一套完善的兑换、激励机制，可以在一定程度上为社区志愿服务的可持续性提供保障。

（4）关注社区志愿服务队伍的建设需求。通过时间银行项目的运营，以及对相关服务进行线上线下多渠道、多途径的宣传与倡导，提高时间银行的影响力和号召力，扩大参与人群范围并提升服务覆盖面，从而使志愿服务形成良性循环，形成地区志愿服务时间银行的示范效应。

（5）关注社区资源链接与资源整合的需求。促进社区内商圈、爱心企业与社区居民之间的连接，推动商圈、爱心企业与志愿者及志愿服务队伍形成“志愿联盟”。在共同营造良好的社区志愿服务氛围之余，建立和完善时间银行的积分兑换机制。

三、理论依据

时间银行（时间币）的一个核心理念是共同生产（co-production）[①]。共同生产的基本含义是公共服务的生产和消费都需要公民的参与。“共同生产是涉及常规生产者和消费生产者的混合生产活动”，其中常规生产者包括专业服务机构与公共管理者等行动主体，消费生产者则包括公民与邻里组织等主体[②]。卡恩指出，共同生产的其中一个基本信念在于，我们不应该从缺陷视角出发来定义行动者，或者将个人的需求理解为某种“不幸的缺失”，进而将公共服务视作对个人缺陷的回应[③]。在他看来，共同生产恰恰构成对此种缺陷视角的回应，即将行动者看成有着内在价值和行动能力的主体，他们能够与专业工作者、公共管理者等一道从事公共服务的生产。

---

① CAHN E S. Time dollars，work and community：from “why?” to “why not?” . Futures，1999，31（5）.
② 陆海燕．养老服务共同生产的实践与探讨：以时间银行为例．理论月刊，2021（1）．
③ 同①.

进一步而言，出于对个体内在价值和行动能力的承认，在实际运作时间币或时间银行的过程中，卡恩也十分强调时间等价的原则。基于“1小时=1时间币”的等式，时间银行赋予每一个体的内在价值及其所付出的爱、关怀和帮助以至高无上的价值，且不因单位时间内的劳动强度及其专业化和稀缺性程度而有所区别——卡恩认为，这正是时间银行区别于市场逻辑的地方所在①。从社会工作角度来看，时间银行及其背后的共同生产理念和时间等价原则跟社会工作专业中的优势视角、资产建设理论以及社会目标模式等具有强烈的亲和性。

社会工作的优势视角反对将服务对象问题化，转而关注服务对象的长项及其所在组织和社区中的优势资产，强调社会工作者应该重视服务对象的能力建设与社区的资产建立②。如上所述，共同生产的理念同样关注个人的内在价值及能力，同时致力于促进社区居民之间的互惠互助以及社区社会资本的提升，并借此应对社区居民所面临的生活挑战。

从某种程度上来说，基于共同生产理念之上的时间银行可以被转译为社会工作优势视角下的社区资产建立。社会工作的“社会目标模式”也强调社区居民的参与、意识觉醒和增权，强调沟通、理解和平等。在社会工作看来，社区是一个系统，是具有共同发展目标的共同体，系统内部的每个要素之间都是相互作用、相互影响的。而作为盘活社区资产和提升社区社会资本的实践工具，时间银行可以被社会工作者用来提升社区居民的社会意识、社会责任感和社会活动参与能力。

四、服务计划

按照服务协议，本项目执行时间为13个月。按照筹备阶段、实施阶段与结束阶段三个阶段的划分，制订如下服务计划。

（一）筹备阶段

筹备阶段为项目协议期的前两个月，主要的服务计划如下。

（1）进行项目调研，制订服务计划。进驻服务点开展实地调研，保证服务的可执行性，形成需求调研报告；根据需求调研报告，制订项目年度服务计划。

（2）开展时间银行入驻街道宣传活动。通过适当形式的宣传活动，让时间银行“我为人人，人人为我”的志愿服务理念深入人心。借助社区广告、新闻媒体、网络等传播

---

① CAHN E S. On LETS and time dollars. international journal of community currency research，2001（5）.

② 张和清，杨锡聪，古学斌．优势视角下的农村社会工作：以能力建设和资产建立为核心的农村社会工作实践模式．社会学研究，2008（6）.

媒介，对社区成立时间银行进行大力宣传，从而不断提高居民对时间银行的认知度，促进广大居民对社区志愿服务的参与度。

（3）制定相关制度。在前期调研其他时间银行项目优秀经验的基础上，初步制定以下制度：制定街道、社区志愿服务时间银行工作方案；制定街道、社区志愿服务时间银行积分计算、兑换标准细则；制定街道、社区志愿服务时间银行管理细则；制定爱心商户服务管理细则；制定时间银行项目运营团队工作守则。

（二）实施阶段

实施阶段为项目协议期的第三个月至第十一个月，社会工作者的工作主要包括协助Q街道成立时间银行服务站，链接社区周边的商户资源，建立健全街道、社区志愿服务时间银行“付出—积累—回报”机制，尽力控制志愿者的流动性，并增强志愿服务成效。具体内容如下。

（1）资源链接服务。走访社区周边商户，链接社区周边在地资源，探索志愿者积分机制，促使形成志愿者“积分—回馈”的良性循环。

（2）宣传招募服务。定期开展宣传招募活动，让社区居民了解时间银行积分回馈机制的运作模式，从而提高社区居民参与志愿服务的积极性，壮大志愿服务队伍。

（3）开展系列主题志愿服务活动。根据各个社区的实际情况，结合需求调研报告，开展与需求相匹配的志愿服务活动。通过志愿服务活动的开展，进一步扩大时间银行积分回馈机制在社区居民中的影响力和知晓度。

（4）志愿者培训服务。定期为志愿者开展相关技能培训，包括时间银行积分体制运营能力培训、志愿服务技能培训以及组织运营管理能力培训等，从而提高志愿服务组织的自治及服务能力。同时，注重组织领袖人物培养，保障社会工作者撤出后时间银行运作的可持续性。

（5）冠名基金服务。协助街道、社区联合区慈善会成立爱心冠名基金，在区慈善会的指导下开展相关志愿服务和募捐活动。依托爱心冠名基金，链接爱心资源，为时间银行的运行提供一定的物质保障。

（三）结束阶段

结束阶段为项目协议期的最后两个月。在该阶段，社会工作者的工作偏重于项目末期评估与总结，并做好经验总结与提炼。项目评估要注意兼顾主观性与客观性、全面性与重点性、质性方法与量性方法的结合。具体评估方法如下。

（1）对活动前的沟通、活动时的控制以及活动后的追踪进行质性评估。

（2）利用档案记录进行评估。根据社会工作者开展服务的相关工作记录进行研究评估，评估社会工作介入的效果、目标实现的程度以及介入方法的成效。

（3）座谈会或访谈式评估。针对服务对象和用人单位领导，通过座谈会和个别访谈等形式，对社会工作的服务过程进行评估。

（4）问卷调查。邀请服务对象、用人单位领导填写服务意见反馈表或服务满意度调查表，评估社会工作者的工作表现和服务效果。

五、服务过程

社区志愿服务项目旨在通过引入社区志愿服务时间银行运营模式，建立健全社区志愿服务积分回馈机制，从而推动社区志愿服务的健康、有序、长效发展。社会工作者自承接项目以来，充分发挥社会工作者的角色功能，主要从以下六个方面推进工作。

（一）多方联动，制定时间银行制度

在项目初期，社会工作者通过开展问卷调查和重点对象访谈，把握社区居民的服务需求以及项目推进中的重难点。随后，通过召开居民议事会、项目研讨会以及社区访谈等方式，促进社区居民、社区居委会和社会工作者等多方主体之间的联动。在广泛征集意见与建议的基础上，时间银行项目组制定了街道、社区志愿服务时间银行积分计算、兑换标准细则，街道、社区志愿服务时间银行管理细则，爱心商户服务管理细则，以及时间银行项目运营团队工作守则，完善了时间银行的基本制度，为项目的后续推进提供了制度支撑。

（二）阵地建设，打造“时间银行之家”

时间银行的发展既需要建立志愿服务机制，也需要有活动阵地来支撑服务的开展。在完成相关制度基础的建设之后，社会工作者开始推动时间银行的“阵地建设”。在该阶段，社会工作者打造了 1 个街道时间银行服务站、3 个社区时间银行服务站、4 个社区社会组织服务站，充分发挥了志愿者培育平台、积分管理平台、成果展示窗口的功能。街道时间银行服务站统筹管理社区时间银行服务站，社区时间银行服务站直接为志愿者及社区社会组织服务，4 个社区社会组织服务站分别设立了社区积分兑换柜。

（三）整合志愿服务力量，强化组织孵化培育

依托时间银行这一平台，社会工作者培育了“红喇叭”“文明养犬”“垃圾分类”等社区志愿服务队伍，并推动这些队伍召开小组会议、开展培训以及促进对志愿服务对象的规范化管理，从而为志愿循环系统培养了一批“排头兵”。

社会工作者通过居民议事会、志愿者访谈等方式了解了居民需求，组织开展了清洁家园、清明扫墓、文明养犬、公益手工、以老助老等志愿服务活动31场，极大地丰富了居民的精神文化生活，增强了居民对志愿服务的参与度与满意度。多类型志愿服务活动的开展，整合了社区志愿服务力量，挖掘出一批居民骨干，并成功孵化了“红喇叭”“文明养犬”“巧手公益”“助老”等9支志愿服务队伍，这些志愿服务队伍在回应前述社区问题的过程中发挥了重要的作用。为了更好地发挥志愿服务队伍的功能，社会工作者专门为社区志愿者组织了时间银行知识培训以及团队建设培训等，规范了志愿服务队伍管理，为居民提供了实现自我价值的平台。

（四）成立冠名基金，链接辖区资源

成立冠名基金，组织辖区单位捐钱捐物，开展慈善义卖，链接爱心商户，为志愿服务循环提供财力、物力支持。项目团队与社区居委会积极对接，在居委会的帮助、配合下筛选出合适的商户资源，共走访社区商户78次，并成功与30家社区商户签订合作协议，社区志愿服务时间银行项目正式运行。此外，以“学雷锋日”活动为契机，成立了A1社区慈善关爱基金，7家辖区单位捐钱出力，同时组织社区志愿者开展了8场爱心义卖及募捐活动，成功募集了53 384元慈善资金，并将之用于帮扶社区困难老人。项目团队开始着力打造时间银行资源库，包括志愿者、爱心商户、慈善基金、特色服务、生活物资等资源，促进积分兑换良性循环。

（五）凝心聚力，满足居民的多样化服务需求

有了平台保障、制度支撑、人财物支持，项目在一定程度上盘活了社区的内生资源，促进了辖区困难帮扶、社区治理、文化教育等多类志愿服务的有效开展。不同于以往单纯依靠社会工作者、社区干部与党员开展志愿服务，越来越多的普通居民和社区组织开始进行自我管理和自我服务，营造了良好的志愿服务氛围。

（六）强化积分管理，促进志愿服务良性循环

通过线上线下的积分管理，时间银行累计积分17 354分，其中，通过兑换社区商户资源、物资及特色课程，共兑换积分15 403分。结合现有资源与居民需求，项目组打造了一套可行的积分兑换特色课程，现已开展插花、扎染、纸艺等多种类型的特色课程兑换活动。同时，发挥党员的先锋模范作用，助力二次公益实现：将时间银行积分捐赠给其他有需要的人。黄某是社区退休退伍军人、党员，他总是笑着表示“只要组织需要，退休退伍不退责”。黄某不仅自己积极参与社区服务，不怕苦不怕累，关心社区弱势群体，还主动发起积分捐赠，在黄某的积极号召与带领下，社区其他志愿者纷纷响应。据统计，时间

银行志愿者为社区困难家庭累计捐赠积分 388 分，惠及 15 户有需要的家庭。

六、成效评估

在完成项目量化指标的基础上（见表 1-2-1），项目取得的成效主要包括以下几个方面。

表 1-2-1 项目量化指标完成情况

工作内容	工作完成情况	工作内容	工作完成情况
需求评估	发放并回收了 200 份调研问卷，走访了社区书记、志愿者 10 次，完成了 1 份需求调研报告，制订了 1 份年度计划	志愿服务队伍建设与活动开展	组织开展了清洁家园等志愿服务活动 31 场；孵化了“红喇叭”“文明养犬”“巧手公益”“助老”等 9 支志愿服务队伍
制度建设	制定了街道、社区志愿服务时间银行积分计算、兑换标准细则，街道、社区志愿服务时间银行管理细则，爱心商户服务管理细则，以及时间银行项目运营团队工作守则各 1 份	资源链接	走访社区商户 78 次，成功与 30 家社区商户签订合作协议；组织社区志愿者开展了 8 场爱心义卖及募捐活动，成功募集了 53 384 元慈善资金
时间银行站点建设	成立了 1 个街道时间银行服务站、3 个社区时间银行服务站；打造了 4 个社区积分兑换柜；时间银行累计积分 17 354 分，兑换积分 15 403 分	项目宣传	开展了时间银行宣传活动 12 次；发放了 1 000 余份宣传折页，制作了 30 块项目展板展示，配套游戏互动及社工讲解；制作了一套成果宣传展示册、30 块成果展板

（一）建立了“1+2+3+N”的时间银行运作联动体系

具体而言，“1+2+3+N”的含义是：“1”指的是一套社区志愿服务时间银行管理制度。“2”指的是街道与社区的两级联动。成立街道时间银行服务站及若干社区时间银行服务站，形成街道与社区的两级联动。“3”指的是三社联动。社区、社会组织、专业社会工作者加强合作，形成平台管理力量和服务支撑力量。“N”指的是多方主体参与。志愿者、驻点单位、爱心商户等多元主体与兑换平台互通联动，并充分利用“中国志愿服务网”和“中国志愿 App”平台做好志愿服务时长管理，保障了多元主体的有效参与。

（二）打造了社区层面的冠名基金

协助社区联合区慈善会成立爱心冠名基金，在区慈善会的指导下开展相关志愿服务和募捐活动。依托冠名基金，链接了爱心资源，为时间银行的运行提供了保障。依托冠名基金，打造了“一元微公益”等特色服务。社会工作者在社区、商户等人流密集点投放募捐箱，通过这种小微公益，倡导推行“人人公益”“随手公益”，把“一元微公益”推向常态化、长效化，助力时间银行积分兑换与关爱帮扶服务的开展。在A1社区某小区的定点投放，成功募捐到约1 000元公益资金。

（三）开发了时间银行积分兑换特色课程

在探索时间银行积分兑换回馈机制的过程中，结合志愿者的需求，社会工作者推出了传统文化体验、科学实验站、创意DIY、主题定制等丰富多样的特色课程，形成了系列“菜单式”特色服务。

（四）创造了志愿品牌服务

依托良好的志愿服务氛围和制度支撑体系，项目打造了“惠生活”子项目和“就业帮帮团”子项目。受疫情影响，商户经营困难大，居民的经济收入受到一定的影响。项目组开展“惠生活”项目，一方面线上收集特惠商品售卖信息，另一方面线下链接爱心商户，商谈优惠团购。这对商户来说起到了宣传引流的作用，也帮助社区居民降低了生活成本。同时，项目发动志愿者参与特惠商品售卖和线下团购物资分发等工作，通过工作赚取积分，用积分兑换商户资源，从而推动了时间银行系统运营。此外，项目设计和执行了“就业帮帮团”项目，招募志愿者收集、宣传就业信息，协助社会工作者开展就业技能及面试技巧等方面的培训工作。项目将居民需求与时间银行积分兑换相连接，进一步拓宽了积分兑换渠道，激励了居民持续参与志愿服务，营造了良好的社区互助氛围。

七、专业反思

本项目总结了一套本土的时间银行培育模式，并厘清了各阶段的主要任务目标。社会工作者培育时间银行大体上经历了如下阶段，即初期的需求评估与制度建设，中期的时间银行站点建设、志愿服务队伍建设与志愿服务活动开展、资源链接，后期的推动社区志愿服务组织自主运作的努力，以及贯穿项目始终的项目宣传等。具体而言，初期的需求评估既促使社会工作者对街道和社区的基本情况有了较为深入的认知，同时也保障了后续服务的针对性，而建立在此基础上的时间银行制度建设则为后续时间银行站点的建立提供了制度支撑。中期的时间银行站点建设形成了街道与社区两个层级的联动，在一定程度上推动了时间银行的体系化，而志愿服务队伍建设和志愿服务活动开展既为时间银行注入了实质性的内容，同时也意味着时间银行的正式运作。社会工作者链接地方商户资源则在某种程度上推动和丰富了时间银行的积分兑换机制。后期社会工作者推动社区志愿服务组织自主运作的一系列措施，则可以被视作强化时间银行可持续性的努力。虽然我国存在着互助互惠的传统①，但在推行时间银行这一“新事物”的过程中，社会工作者仍然需要持续性地宣传，以增进社区居民对时间银行的认知与理解。

同时，项目还存在着一些局限和有待进一步跟进的地方。

（1）社区志愿服务队伍的凝聚力有待提升。虽然项目所在的三个社区均有一定的志愿服务基础，但志愿服务队伍单一，组织骨干力量有待培育，缺乏新鲜血液，志愿服务活动的常规性、连续性需要进一步加强。

（2）商户资源兑换活力不足。A1 社区周边小商户资源较多，而 A2 和 A3 社区周边以连锁店、大商户为主，个体户资源挖掘较为困难。此外，在地商户的志愿服务意识需要进一步增强，同时志愿者的积分兑换意识也需要继续强化。

（3）志愿者参与积分兑换的积极性不够。社区志愿者虽积极参与社区各类志愿服务、培训等活动，但对于志愿者注册、积分兑换认识度不高，积分兑换活动的深度环节参与相对不足。

针对上述问题，未来可以从以下方面继续跟进：（1）打造志愿服务队伍，增强社区志愿服务组织的凝聚力。通过开展系列常规性服务，发掘社区志愿服务积极分子，并为社区现有的志愿服务队伍提供能力建设以及资源链接和资源管理等方面的支持服务。（2）整合社区资源，提高资源利用率。加强与各级单位的沟通，摸清商户需要，加强商户资源宣传，增强商户资源兑换活力，盘活时间银行资源库，为志愿服务积分兑换提供资源保障。（3）加强志愿积分管理，增强积分兑换宣传。加强志愿者登记、服务时长记录和积分兑换系统化培训，提高志愿者对积分兑换的认知度和参与度。

专家点评

按照埃德加·S. 卡恩的观点，时间币或时间银行可以被用来推动边缘人群的社区参与、促进社区互助互惠的实现以及社区社会资本的提升。我国开展各类时间银行项目在很大程度上也是为了激发志愿服务的活力，实现社区互助。本案例介绍了社会工作者在Q街道培育时间银行的大体过程，并交代了社会工作者在项目理念宣传、时间银行制度建设、资源链接以及积分兑换机制建设等环节的相关做法，具有一定的借鉴意义。同时，虽然案例本身未就时间银行与社区社会资本之间的关联展开详细的叙述，但从案例的相关内容中也可以看到，时间银行的运作的确在一定程度上推动了社区居民对社区问题（如“文明养犬”）的自主回应，同时也在一定程度上促进了社区居民之间的互助（如“助老”与“二次公益”）。积分兑换是时间银行顺利运转的一个关键所

① 陈功，黄国桂．时间银行的本土化发展、实践与创新：兼论积极应对中国人口老龄化之新思路．北京大学学报（哲学社会科学版），2017，54（6）．

在，在本案例中，社会工作者也花费了不少心力来建立积分兑换机制，包括链接商户资源以及制定各种积分兑换细则。案例中社会工作者将时间积分与主流市场商品关联起来的做法在为我们提供经验启示的同时，也启发我们超越案例本身，从理论上思考时间银行的内在张力与困境，如志愿性与有偿性之间的关系以及时间等价原则本身的公平性等。

赵万林　华中师范大学社会学院讲师

案例三　基层协商制度下的社会治理项目[①]

杨　柳[②]

一、背景介绍

党的二十大报告提出，要“完善协商民主体系，统筹推进政党协商、人大协商、政府协商、政协协商、人民团体协商、基层协商以及社会组织协商，健全各种制度化协商平台，推进协商民主广泛多层制度化发展”。在多元共治的社区治理背景下，社区协商议事是推动社区有效治理的重要手段和平台，有利于社区居民协商解决自身的实际困难和社区公共问题，有利于促进社区治理和自治。

W社区是一个有着70年历史的老社区，于2015年年初启动旧城改造，截至目前居民楼仅74栋、75栋院落保留不动，故给遗留下来的院落起名“留守院落”。“留守院落”始建于20世纪90年代，基础设施老化破旧、公共环境杂乱无序、物业公司无法入驻等现实问题一直存在。随着时代的发展，居民从原先“有问题找企业”转换为“有问题找社区”的依赖思想根深蒂固，社区服务管理工作人员力不从心，急需引导居民转变意识。

社会工作者进驻社区后，希望通过专业服务激发小区居民的内驱力，提高居民的参与能力，汇聚多元力量形成小区协商议事机制，促进居民自我服务、自我管理，实现社区居民自治、和谐共享。

二、分析预估

社会工作者以问卷调查和半结构式访谈为主，以实地参与式观察和文献分析为辅，

① 本案例获评2022年度武汉市“五社联动”社会工作服务典型项目案例。

② 杨柳，助理社会工作师，武汉博雅社会工作服务中心社工。

通过居民微信群等线上平台、入户走访等线下途径收集问卷和访谈资料。调查分为前、中、后三个阶段。在调查前期，主要工作为调查社区治理服务中的难点和痛点问题，在收集一定资料的基础上进行需求问卷和访谈提纲设计。在调查中期，主要工作为通过实地走访，对社区的288户居民开展问卷调查和深度访谈。在调查后期，主要工作为问卷录入和数据、访谈资料分析。问卷调查共发放问卷212份，回收有效问卷212份，问卷有效率100%。社会工作者结合访谈记录与问卷数据等资料，利用SPSS统计软件进行总体描述性分析，精准定位了三项最为迫切的需求，分别是社区居民需求、志愿者需求和社区建设需求。

（一）社区居民需求

在社区生活中，居民家庭内部的矛盾纠纷、邻里之间的矛盾以及居民与整个社区的矛盾日益增多，这些矛盾纠纷难以通过社区内部的调整消化解决，故迫切需要协商平台，倡导多方力量参与，共同化解社区矛盾，实现社区稳定发展。随着时代的发展，居民的主人翁意识更加强烈，希望社区事务都能够为大家所知，更多居民要求参与到社区事务中。尤其是对于涉及居民切身利益和公共利益的事务，居民的参与意识会更高，他们希望通过社区参与来解决公共事务，驱使社区事务在阳光下运行，进而维护自己的利益。因此，社区协商的推进，核心是解决社区矛盾纠纷，维护居民的正常生活，促进现代政治文明的发展。

（二）志愿者需求

推动社会治理重心下移，需要发挥社区志愿者和自组织的作用，实现政府治理、社会调节、居民自治良性互动。发动社区骨干加入志愿者组织，是动员群众广泛参与社区事务的重要抓手。社会工作者在入户调研过程中发现，社区内有些居民对社区公共事务很有热情，也很愿意帮助邻里。这些人是成为社区志愿者的潜在对象，但是缺乏一个平台将他们组织起来，引导其成为志愿者发挥作用。成立社区自组织，带领居民成为志愿者参与社区自治，提升居民的主人翁意识和服务能力，是回应志愿者需求的有效方式。

（三）社区建设需求

现今居民的生活质量和水平不断提升，利益需求日益多样化，因此社区矛盾越来越多，社区治理存在诸多难题。由于老旧小区具有自身的特殊性，利益关系复杂，单一的治理方式和协商机制难以满足需求。为了避免传统社区治理模式所带来的“政府买单群众却不认账”的治理困境，社区协商治理要充分调动社区各主体平等参与，实现社区协商治理主体结构的转型，最大限度地听取各方的利益诉求，使决策结果反映社区公共利益，实现较高的接受度，进而实现协商政策在社区落实落地。

三、理论依据

（一）治理理论

治理理论最早源于20世纪70年代对市场和政府在资源配置中所出现问题的思考，1973年被真正用于政治学研究。但是学界关于治理理论有不同的界定。从行政学的角度，治理被界定为公共行政，强调民主、多元合作。从政治学的角度，治理则被理解为一种对政治事务和公共资源的处理方式。治理理论通过摆脱传统政府与市场的二元治理架构，着力发挥政府、市场、社会等多元主体在治理中的作用，打造一种多元主体参与治理的模式。这种模式对今天的社区治理有重要的借鉴意义，社区是当前社会治理的基本单位，充分发挥多元主体在社区治理中的作用显得尤为重要。

（二）多元协同理论

多元协同理论坚持以分工协作和科学民主的原则来处理社区公共事务，进而实现社区的有效治理。一方面，坚持分工协作，将团队协作理念贯彻到社区治理的过程中。另一方面，坚持社区治理过程的科学性和民主性，但是不能在处理公共事务的过程中过度追求民主而违背科学。此外，多元协同理论也强调转变政府职能，倡导其他治理主体参与社区公共事务。

（三）协商民主理论

协商民主理论一开始是一种对自由主义民主、共和主义民主的批判，后逐渐发展成一种新民主范式。该理论强调公民对所关心的事务以及涉及公共利益的事务进行协商，进而达成共识，在满足公共利益最大化的前提下，寻找能使大家普遍接受的方案。这就为今天的社区协商治理提供了理论基础。当前的基层协商治理实践正是围绕社区居民所关心的公共事务和矛盾纠纷展开的，这种实践正是协商民主理论在社区治理中的应用。

四、服务计划

（一）总目标

深化推进“五社联动”机制，不断聚焦居民切身需求，提升多元主体的社区参与意识，融合多元力量嵌入辖区治理体系，搭建居民沟通交流和资源汇集共享平台，探索“家长里短”协商议事工作法，促进基层社会治理由“为民做主”向“由民做主”转变，实现社区自己的问题自己讨论解决，培育社区有序、理性、平等、互动、讨论的协商文化，努力打造“共建共治共享”的社会治理新格局。

（二）具体目标

聚焦“留守院落”邻里街坊最关心、最直接、最切身的大小事务，搭建“家长里短”邻里议事平台。

在“家长里短”协商议事中不断激发社区治理新活力，培育孵化社区志愿服务队，充分激发院落自治活力。

拓展协商路径，发动居民为院落治理建言献策，形成规范的“家长里短”议事会流程。

（三）服务策略

在社区建立“家长里短”议事亭，以“家长里短”议事会为载体，聚焦院落居民急、难、愁、盼的大小事务，发动居民为社区治理建言献策，带动居民参与社区治理，形成规范的“五步议事工作法”——听居民说事、让居民议事、帮居民成事、向居民晒事、邀居民评事。

社会工作者发挥专业作用，通过培育社区志愿服务文化及公益精神，建立有效的激励机制，打造出组织健全、分工明确、队伍稳定的社区志愿服务队，积极参与“家长里短”协商议事，不断激发社区治理新活力。

五、服务过程

社会工作者与社区紧紧围绕服务群众这一主线，坚持把协商议事工作纳入工作日程，积极探索民主协商议事工作模式，搭建了“家长里短”邻里议事平台，引导居民“自己的事情自己办，自己的家园自己建”。通过推广“家长里短”议事会，社会工作者推动社区形成了“听居民说事→让居民议事→帮居民成事→向居民晒事→邀居民评事”的五步议事工作法（见图 1－3－1），将居民的“问题清单”转变为社区的“行动清单”，实现居民烦心事随来随办、急事急办，促进形成闭环式社区服务新模式。具体如下：

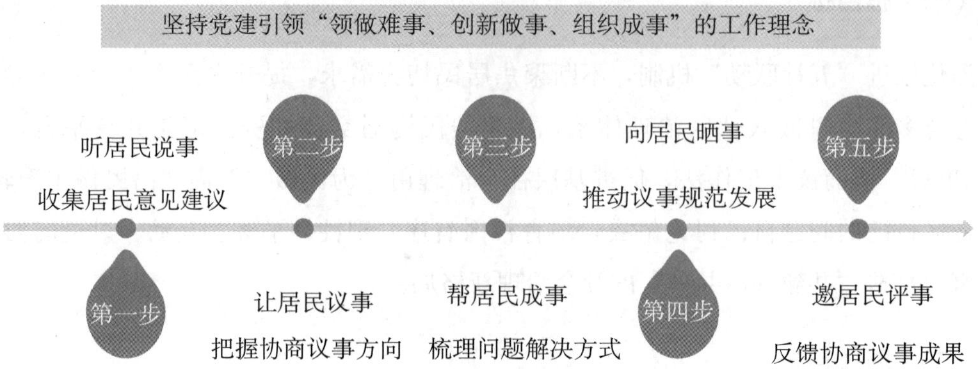

图 1－3－1 “家长里短”五步议事工作法

（一）“听居民说事”：收集居民意见建议

为了给居民搭建“家长里短”邻里议事平台，W 社区配置了“家长里短”议事亭、“书记接待室”、“民情收集站”三个阵地。社会工作者与社区重视收集居民意见和建议，组织社区网格员、楼栋长、党员、志愿者成为民情收集员，多种渠道收集居民的烦心事、头疼事。一是入户走访听。对与之联系的社区居民家庭，定期开展面对面沟通，听取居民诉求。二是随时随地听。结合城市社区居民的生活习惯，利用街头巷尾闲聊、文化广场活动等有利时机，听居民说事；通过设置说事意见箱，公布说事热线电话、微信群、邮箱，拓宽居民说事渠道，随时听居民说事。三是邀请集中听。每月邀请辖区党员代表、居民代表、居民楼楼栋长和单元户代表等，到“家长里短”议事亭集中说事，充分听取居民意见，把居民所思、所想、所盼收集上来。社区对议题按重要性和优先性进行排序，从中筛选出居民反映强烈、问题比较严重和急需解决的议题，纳入民主协商议题范围，最大限度地做到社情民意全掌控。

（二）“让居民议事”：把握协商议事方向

协商议事会往往时长有限、议题多而杂，需要主持者紧扣会议目标，限定议题数量，产出协商议题方向。社会工作者与社区多次沟通协商，征集意见，确定了参与小区邻里议事会的主体——社区党委书记、小区网格长、党支部书记、下沉党员、居民代表与志愿者骨干等。在这一阶段，W 社区主要是对协商形式、方案进行确定，并通过召开协商会议，进一步吸收各方意见，最终就具体的协商主题、召开时间、参与人员以及具体协商流程进行深入讨论和交流，形成社区协商共识。对于协商议事会，社区与社会工作者分工协作。由社区牵头将党的领导贯穿协商议事的始终，上报社区党委审核协商议题，议事会由社区党委、院落党支部统筹组织召开，必须保证三分之二以上协商成员到场才能进行；社会工作者则需要按照相关要求做好协商会议有关记录。

在表决阶段，社区主要通过开会决定，以民主讨论、集体表决、民主决策的形式来决定最终的协商议题结果。表决流程如下：一是社会工作者对多方恳谈达成的共识进行梳理后，在黑板上填写社区协商表决内容。二是将通过协商达成的共识向所有参与的人员进行通报。三是实行现场表决和公示，让参与人员悉知。在经过所有与会人员协商后，最终将达成一致意见的议题确定为协商议题。在场任何与会人员有对此次协商议题持不同意见的，社区必须进行现场答疑和说明。

（三）“帮居民成事”：梳理问题解决方式

解决问题的过程是社区协商议事的落地阶段。社会工作者通过“五社联动”工作机制，整合社区内外各种资源，如动员社区党员、居民骨干、组织领袖等社区人力资源，共建单位、社会组织、企业等社会资源，为解决问题提供保障。同时，社会工作者逐步提升社区居民发现资源、动员资源、整合资源的能力，相信社区居民通过社区参与，有能力解决社区问题。在服务过程中，社会工作者激发居民的志愿服务意识，孵化培育了“啄木鸟”志愿服务队，组织志愿服务队协助社区广泛召集居民共商共议院落治理痛点、难点、堵点问题，并发动志愿服务队帮助协调解决问题。在项目服务期间，社会工作者联动社区党委、院落党支部、楼栋长、下沉党员、律师、共建单位等多方力量，成功化解了社区环境污染、噪声扰民、油烟扰民、停车难、物业撤离等矛盾问题。

（四）“向居民晒事”：推动议事规范发展

问题解决阶段的重点在于监督落实。在实际工作中，社区“两委”的行政性任务与社区服务任务繁重，在监督过程中不可避免会出现力不从心的困境。问题解决的监督落实工作力争能够通过形成完善的监督机制予以保障，而这种监督机制主要包括四种监督方式：一是社区居民监督，即让社区居民监督问题解决的落实情况；二是社区社会组织监督，即在社区内建立一支社区监督队，监督问题解决的落实情况；三是社区居委会监督，即社区“两委”可以委任专人负责监督落实情况；四是社会“第三方”监督，即聘请“第三方”社会组织进行监督。社会工作者规范协商议事流程，敦促社区做到公开公示全流程和解决成果，设立“红绿灯”议事反馈公示栏；同时，社会工作者为“啄木鸟”志愿服务队开展增能培训，社区赋予“啄木鸟”志愿服务队对“红绿灯”公示栏所公示的内容进行实时监督的权力，对于出现问题的环节及时纠正，并定期回头看，真正将协商落实到社区治理的实处。

（五）“邀居民评事”：反馈协商议事成果

社会工作者定期邀请居民代表就解决问题的成效进行集中评议，线上线下收集居民的反馈意见，在“红绿灯”议事反馈公示栏公示居民满意度结果，针对居民不满意的继续整改直至满意，同时不断积累解决问题的经验。

社会工作者探索建立了社区“家长里短”五步议事协商机制，推动居民主动参与社区事务和解决社区问题，实现了社区事务多方协同共治。下面就来看一个案例。

电动车在楼道内乱停放、乱充电，存在较大的消防安全隐患。社会工作者运用“家长里短”五步议事工作法推进协商议事、破解难题。

社会工作者通过入户走访、圆桌座谈会、微信群等广泛收集居民意见和建议，上报社区党委确定“电动车进楼入户带来的公共危害”议题。社会工作者借鉴《罗伯特议事规则》中的“动议中心”“限时限次”“一时一件”“一事一议”等基本原则，拟定了议事会的 12 项基本规则。在社区和社会工作者的努力下，第一次“家长里短”议事会如期召开，社区党支部成员、下沉党员、楼栋长、志愿者、共建单位代表共计 52 人参与会议。议事前大家就议事规则达成共识，会上社会工作者担任主持人和书记员，邀请各个代表就“电动车进楼入户带来的公共危害”议题进行讨论。

议员 A：“既然想要小区环境优美，就必须整治电动车乱停放的问题。”

议员 B：“电动车是居民出行的必需品，电动车充电位太少，没办法，只能将其放在家里充电。”

议员 C：“如果增加电动车停车充电棚，有车位又能充电，自然就不用将电动车推上楼充电。”

议员 D：“应该让社区在院落增加电动车车棚，如果这样还有人将车停放在家里，就应该制止。”

议员 E：“电动车放在家里充电很危险，前几天就有新闻报道居家充电导致失火事件，如果在电梯里安装报警监控系统，就可以防止电动车上楼充电。”

议员 F：“我们担心电动车放在院落车棚会被盗，这段时间的治安不太好。”

讨论一直在进行……

与会人员各抒己见，理性表述，科学建言，还着重阐述了“我能做什么”，纷纷表示愿为这一问题的解决做出自己力所能及的贡献。

决议中，社会工作者坚持民主集中制原则，其中三分之二与会代表举手表决同意，最终形成初步协商方案：一是在院落内增设两个电动车充电车棚；二是在四部电梯内加装报警监控系统；三是成立监督巡查志愿服务队。

根据“家长里短”议事会决议方案，经过一个月的筹备，“啄木鸟”志愿服务队成立了。其成员共15人，每日三次监督巡查院落，防止电动车乱停放、乱充电。接着，社区用惠民项目经费在院落内增设了两个电动车充电车棚，用物业改造项目经费在四部电梯内加装了报警监控系统。最后，“啄木鸟”志愿服务队和社区网格员成立了专门的监督小组进行监督和跟进。

经过多次协商议事和对各项议题的反复讨论与推进，小区居民电动车乱停放和上楼充电的现象消失了。社区将协商议事过程和解决成果“晒”在“红绿灯”议事反馈公示栏，并邀请居民代表现场进行集中评议，由社会工作者收集居民的反馈意见。统计结果显示，居民对改造过程和结果非常满意的占95%，比较满意的占5%，逐步实现了人人参与、人人尽力、人人享有。

六、成效评估

成功搭建“家长里短”邻里议事平台，建立起完善的共议共治共建共享多元协商机制。推动“家长里短”五步议事协商机制形成一套完整闭环，对重要的协商成果在实施过程中已经出现的或可能存在的问题，进行再次协商，促进协商成果深层次转化。通过适当的途径和方式对协商建议的落实情况进行公示，提升基层协商的公信力和影响力。在线上线下成功举办近百场大小微议事会，吸引、发动院落近90%的居民参与协商议事，协调解决楼上楼下漏水纠纷、高空抛物顽疾、消防管道改造、楼栋智慧门禁增设、监控摄像头增设、电动车充电车棚增设、快递柜增设等难题近百个。

“家长里短”议事会发动居民参与院落治理有显著成效。通过建立“家长里短”议事会机制，吸引越来越多的居民参与院落治理、社区建设的大事小事，越来越多的居民开始关心、热议并持续跟进院落治理难题解决的全过程，既不再是“事不关己高高挂起”的局外人，也不再是“一肚子牢骚话”、得理不饶人的“裁判员”，而是院落治理、社区发展的“主人翁”。

“啄木鸟”志愿服务队初步实现自我组织、自我管理、自我服务的“造血”功能。社会工作者发挥专业作用，通过培育社区志愿服务文化及公益精神，建立有效的激励机制，打造出组织健全、分工明确、队伍稳定的“啄木鸟”志愿服务队，并在“家长里短”协商议事中不断激发社区治理新活力。“啄木鸟”志愿服务队在院落疫情防控卡口值守、睦邻关照、文化活动建设中发挥了重要作用，涌现出一批凡人善举先进典型人物。

七、专业反思

社会工作者充分调动居民参与自治的积极性，搭建居民与社区之间沟通联系的桥梁，积极推进“多方参与、协商共治”的社区居民协商自治模式，使W社区又增添了一种居民建言献策，参与社区治理、小区管理的渠道。居民敞开心扉，既“议”出了自己的“心声”，也“议”出了党和政府要着力保障的“民生”。

社会工作者要充分利用专业优势，更好地整合社区人力资源。社会工作者必须充分整合党务政务、群团组织、社会组织等主体资源，满足多元的社区服务需求，实现各类资源效用最大化。在开展社区协商的过程中，除了发挥协调者的作用以外，还要做好沟通者，处理协商过程中其他利益群体之间的沟通协调问题，促进各参与主体在协商过程中充分、平等地互动交流。

社会工作者要提高居民理性参与社区协商的能力。在现有平台的基础上，要对居民的协商需求和能力进行甄别，并根据不同主体的能力层次开展针对性的培训。在主体上，应首先针对参与频率高、参与能力强的社区居民传授专业知识；针对有参与需求但受客观因素限制无法参与的居民开展线上协商技能培训；针对无参与意愿的居民，则通过社区能人引导、日常邻里互动等，促使其针对特定问题表达看法，逐渐形成参与意识，培养协商能力。

社会工作者要发挥志愿者力量在服务社区协商中的作用。社会工作者要注重对社区居民志愿者的发掘和培育，注重发挥居民领袖和楼栋长、老党员在协商议事全过程中的带头引领示范作用，引导院落的居民积极参事议事。要不断深化“双报到”机制，全力推动下沉党员加入“家长里短”邻里议事，发挥他们的专业特长和智慧，有效提高协商质量，加快协商成果转化。要加强对社区志愿者的定期培训，提高志愿者服务水平，对参与社区协商的志愿者进行积分激励，调动志愿者参与社区协商的积极性和主动性。目前，W社区的退休老人是自组织群体的代表，社会工作者应积极发动社区内不同年龄段、不同背景的居民加入社区志愿者队伍，让居民通过自组织的方式连接起来，参与到协商过程中，促进形成多元治理机制，让社区居民真正成为建设美丽家园、创造美好生活的主导者、参与者、共享者。

专家点评

基层协商是推动社区民主自治的重要抓手，能有效将社区内的矛盾纠纷放在居民群体之中予以解决。社会工作者介入社区基层协商有两个关键的技术要点：一是要把握好民主议事的方向，确保提出的问题在社区内有条件去解决；二是要落实民主议事的成果，保障社区内的纠纷在议事后能得到有效解决。本案例中的五步议事工作法，创新了社区服务模式，在解决社区公共难题时，将以往社区居民的“被动知晓”转变为“主动参与”，激发了社区居民参与社区生活的积极性，推动了社区居民为社区“发声”。从最初的确定社区问题，引导社区居民精准聚焦，到最后的联动多方资源，整体服务过程体现了社区居民集思广益的力量，有效地解决了社区居民的困扰。在服务过程中，社会工作者推动议事平台建设，形成广集民意、民主决策、实施监督的议事机制。同时，志愿服务队的成功孵化，有效地保障了社区议事的成效，让居民事事有回应，事事能解决，最大化地提升了社区治理成效，为社区的和谐稳定发展奠定了重要基础。

周小帆　华中师范大学社会学院教师

案例四 “五社联动”机制下的党建引领社工站建设项目①

陈喜枝　于　璐　王玉学②

一、背景介绍

党的十九大提出“提高保障和改善民生水平，加强和创新社会治理”，“打造共建共治共享的社会治理格局”。党的二十大则提出“完善社会治理体系”，“建设人人有责、人人尽责、人人享有的社会治理共同体”。2022年，上级部门下发的《关于开展美好环境与幸福生活共同缔造活动试点工作的通知》指出，要以构建“纵向到底、横向到边、共建共治共享”的城乡社会治理体系为目标，探索决策共谋、发展共建、建设共管、效果共评、成果共享的方法和机制。基层社会治理是国家治理体系的“神经末梢”，在创新基层治理方面，“五社联动”机制被提出并不断完善。

为了更好地提升社区治理水平，打造一批社区治理创新品牌，D区F街道积极开展党建治理创新项目，引进专业社会工作者联合开展党建创新服务，运用“五社联动”机制，以“党建＋社工”共推四项治理，提高街道及社区的基层治理水平。

D区F街道辖区面积33平方千米，涉及G生物城、G中心城、G现代服务业园三个产业园区。F街道原辖10个村，分别为A1村、A2村、A3村、A4村、A5村、A6村、A7村、A8村、A9村、A10村。自“村改居”以来，F街道先后组建了10个社区，其中，6个为还建社区（B1社区、B2社区、B3社区、B4社区、B5社区、B6社区），4个为商业社区（B7社区、B8社区、B9社区、B10社区），常住人口17万余人（含商业楼盘居民）。在D区整体建设的浪潮中，F街道的社区治理迎来新机遇和新挑战。

---

① 本案例获评2022年度武汉市“五社联动”社会工作服务典型项目案例。

② 陈喜枝，社会工作师，武汉博雅社会工作服务中心常务副总干事，曾获评武汉市“最美社工”。于璐，助理社会工作师，武汉博雅社会工作服务中心社工。王玉学，助理社会工作师，武汉博雅社会工作服务中心社工。

二、分析预估

（一）激活社区文化建设睦邻社区的需求

党建引领基层德治，厚植社区治理的文化力量是根本。F 街道下辖社区包含 4 个新建的商业社区和 6 个还建社区。在居民就地还建的社区，居民的生活环境和生活方式发生重大变化，原来的熟人圈子被打破，同时还面对外来人口加入社区的情况，社区邻里文化建设面临重大挑战，普遍出现社区居民对所居住的社区不了解、社区认同度不高、原住居民与外来居民难以融合的现象。新建商业社区的住户多来自 W 市及周边的不同城市，社区居民之间的关系比较疏离。因此，需要社会工作者运用专业理论和方法，通过项目服务增加居民之间的沟通和互动，促进邻里关系融合。

（二）整合调动辖区资源参与社区治理的需求

党建引领基层自治，激发社区治理的内生动力是关键。F 街道在 D 区整体建设的推进中，具有巨大的资源优势。辖区内有党政机关、大型私企、高等院校和三甲医院等共建单位，调动资源参与社区共建，用好资源，创新服务，成为突破 F 街道治理创新的重点。同时，社会组织和居民骨干、志愿者等社区内生动力也是推动居民参与社区服务及治理的重要媒介，提高社区社会组织和志愿者的能力和活力成为项目需要重点关注的问题之一。

（三）创新工作方法提高基层社会治理水平的需求

党建引领基层法治，畅通民意渠道，重点在于有理有法地解决民生领域的纠纷。F 街道部分社区未成立业主委员会，部分商业社区虽成立了业主委员会，但其工作机制不健全，功能发挥不足，很多社区民事纠纷和治理难点全部被推给社区居委会处理，如何创新工作方法，促进民事民议、民事民办、民事民管成为当前需要解决的重点问题。创新协商议事办法，梳理“问题清单”，厘清“权责清单”，搭建议事平台解决好居民身边的烦事、难事，是提高基层社会治理水平的重点。

（四）推动社区居民积极参加社区治理的需求

为了更好地提升社区治理水平，D 区 F 街道运用“五社联动”机制，以“党建＋社工”共推四项治理，提高街道及社区的基层治理水平。社区治理水平的提升，不仅需要外部力量的推动，也需要社区居民的主动参与。社区居民身处社区之中，对社区需求、社区问题、社区现状更了解。外部力量的推动，可能会令社区居民被动接受。然而，一旦外部力量减弱或者消失，社区治理就可能会紊乱甚至停滞。社区治理是一项持续性、系统性工作，只有推动社区居民积极参与，才能促进社区治理长久、稳定地发展。

三、理论依据

“五社联动”是以社区为平台、以社会工作者为支撑、以社区社会组织为载体、以社区志愿者为辅助、以社区公益慈善资源为补充的新型社区治理机制。“五社联动”立足社区，坚持以党建为引领，以居民需求为导向，以政府购买服务为牵引，旨在发挥社会工作的专业优势，赋能社区社会组织、社区志愿者和社区居民，发掘和利用社区公益慈善资源，提升社区治理效能，推动建设人人有责、人人尽责、人人享有的社会治理共同体。[①] 本项目以“五社联动”机制为理论依据，以党建为引领，充分调动社区、社会工作者、社区社会组织、社区志愿者、社区公益慈善资源等主体和要素，通过优化配置，融合联动，推动基层社会治理创新，促进服务效能最大化，建设和谐美好的家园。

四、服务计划

（一）项目总目标

以党建为引领，运用“五社联动”服务模式，在街道重点社区及全街道开展“睦邻·F街”睦邻楼栋文化营造、“善治·F街”社区居民自治、“先锋·F街”红色力量集结、“公益·F街”公益银行志愿积分四大板块服务。通过四项服务整合社会公益资源，挖掘社区能人骨干，建立志愿积分兑换机制及居民参与协商议事机制，梳理和推广党员下沉助力社区治理工作法，有效激活辖区志愿及公益服务氛围，促进居民群众更好地参与基层治理，推动基层社区治理创新，致力于打造志愿共享、帮弱扶困、邻里和谐的宜居街道和社区。

（二）项目分目标

（1）以试点社区B5社区为重点开展“睦邻·F街”睦邻楼栋文化营造系列服务，通过社区楼栋文化建设，挖掘社区文化底蕴，打造“熟人社区”，营造和谐共融的社区邻里氛围，总结相关经验形成社区睦邻工作法。

---

① 省民政厅关于印发《湖北省城乡社区“五社联动”工作指引》的通知.（2021-04-09）［2023-09-10］. http：//mzt. hubei. gov. cn/fbjd/zcwj/gfwj/202104/t20210409_3460859. shtml.

(2) 以试点社区 B2 社区为重点开展“善治·F 街”社区居民自治系列服务，协助社区创新居民议事方法，畅通居民参与社区议事的渠道，让居民常见的“急、难、愁、盼”问题在家门口得到有效解决，并总结形成社区居民议事工作法。

(3) 以试点社区 B9 社区为重点开展“先锋·F 街”红色力量集结系列服务，充分联动下沉党员、自管党员、居民能人、志愿者骨干、专业社会工作者等多元力量，通过组织化和项目化手段，打造红色资源库、培育红色志愿服务组织、优化红色力量参与路径，并总结形成下沉党员助力基层治理工作法。

(4) 总结梳理 F 街道志愿服务积分兑换机制。对志愿积分的积分标准、兑换标准、操作流程、操作工具等做出明确规定，推进各社区落地执行志愿积分体系，促进社区的志愿服务发展，激活社区的公益慈善力量，提升社区的自治能力。

（三）项目执行策略

本项目共有 3 名专业社会工作者跟进服务。由于人员有限，为了突出重点，深入服务，需要遴选出重点示范社区，通过以点带面、以优促优、以快带慢，最大限度地锚准社区治理难点，打造社区治理品牌，提升街道的整体治理水平。因此，项目制定了以下执行策略。

1. 开展深度走访调研，厘清工作思路

首先是与街道党建办相关领导深度沟通，了解街道年度工作重点及目前存在的治理难点和痛点。其次是针对街道下辖的 10 个社区开展走访调研，了解社区基本情况及品牌建设情况。前期调研的好坏、调研内容的深浅，直接影响到后续社区工作的开展。项目结合调研资料，遴选还建社区 B5 社区、B2 社区，以及商业社区 B9 社区 3 个极具代表意义的社区作为重点示范社区。社会工作者运用社会工作专业知识，分析重点社区资料，结合街道重点任务，厘清了项目的工作思路。社会工作者在 3 个重点示范社区分别推进“睦邻·F 街”睦邻楼栋文化营造、“善治·F 街”社区居民自治、“先锋·F 街”红色力量集结、“公益·F 街”公益银行志愿积分四大板块服务。

2. 推进四项治理内容，对焦治理热点

“睦邻·F 街”睦邻楼栋文化营造服务具体落地在 B5 社区。该社区住户体量小，全社区仅有 12 个楼栋，一网格对接一楼栋，是精细化管理的优势和突破点。通过搭建微网格-微组织-微服务“三微共治”组织架构，睦邻楼栋文化营造更易推动和显成效。“善治·F 街”社区居民自治服务具体落地在 B2 社区。该社区有较好的居民基础，居民代表活跃，在居民参与社区治理和议事方面有一定基础，因此居民议事的制度化和规范化是该社区的重要介入点。“先锋·F 街”红色力量集结服务具体落地在 B9 社区。该社区有自管党员 95 人，下沉党员 231 人，下沉单位 1 家，共建单位 12 家，社区红色资源较为丰富，也初步摸索了一套盘活、用好红色资源的方法手段，但在组织化程度以及模式经验的提炼上存在不足。最后是“公益·F街”公益银行志愿积分服务，该服务主要落地在B5、B2及B4社区，中后期将在全街道推广执行。该板块的重点是探讨志愿积分服务的闭环以及支持社区撬动公益慈善资源，提升社区的治理活力。

3. 注重总结四项工作法，形成示范效应

由于项目的整体思路是通过以点带面、以优促优、以快带慢，最大限度地锚准社区治理难点，总结街道的治理经验，提升街道的整体治理水平，因此对服务的总结和对模式的提炼推广显得尤为重要。通过项目经验总结、问题反思，项目依托四项治理内容分别整理了四项工作法，具体包括《F街睦邻楼栋营造工作法》《B2社区居民协商议事操作指南》《B9社区党员下沉助力社区治理“5步”工作法》《F街公益银行志愿积分执行手册》，并在全街道进行分享推广。四项工作法提炼出了社区优秀治理经验，提供了可推广复制的执行指南，有效助推了F街道基层社会治理水平提档升级。

五、服务过程

（一）“睦邻·F街”睦邻楼栋文化营造

睦邻楼栋文化营造以B5社区作为试点社区打造。一方面组织社区下沉党员、自管党员、公益岗、居民骨干、志愿者等核心力量，围绕帮困扶弱、环境治理等主题开展志愿服务，培育邻里之间团结友爱、互帮互助的社区楼栋文化；另一方面挖掘社区具有特殊才艺的达人，以分享才艺技能的形式面向社区全体居民开展公益课堂，搭建邻里相互交流学习的平台，营造睦邻友好、“以学会友”的文化氛围。由此推动社区内居民积极投身社区建设，发挥各自的才能、技能，由少数带动大多数，营造友好向上的社区氛围，促进社区治理水平提升。

1. 以志愿服务组织为基础，促进邻里之间互动融合

为推动志愿服务队伍在睦邻楼栋文化营造中发挥积极作用，社会工作者深入B5社区，详细了解社区志愿服务队伍建设及服务情况，通过问卷调查和上门入户相结合的方式收集资料，了解服务需求，精准掌握居民诉求。在掌握了社区困难户、孤寡老人较多，社区环境卫生问题急需解决这些信息后，社会工作者协同社区居委会商量对策，从结对帮扶慰问、开展环境治理两个方面寻找突破口，整合现有的志愿者力量，有针对性地开展志愿服务活动。2022年3月，B5社区“清和”帮帮团、“清亲”环保队两支专业志愿服务队伍正式成立，打开了以志愿服务组织为基础，促进邻里之间互动融合的新局面。

“清和”帮帮团的服务对象是社区内85岁（含）以上的高龄老人和需要帮助的残障

人士。根据服务对象的实际困难和需求，志愿队员将优先与居住在同一楼栋的服务对象进行匹配，以邻居的身份与服务对象建立稳定、良好的互助关系，通过开展上门探访、节日慰问、困难帮扶、居家安全宣传、健康问诊等服务，为社区弱势群体送去关心和温暖，为形成邻里互帮互助、和谐共处的睦邻楼栋氛围奠定了良好的基础。“清和”帮帮团的服务频次为每月 2 次，截至 2022 年 12 月底，共开展各类服务 12 次，服务 200 余人次，队伍成员从刚成立时的 21 人增加到 40 人。通过 9 个多月常态化地开展服务，“清和”帮帮团已经得到社区居民和服务对象的认可。帮帮团不仅让楼栋邻里之间的关系变得更融洽了，也逐渐成为推动社区邻里和睦、友爱互助的“代言人”。

随着社区外来流动人口的不断增加，社区居民的主人翁意识渐渐弱化，“自扫门前雪”的心态成为诱发社区环境问题的导火索，开展环保志愿服务显得尤为重要。“清亲”环保队作为一支专业化环境治理队伍，主要负责社区环保宣传，巡查小区内的环境卫生，清理楼栋绿化带垃圾，针对居民反映集中的环境问题开展专项治理，等等。按照每月开展 2 场服务的目标，“清亲”环保队结合当月环境整治的需要，组织开展各类环保志愿服务。服务过程既能发挥社区居民的主观能动性，培养主人翁意识，又能产生示范效应，吸引更多的社区居民加入志愿服务队伍，从而逐步形成“爱护环境，人人有责”的良好氛围。截至 2022 年 12 月底，“清亲”环保队共开展环境治理服务 12 次，覆盖全社区 12 个楼栋，队伍成员也从刚成立时的 19 人增加到 39 人。通过开展环保志愿服务，居民参与社区环境治理的积极性大大增强，居民之间的交流互动频率也明显提高，环境卫生问题得到较大改善，“清亲”环保队的这群“红马甲”们，也成为守护 B5 社区公共卫生、带领大家创造美好环境的“领头羊”。

经过近一年的磨合与实践，社会工作者发挥专业优势，以科学的理论为基础，运用专业方法，指导两支志愿服务队伍开展服务，并为他们提供服务制度、服务内容、服务技巧等方面的培训；同时，通过定期组织增能培训以及团建活动，提升团队的服务能力和凝聚力，培养骨干领袖，促进队伍自我运行和自我发展。目前，两支队伍已形成由队长主导、社区支持的自主运行机制，有效带动居民逐步从“旁观者”转变为“参与者”，成为促进邻里之间互动融合的“助推器”。

2. 以社区达人为依托，营造睦邻文化节日氛围

随着生活水平不断提高，社区居民对文化活动的精神需求也日益增长。为了帮助 B5 社区充分利用自身资源，促进居民之间互相交流学习，营造睦邻祥和的文化氛围，社会工作者通过举办“魅力清和达人秀”活动，挖掘社区具有特殊才艺技能的社区达人。同时，社会工作者邀请共建单位、商户、驻点企业发挥特长，共同参与“社区共享课堂”的开发设计，以传统节日和重要时间节点为契机，开展各类主题活动，满足居民对文化活动的多样化需求。

B5社区依托社区达人的技能特长，为居民开展社区共享课堂等服务。常态化开设了书法、绿植、编织、美食、乒乓球、音乐瑜伽六类课堂，累计开展各类共享课堂活动19场；在腊八、元宵节、端午节、七一、国庆节等传统节日和重要时间节点，开展文化活动5场。积极开发辖区共建单位二十一小的教学团队优势资源，开设了“趣味数学”“创意彩绘”“心理辅导”等特色共享课堂。上述共享课堂的成功开设，不仅盘活了社区现有优质资源，也极大地满足了社区居民对文化活动的需求，为社区营造出“以学交友、互相学习、共同成长、成果共享”的文化氛围，增强了社区居民的凝聚力，促进了社区居民之间的交流互动。其中，长期参加编织课堂交流学习的居民在“编织达人”的分享、指导下，掌握了很多编织技巧和本领。在B5社区和社会工作者的推动下，这些居民成立了“清巧”编织队，并组织开展了“巧手编织 共促睦邻”“巧手编织 花样生活”“冬日巧编织 围巾传孝心”等志愿服务活动。他们将亲手编织的围巾、摆件、杯垫等送给社区孤寡老人，在传递爱心和温暖的同时也传递一份孝心。“清巧”编织队成为B5社区志愿服务队伍中又一道亮丽的“风景线”。

2022年国庆前夕，为了让社区居民、社区达人、爱心商铺、共建单位和社区志愿者们共庆佳节，展现社区邻里和睦、文化共享的治理成果，社会工作者协同社区打造了“韵味清和”社区文化节。文化节当天，通过达人技能摊位展示、才艺表演、“非遗”传统文化展示和趣味亲子运动各个环节的体验互动，B5社区营造出“睦邻和谐，温暖祥和”的节日氛围，睦邻楼栋文化治理成果初显。

（二）“善治·F街”社区居民自治

居民协商议事作为社区居民自治的重要方式之一，在推进基层建设、保障居民权利方面发挥着不可替代的作用。B2社区是居民议事的示范社区，社会工作者围绕议事制度完善、议事方法创新和议事空间打造三个方面开展工作，逐渐形成了一套体系完整、操作性强、可复制的居民协商议事机制，将社区基层民主政治建设推向新的高度。

1. 完善议事制度

2022年2月，社会工作者正式进驻B2社区，通过定期与社区书记、副书记进行深入访谈，查询社区既往居民议事资料，逐步梳理出《B2社区居民协商议事实施细则（初稿）》。

2022年3月初，社会工作者协同B2社区领导对初稿进行反复研究，经过征集社区居民代表意见，进一步修改完善后形成审议稿。同月底，《B2社区居民协商议事实施细则》获得B2社区居民代表大会审议通过，在经过5个工作日的公示期后正式公布实施。该细则的出台，不仅彰显了B2社区基层民主迈向制度化、规范化、程序化建设的新阶段，也让社区居民议事有章可循，激发了居民共同参与社区治理的积极性。

目前，B2 社区按照《B2 社区居民协商议事实施细则》的规定和程序，已完成了“便民自助洗车服务”“电动车棚改造”“潮汐式管理开门问题”等 10 个议事项目的相关工作，对居民议事各环节产生的文字、图片资料进行分类整理存档，极大地提高了居民协商议事解决社区治理难题的效率。

2022 年 11 月，社会工作者立足现阶段形成的居民议事方法，在现行的《B2 社区居民协商议事实施细则》的基础上，进一步总结提炼居民协商议事的经验，优化工作流程，拓展居民议事的内容和形式，制定了一套体系完整且便于复制推广的《B2 社区居民协商议事操作指南》。这不仅为未来 B2 社区居民协商议事明确了工作方向，也给 F 街道其他社区的居民协商议事工作提供了参考。

2. 创新议事方法

B2 社区是一个还建社区，随着社区外来人口逐渐增多，加之部分居民尚未改变原来的农村生活习惯，高空抛物、噪声扰民、楼栋脏乱等问题多次发生。这些问题经常引发邻里矛盾，传统的居民议事方法难以有效地解决上述问题，社区出面调解又会出现“清官难断家务事”的尴尬局面。“解铃还须系铃人”，群众的事情就让群众自己商量办法解决。为此，社区两委决定通过居民议事会修订居民公约，以维护社区的公共秩序、规范居民的日常行为、弘扬公序良俗。

2022 年 4 月 2 日，社会工作者介入 B2 社区居民公约的修订工作。依据新出台的《B2 社区居民协商议事实施细则》的相关规定，社会工作者以问卷调查的形式，针对本社区的居民公约基本情况，征集社区居民的意见和建议。社会工作者对收集到的 109 份有效反馈意见进行整理归纳，形成了《B2 社区居民公约（讨论稿）》。

2022 年 4 月 28 日，为了发挥社区居民的集体智慧，真正做到“群众的事情群众说，群众的事情群众定”，B2 社区联合社会工作者召集 20 多名前期参与问卷调查的热心居民，参加居民公约线下讨论会活动。本次讨论会采用“卡归打签”的方法收集参会人员的建议，再借鉴“世界咖啡馆”的模式进行分组讨论，保证每一位参会人员都能充分发表自己的意见。会后，社会工作者对讨论稿进行了修改完善，形成了《B2 社区居民公约（初稿）》。该初稿经 F 街道有关部门审核把关后，由 B2 社区提请居民代表大会审议通过。6 月 13 日，《B2 社区居民公约》正式公布实施。

为进一步扩大居民公约的影响力，巩固议事成果，社会工作者于 2022 年 6—10 月组织开展了“居民公约主题宣传日”“居民公约创意作品大赛”等文化活动，并推动社区志愿者成立了“与你有约”志愿宣传服务队，专门负责居民公约的宣传和社区巡逻劝导等相关志愿服务。截至目前，“与你有约”志愿宣传服务队累计发放宣传单/册 400 余份，张贴宣传海报 60 余幅，巡逻劝导 200 余人次，影响范围覆盖全社区 58 个楼栋单元，成为一支维护居民公约议事成果的“护卫队”。

3. 打造议事空间

随着B2社区居民协商议事工作的不断推进，为了让社区居民议事空间从社区居委会走向居民楼栋，使更多居民能够切身感受到居民议事的成效，B2社区在征求居民意见后，先后决定对社区内3个楼栋的架空层进行改造升级。升级完成后的活动空间，在满足楼栋居民日常休闲娱乐的同时，也能成为居民的议事空间。社会工作者前往3处架空层实地勘察，根据现场改造条件绘制了平面布局图，同时对装修风格给予了指导。目前，3个楼栋的架空层中的议事空间已完成硬件装修。其间，社会工作者多方沟通协调，就议事空间的功能布局、上墙内容和装修风格进行沟通，旨在打造温馨舒适的议事空间。

打造居民议事空间，一方面充分利用了楼栋架空层的公共空间资源，改善了楼栋居民的生活环境；另一方面，将居民协商议事的场所搬到居民楼栋中，不仅拉近了党群之间的距离，更激发了居民共同参与社区治理的动力，增强了居民的获得感、幸福感、安全感。

（三）“先锋 · F街”红色力量集结

1. 走访调研，厘清思路

为进一步协助街道、社区用好下沉党员资源，激发党员干部下沉社区参与社区治理的活力，从2022年8月开始，社会工作者结合F街道辖区的商业社区和还建社区的构成情况，对2个商业社区（B9社区、B8社区）和2个还建社区（B2社区、B3社区）深入开展访谈调研工作，充分了解了社区下沉党员的基本情况，掌握了工作流程和工作难点，为后续梳理下沉党员的工作流程和方法做好了准备。

2. 归纳梳理，制订计划

社会工作者在前期充分调研的基础上，梳理出相关的工作流程和方法。根据《D区党员干部下沉社区操作规范》的相关要求，结合调研社区的实际情况，社会工作者完成了《F街道“红枫行动”党员下沉助力社区治理实施方案（初稿）》。

3. 创新模式，优化服务

为更好地总结下沉党员等红色资源参与社区治理的经验，2022年10月中旬，社会工作者选取B9社区为试点，落实和丰富实施方案中的具体内容。社会工作者结合B9社区的实际情况，按照湖北省社工站建设的“五有”标准，助力B9社区打造“有阵地、有人员、有组织、有服务、有功能”的工作模式，逐步探索具有B9社区特色的下沉党员助力社区治理工作法，优化服务内容。

结合社区实际情况，社会工作者与社区书记、副主任等就下沉党员工作法深入交换了意见。B9社区虽然红色资源相对丰富，但是也存在资源结构不清晰、党员志愿服务队无组织架构的问题。因此，社会工作者协助B9社区完成了“华小益”党员志愿队、“华小医”义诊团、“华小智”智囊团等3支红色志愿服务组织的队伍文化建设、管理制度制定、队伍增能等工作，有效促进了社区志愿服务组织服务能力的提升，助力社区志愿服务组织规范化、常态化、长效化发展，为打造具有B9社区特色的服务品牌奠定基础。

4. 总结方法，提炼成果

B9社区的工作经验方法缺乏总结，面临优秀经验断层流失的风险。因此，社会工作者协助B9社区梳理社区需求，整理服务案例，梳理归纳社区党建相关材料，最终完成《B9社区党员下沉助力社区治理“5步”工作法》的定稿工作，总结出以党建引领为核心，充分发动下沉党员、自管党员、居民能人、志愿者骨干、专业社会工作者等多元力量联动，通过组织化和项目化手段，打造红色资源库、培育红色志愿服务组织、优化红色力量参与路径、创新红色项目、构建“双向”评议及激励机制的“5步”工作法。

本次工作法的总结提炼，一方面帮助B9社区梳理了近几年在下沉党员工作中的成功经验，优化了工作流程，明确了未来工作方向；另一方面也为F街道其他社区更好地发挥下沉党员资源优势，激发下沉党员参与社区治理，助力社区破解治理难题提供了参考经验。

（四）“公益·F街”公益银行志愿积分

1. 执行手册“定标准”

为进一步推进F街道公益银行志愿积分项目，加快“公益银行”服务模式在全街道推广的步伐，社会工作者在对各社区志愿服务情况进行调研的基础上，根据《D区社区志愿服务积分管理暂行办法》以及社会工作者在B4社区的公益银行服务实操经验，研究制定出《F街公益银行志愿积分执行手册》，对公益银行的积分标准、兑换标准、操作流程、操作工具等做出了明确规定。同时，为了帮助各社区更好地推进公益银行志愿积分项目的落地执行，社会工作者在F街道党建办的支持下，组织开展了公益银行志愿积分执行手册培训研讨会，对执行手册进行细节解说和案例分享，协助各社区完善统一的志愿服务积分兑换机制。

2. 积分兑换“保落实”

为了促进各社区落实《F街公益银行志愿积分执行手册》的相关规定，推动F街道辖区执行统一的志愿积分标准，社会工作者以B5、B2这2个社区为试点，直接参与并指导社区公益银行的积分兑换服务。B5、B2社区各开展积分兑换活动2场，其中：B5社区兑换85人次，兑换积分1 260分；B2社区兑换103人次，兑换积分1 850分。

开展积分兑换活动，一是为全街道铺开“F街公益银行服务”打好基础，为推进辖区志愿积分执行“通存通兑”做好准备；二是通过积分兑换的形式，回馈广大志愿者的辛勤付出，从而调动社区志愿者参与公益活动的积极性，吸引更多居民加入志愿者队伍，促进志愿积分与志愿服务之间的良性循环。

3. 达人资源“促流通”

为了丰富F街道的志愿者资源，促进公益资源的流通共享，同时为志愿积分的打通使用创造条件，社会工作者策划并组织了“魅力F街·达人秀”活动，以此来挖掘全街道具有特殊技能的达人资源，选拔优秀达人参与公益课程体系的建设。

自2022年5月发布活动通知以来，在F街道党建办的指导、协助下，社会工作者深入B9、B8、B7等各社区进行活动宣导及讲解。最终，“魅力F街·达人秀”活动推文阅读量突破2 600人次。活动共收集到各社区达人提交的作品81份，涵盖绘画、书法、手工、音乐、舞蹈等10余类才艺技能。其中，67位达人经过线上评选获得公益奖，部分优秀达人已经参与到社区举办的各类公益活动中，成为社区志愿者中那颗闪亮的“星”。

本次活动不仅在F街道掀起了一阵“达人秀”的热潮，也为各社区寻找到优质的公益资源，为促进志愿公益的持续发展增添了新的活力。后续各社区可以根据自身需求，与街道达人资源进行匹配，吸引辖区爱心商户、共建单位等参与公益银行项目，扩大公益银行项目的参与度和影响力，为F街道的公益资源流动和互通共享做好铺垫。

六、成效评估

（一）项目成效

依托项目，社会工作者制定了公益银行志愿服务积分兑换机制1套、F街道党建引领社区治理社会工作服务项目宣传手册1套、《B2社区居民协商议事操作指南》1套、下沉党员助力社区治理工作法1套；组织开展各类主题活动20场、专业培训服务20场，孵化培育志愿者队伍6支；在保障完成项目基本架构内容的同时，助力3个重点社区梳理了社区治理创新品牌，并在全街道进行了四项工作法的交流分享学习，形成了更大的示范带动效应。此外，在项目执行中，社会工作者注重对服务的多方宣传。项目共有区级以上平台宣传报道11次，发布对外宣传简报12份，形成项目总结报告2份，发挥了良好的宣传效应。

（二）经验总结

1. 聚焦党建引领，明确工作方向

首先，加强社区基层党组织自身建设。积极构建“社区党总支—小区党支部—网格党小组—党员中心户”的管理服务体系；运用丰富的红色资源，开展党史学习教育和革命传统教育，引导社区党员坚定理想信念、筑牢初心使命。

其次，构建居民协商议事机制。在社区党组织的引导下，凡社区公共事务和涉及居民切身利益的重大事项，均通过居民协商议事的方式讨论决定，发动居民集体决策，提升居民对社区治理的认同和支持。

最后，引导辖区共建单位、社会组织、下沉单位（党员）、居民骨干在党组织的领导下，服务困难群众、参加志愿服务、开展共建活动。有效整合社区资源，统筹区域内各种可能、可用的资源，形成自治共享的良性循环。

2. 坚持试点先行，推广成功经验

立足于街道层面选择重点社区进行示范打造，结合社区自身特点制订服务计划，总结提炼成功经验，形成可复制推广的工作方法。

一方面，以建立健全制度为保障，根据社区实际情况，出台一系列可操作、贴民情、得民心的党建引领社区治理的制度规定，确保社区治理举措务实管用、落地落实，使居民切身感受到社区治理带来的生活上的便利和实惠。另一方面，以党组织引导社会组织提供服务为重点，重点扶持便民服务、公益慈善以及居民自治的社区型社会组织发展。指导社会组织有针对性地开发服务项目，举办丰富多彩的社区活动。以多种形式宣传、挖掘居民领袖，汇集多方力量链接辖区资源，不断调动居民参与社区建设和社区治理的积极性，从而解决好居民的“自我管理”难题，缩减党群之间的距离，提高居民的幸福感和满意度。

3. 突出工作重点，提高服务质量

结合街道党建办的总体要求，有计划、分层次地制定服务内容，重点突出党建引领社区治理相关工作，确保服务重心不偏移、服务内容易实施、服务质量更优质。

一是加强党群互融。全力推进以党群服务中心为核心，结合党员之家、邻里会客厅、居民议事会、文体活动室、邻里幸福学堂、邻里图书馆、夕阳照料中心等创建社区服务综合体，推进各党群阵地间互融互动、协同服务。充分发挥下沉党员、自管党员的积极作用，提升综合服务效能，统筹解决社区综合服务设施的配置问题，满足社区服务场所的基本需求。

二是聚焦治理痛点。健全党建引领下的居民自治机制建设，畅通居民议事会、邻里会客厅、民情恳谈会、社区论坛等社区协商议事渠道。重点解决群众普遍反映的停车难、充电难、社区环境卫生脏乱差、基础设施配套不足等影响群众日常生活的“急、愁、盼”问题。同时，组织社区志愿者、居民骨干、党员等参加相关培训，引导他们成为社区治理的中坚力量。

三是实现精准服务。协助社区建立健全需求清单、资源清单和服务事项清单，实现资源与需求的有效匹配。深入摸排居民需求，形成需求清单，并将居民需求转化为社区自治项目。协同社区党委积极发挥统筹引领的作用，连接服务需求方、提供方和监管方，推动社区资源要素充分整合，促进社区、社会组织、社会工作者、社区志愿者紧密协同，满足社区多元化的治理和服务需求。

七、专业反思

（一）服务模式

项目除了运用直接的社会工作三大服务方法外，还开展了社会工作研究。社会工作者结合社区实践经验，总结提炼工作法，并在全街道进行经验模式推广，在一定程度上属于社会工作的应用性研究，但是在实现更大范围的影响力方面，还有很多不足之处，包括规范性、成熟度、实务借鉴意义等还需加强。

（二）服务成效

项目齐头并进开展了“睦邻・F街”睦邻楼栋文化营造、“善治・F街”社区居民自治、“先锋・F街”红色力量集结、“公益・F街”公益银行志愿积分四大板块服务，每个板块内容内涵丰富，并总结相关经验形成了社区工作法，供其他社区学习借鉴，但是由于各个社区情况不一，其是否适用还有待验证。此外，还需要通过反复验证和实践，不断丰富社区工作法在不同社区情境下的运用细则。

（三）社会工作者的角色

本项目是在“五社联动”模式下，“党建＋社工”的较好实践，社会工作者在服务中扮演了服务方案的策划者、资源的协调者和案例模式的研究者等多重角色，社区工作人员与社会工作者的关系需要平衡。只有社区和社会工作者“两社”协同，才能共推“五社联动”机制的长效运转，因此如何在服务过程中保持社区的参与度，提高社区工作人员的专业服务能力而又不影响彼此关系，是一个难点。

专家点评

面对日益复杂的社会结构和多元的社会需求，社区治理面临诸多亟待解决的难点和问题。而推进基层治理体系和治理能力现代化，则需要充分发挥党建工作的引领作用，同时不断吸纳各方力量的参与。在本案例中，社会工作者基于对所服务街道情况的整体把握以及对各个社区特色的差异化分析，围绕党建引领基层德治、党建引领基层自治、党建引领基层法治等工作重点，充分调动“五社联动”的资源和力量优势，通过睦邻楼栋文化营造、社区居民自治、红色力量集结、公益银行志愿积分四大板块服务不断推动基层社区治理创新发展，取得了明显成效。项目设计逻辑思路清晰，注重调动和发掘在地社区资源和已有工作基础，将资源与社区居民需求进行对接，使得社区治理工作的开展更加具有针对性，资源的配置效率也得到进一步提高，提升了社区治理的专业化水平。

洪佩 华中师范大学社会学院讲师

案例五　资产为本视角下的街道社工站发展项目①

刘　丹　牛依萌　谢君林②

一、背景介绍

（一）项目背景

党的十九届五中全会指出，“十四五”期间要努力实现“社会治理特别是基层治理水平明显提高”的目标，这既是新时代新发展阶段我国社会治理的科学指引，也是基层治理创新的新要求。社区作为社会的基本单元和细胞，是基层社会治理的重要载体，创新社会治理必须充分发挥社区的功能和作用。然而，随着市场化、城市化的不断深入，老龄化、空巢化等问题加剧，社会治理出现了诸多新问题。

2020 年春，新冠病毒感染疫情突如其来，社区成为抗击疫情的“第二战场”，无数社区工作人员、下沉党员、志愿者积极奋战在战“疫”一线，我国以社区为基础治理单元抗击疫情的经验成为世界抗“疫”典范。然而，随着一段时期内疫情防控进入常态化，如何总结这一非常时期的社区治理经验以应对社区新问题，成为社区治理和推动社区发展新一轮的难题。

社会工作与社会治理具有高度契合性③，并且社会工作作为社会治理共同体多元主体中的一元，有参与社会治理的天然优势和属性，可以在社会治理创新中发挥积极作用。社区既是疫情联防联控的第一线，也是社会工作介入的基础场域④。发挥社会工作的专业优势，

---

① 本案例获评第二届全国 MSW 研究生案例大赛优秀奖。

② 刘丹，社会工作师，华中师范大学社会工作专业硕士研究生。牛依萌，助理社会工作师，华中师范大学社会工作专业硕士研究生。谢君林，社会工作师，华中师范大学社会工作专业硕士研究生，2023 年获北京大学-香港理工大学中国社会工作研究中心第十一届林护杰出社会工作学生奖。

③ 王思斌．社会工作在构建共建共享社会治理格局中的作用．国家行政学院学报，2016（1）．

④ 陈蓉蓉，姚进忠．社区为本：后疫情时期社会工作应对突发公共危机事件的行动逻辑．社会福利（理论版），2021（11）．

揭示社会工作“参与治理视角”（资产为本）和“参与治理的载体”（街道社工站），对探索中部地区三线城市的社会工作服务、突破传统社区发展模式具有重大的现实意义。

（二）项目意义

1. 理论意义：资产为本的社区发展模式本土化研究

资产为本的社区发展模式已被广泛运用于社会工作实践，如在灾后社会工作[①]、企业社会工作[②]、农村社会工作[③]、少数民族社会融入[④]等领域。在国家大力实施乡村振兴战略、大力推动乡镇（街道）社工站建设的背景下，探讨资产为本视角下的乡镇（街道）社工站实践对于推动社区发展模式的本土化研究具有重要的理论意义。

2. 实践意义：对于中部地区三线城市乡镇（街道）社工站的初探

A 街道社工站作为 J 市首批试点的四个街道社工站之一，成立于 2020 年 7 月，是在民政部召开“湖南会议[⑤]”，上级部门出台相关政策推动、规范乡镇（街道）社工站发展之前的实践尝试，也是社会工作服务由沿海发达城市向内陆偏远地区发展的一次探索。

3. 政策意义：推动下沉党员常态化服务机制与志愿服务体系建设

党的十九届五中全会审议通过的“十四五”规划纲要明确提出“健全志愿服务体系”“广泛开展志愿服务关爱行动”“畅通和规范市场主体、新社会阶层、社会工作者和志愿者等参与社会治理的途径”等要求，把推动志愿服务事业发展摆到事关国家建设的重要位置。志愿服务经过多年发展已形成《志愿服务条例》等规章制度，但对于如何规范下沉党员常态化参与社区服务，各地仍处于探索阶段。A 街道社工站借助志愿服务平台积极解决这一问题，对规范下沉党员的志愿服务行为、推动完善本土志愿服务体系具有一定的指导意义。

二、分析预估

（一）A 街道的社区治理难题

A 街道辖区内有政府行政单位 63 家，配套幼、小、中学校 9 所，医院 3 家。辖区面积约 3.8 平方公里，常住人口约 4.5 万人，下辖六社区、一村、一场。A 街道是典型的

---

① 陈艳．以资产为本的社区发展模式：地震灾后农村社区重建的新视角．四川行政学院学报，2012（3）．

② 张志华．四步走助力建设服务型工会．中国社会工作，2018（21）．

③ 张志辉．“资产为本”视角下的农村社会工作实践．山东青年政治学院学报，2018，34（2）．

④ 陈美凤，严君惠，谭卫华．资产为本视角下城市社区少数民族社会融入的实践探索．社会与公益，2020，11（11）．

⑤ 2020 年 10 月 17 日，民政部在湖南省长沙市召开了加强乡镇（街道）社会工作人才队伍建设推进会，深入学习贯彻习近平总书记对加强民政工作和基层基础工作的重要指示精神，总结推广乡镇（街道）社会工作人才队伍建设经验。

单位办公场所与生活住宅交错的老旧城区，住宅以单位院落、三无小区为主。随着城市发展和新区建设，青壮年劳动力逐渐外迁，常年留守在社区内的基本都是老人和儿童。据A街道民政办统计，A街道共有低保对象124户181人，特困人员7人，80岁以上高龄长者990人，困境儿童20人，残疾人389人，优抚对象98人。

A街道位于老城区，民政帮扶对象规模庞大，困难、弱势群体分布集中，老龄化问题严重，单纯依靠社区“两委”5～9人的团队进行治理显得力不从心。2020年4月，上级部门下发文件，要求下沉党员通过各种方式参与社区治理，并选取A街道为试点探索“双报到双服务”常态运行机制，推动党建引领下的基层治理创新。在试点的过程中，出现了政策难落地、工作难推进等问题，主要体现为以下几点。

1. 下沉党员分散、积极性下降，队伍管理难度大

疫情防控期间，按照省委统一安排，全省1.1万余家机关企事业单位精准选派、有序下沉，先后抽调58万余名党员干部下沉2.7万余个社区（村），在疫情防控、复工复产和基层治理等方面发挥了重要作用。但是，在推动机关企事业单位党员干部下沉社区常态化、长效化的过程中发现，党员干部分散在不同的职能部门，并且参与社区服务的积极性有所下降，导致社区在组建队伍的过程中管理难度增大。

2. 欠缺活动载体和联系群众的纽带

在社区疫情防控的工作实践中，依托于自身的工作单位、职务身份和组织领导能力，下沉党员有效应对了社区疫情防控中的各项难题[①]。可见，下沉党员是能够在社区发挥其作用和优势的。但在常态化、长效化的过程中，由于缺乏与困难群众、服务需求对接的活动载体与平台，他们感觉“使不上劲”，只能选择扫大街。

3. 身份定位不清晰，缺乏基层工作经验

虽然各级文件对下沉党员的工作职责与任务做了相关要求，但不同于疫情防控时期直接“接管”社区相关工作且工作内容清晰明确，此次在居住地下沉的很多党员没有找到清晰的身份定位，在如何主动接触居民、走到居民身边、开展志愿服务等方面缺乏相关的基层工作经验。

（二）需求为本的社区服务困境

需求为本的社区发展是一种传统的社区发展方法。通过识别社区存在的问题和需求[②]，需求为本视角下的社区发展项目虽然能够在短时间内有效地缓解社区面临的问题，但久而久之容易导致服务对象对项目产生依赖，甚至出现居民自我解决问题的能力下降

---

① 曾建丰，狄金华．寓科层于社区之中：基层疫情防控的实践运作：基于J市“党员下沉”实践的调查分析．中国农业大学学报（社会科学版），2021，38（2）.

② 黄瓴．从“需求为本”到“资产为本”：当代美国社区发展研究的启示．室内设计，2012，27（5）.

的现象[①]。面对A街道的一系列问题，传统的行政举措或社工服务项目大多从问题视角出发，按照“评估需求—满足需求—解决问题”的方式开展工作，造成了居民依赖、效果无法持续、社区自治能力未提升等问题。

1. 依赖外界力量，居民缺乏主动性

无论是社会福利政策指导下的政府救济，还是传统慈善模式下的捐赠思维，都容易导致服务对象产生“等、靠、要”的思想。例如面对困难群众，一方面是通过政策兜底，解决困难群众的基本生存问题；另一方面是以社会慈善力量为补充，对口联建单位、下沉社区党组织、慈善团体在节假日对困难群众进行慰问走访。长此以往，依靠政府救济和慈善捐赠的方式在社区内形成了一到节假日就找社区“要”的“怪”现象。

2. 忽略深层次需求，效果无法持续

传统的社区发展模式，关注的是社区所面临的各种问题，通常包括失业、贫困、犯罪、适用住房匮乏等，但忽视了深层次发展问题。例如，针对失业人群，通过外界力量提供一份简单但服务对象并不感兴趣的工作，随着外界力量、资源的退出，服务对象自身并没有发展出自我谋生的能力。外部资源提供了一种“快速奏效”解决问题的可能性，但就社区长远发展而言，其作用并不能持续。

3. 居民离场，社区自治能力未提升

需求导向的社区发展容易导致社区居民的无力感和疏离感。在需求为本发展模式中，居民只要“坐等”被帮助即可，以一种“不在场”或“离场”的状态，把自己作为“客户”或者是被动的服务消费者，而不是作为积极的公民和建设者[②]。并且，长期带着“残障”“特困”“低保”等污名化标签，他们会认为自身没有能力改变个人与社区的命运。这也就解释了社区内积压多年的垃圾问题无人处理、路灯无人维修、志愿服务队组建不起来等问题存在的原因。

三、理论依据

（一）资产为本的社区发展模式

资产为本的社区发展模式（asset-based community development）是优势视角在社区工作领域的一种发展[③]。1993年，克雷茨曼和麦克奈特提出了资产为本的社区发展模式。他们首先批判了传统的“社区需求或社区缺失”取向。在此基础上，他们提出了另外

① 张志辉．“资产为本”视角下的农村社会工作实践．山东青年政治学院学报，2018，34（2）．

② MATHIE A，CUNNINGHAM G. From clients to citizens：asset-based community development as a strategy for community-driven development. Development in practice，2003，13（5）．

③ 陈红莉，李继娜．论优势视角下的社区发展新模式：资产为本的社区发展．求索，2011（4）．

一条社区发展途径，即优势视角下以社区资产为本，关注内部资源并以人际关系为驱动力的社区发展路径。资产为本代表着社区发展的一种模式转换与实践创新，从强调社区的需求与问题转向建设社区的能力与优势。

该理论模式有三个特征：一是资产为本（asset-based），即强调不是从社区问题或需要出发，而是从社区拥有的资产或优势出发来介入社区；二是内在取向（internally focused），即强调社区居民自身参与社区发展的能力；三是关系驱动（relationship driven），即强调居民与社团之间的接触，以及各种网络关系的建立。

（二）资产为本的社区发展模式在我国的实践

近年来，我国学者对资产为本的社区发展理论进行了很多引介，分析了这一模式对于我国社区发展的借鉴意义①，提出了社会政策发展的新趋向②，并将其广泛应用于我国扶贫减贫、灾区重建、城市移民、社区营造等领域。社会工作实践逐渐从需求为本转变为资产为本，在灾后社会工作、企业社会工作、农村社会工作、少数民族社会融入等领域进行了运用，并在实践中探索出了以社区资产建设为实践路径，实现内生型社区发展的经验③。近年来，国家大力推动乡镇（街道）社工站建设，而探索资产为本视角下的乡镇（街道）社工站建设的实践还很少。

四、服务计划

（一）项目调研

社会服务项目受益群体既包括直接服务对象，也包括其他利益相关者，因此项目需求评估和项目设计需要利益相关群体的充分参与。在项目初期，项目团队与下沉党员、街道民政办、社区"两委"、社区领袖一起，借助参与式评估工具，如社区大事记、社区资源图等，以及需求调研工具，如问卷调查、实地走访、深度访谈等，对社区现状、下沉党员和民政对象的需求、社区拥有的资源和资产进行了系统的梳理和分析。

通过参与式评估和需求调研，项目团队有几个方面的共性发现：第一，社区在经历了疫情后，无论是普通居民还是特殊群体都或多或少受到了疫情的影响，主要表现为对疫苗安全性和疫情反弹的担忧。第二，面对大批的下沉党员，社区表示难以"消化"，不知道该给这些党员分派什么任务。而下沉党员来到社区也不知道需要做什么，能够做什

---

① 文军，黄锐．论资产为本的社区发展模式及其对中国的启示．湖南师范大学社会科学学报，2008，37（6）．

② 杜玉华，文军．从福利为本到资产为本：社会政策发展的新趋向．河北学刊，2010，30（4）．

③ 周晨虹．内生的社区发展："资产为本"的社区发展理论与实践路径．社会工作，2014（4）．

么。第三，社区内有很多潜藏的资源，同时也存在大量的弱势群体和社区治理难题，虽深知社区发展需要大家的共同努力，但缺乏调动社区居民参与的方法和途径。通过参与式评估，社区需求得以凸显，社区资源得到挖掘和重视，同时大家提出“共同发展”和“可持续发展”的概念，为下一步项目推进奠定了基础。

（二）项目设计

1. 项目服务内容

社工站的服务采取“1＋X”模式开展，“1”是指常规乡镇（街道）民政办工作，X是指特色服务。一方面，A街道社工站将服务聚焦于民政对象，发挥社会工作的专业优势，深入民众生活，通过评估服务需求，提供精准服务，改善基层民政力量不足的问题。另一方面，A街道社工站为基层民政队伍全新赋能，开展培训提升民政专干的能力。A街道社工站的特色服务为社区志愿服务，其主要内容就是挖掘社区骨干，培育志愿服务组织，搭建活动载体，打造志愿服务项目，推动社区居民和下沉党员参与社区治理。

2. 项目实施进程

项目分为项目启动、项目需求调研及资源摸排、项目实施、项目总结四个步骤推进，具体如下。

（1）项目启动。

组建项目团队，完善队伍管理，启动项目。

（2）项目需求调研及资源摸排。

准备调研资料，进行项目调研，盘点社区资产。

（3）项目实施。

根据需求调研的结果，为服务对象提供具体服务，服务内容涉及个案跟进、志愿者队伍建设、能力培训、党建＋志愿服务活动、特色志愿服务项目等。

（4）项目总结。

在项目执行中期、末期，对项目财务执行情况、项目进度情况进行汇报和总结，对项目执行经验、经典案例进行总结和提炼。

3. 项目人员配置

项目人员配置采取“1＋1＋1＋N”的形式，即“1名驻点社工＋1名社工督导＋1名社工助理＋多名志愿者”。至少安排1名社工采取坐班制协助项目落地，1名社工督导负责服务能力提升和监管，1名社工助理和多名志愿者负责特色服务的开展和对日常工作的协助。鉴于A街道社工站只有1名全职人员，服务的覆盖面和范围有限，因此社工站主要发挥平台支持的作用，注重社会工作专业理念的传播和社会工作人才的培养，将社会工作的相关知识、服务理念传达给社区，引导社区工作人员转变治理方式。

（三）项目监管

项目监管以“内部自评＋外部评估＋采购方和落地监管”的模式进行。

在“内部自评”方面，项目执行机构建立了项目内部监管制度，通过聘请专业督导对项目整体方向和进度进行把控，通过项目沟通例会促进利益相关各方的沟通和协调，通过服务对象的意见反馈了解服务的开展成效，通过每月项目简报、中期总结和末期自评等方式总结项目执行效果。

在“外部评估”方面，项目购买方通过购买第三方专业评估机构的服务开展评估指导，乡镇（街道）社工站的执行机构需在每月月底提交本月总结和下月计划，在项目中期、末期接受第三方专业评估机构对项目实施情况的整体评估。

在“采购方监管”方面，A街道社工站通过发送服务简讯（微信推送或新闻报道）、不定期汇报的方式向项目购买方实时汇报项目进度，并对项目执行效果进行实时反馈。

在“落地监管”方面，A街道社工站的落地监管方主要是当地区民政局和街道办。区民政局对项目的监管主要以听取工作汇报和工作简报的方式开展，而街道办对项目的监管则定期由承接机构发起，邀请督导、项目社工、机构负责人、街道分管民政的领导、街道民政办主任共同参与沟通会议，讨论项目实施进展、困难以及下一步发展方向。

五、服务过程

（一）绘制资产地图，激活社区内生动力

社区资产是资产为本的社区发展的内在动力。关于什么是“社区资产”，目前学界的看法还不太一致。克雷茨曼和麦克奈特认为，所谓社区资产是指社区中的个人、组织与机构所拥有的天赋、技巧和能力等。他们把社区资产划分为个人资产（individuals）、社区组织资产（associations）、社区团体及部门资产（local institutions）和自然资源及物质资产（natural resources and physical assets）四大类。根据以上定义和划分，A街道社工站绘制了一份社区资产地图，详见表1-5-1。

表1-5-1　A街道各社区资产地图

社区资产	所属社区					
	A社区	B社区	C社区	D社区	E社区	F社区
个人资产	下沉党员317名、志愿者、大学生、社区工作人员年轻有活力	下沉党员327名、退休老干部、大学生	下沉党员138名、退休老干部、志愿者	下沉党员146名	下沉党员369名、退休老干部、志愿者、老邻居	下沉党员201名、退休老干部、志愿者、大学生

续表

社区资产	所属社区					
	A社区	B社区	C社区	D社区	E社区	F社区
社区组织资产	5支志愿服务队，邻里乐呵队下设舞蹈队、京剧团、交响大乐团等多个小分队	党旗红志愿服务队	党员先锋队、文明劝导队、五老网吧监督队、治安巡逻队、民间艺术表演队、健身队、艺术团、京剧团	腰鼓队	文艺宣传队、治安巡逻队、爱心帮扶队、环境整治队、文化活动队、居民党员服务队	巾帼志愿者服务队、红十字会志愿者服务队、文艺团体
社区团体及部门资产	政府单位11家、中学1所、幼儿园2所	政府单位1家、小学1所	政府单位1家、大学1所、中学1所、幼儿园2所、医院1家	政府单位6家、小学1所、幼儿园1所、医院1家	政府单位30家	政府单位8家、中学1所、医院2家
自然资源及物质资产	公园、古街、古楼	菜市场、古城墙、古建筑	古城公园、菜市场	公园、博物院、古城墙	公园	古巷、古遗迹、古建筑

（二）发展互助组织，调动社区资产活力

社区资产中的核心资产是“人”，下沉党员是社区内非常重要的一项资源。不同于疫情“战时”的单位制下沉，他们“平时”在居住地的下沉给社区服务带来了便利，他们的身份不仅仅是生活在社区里的居民，更是政府单位的公职人员，其所掌握和可调动的资源潜力是非常大的。因此，项目在对各社区下沉党员的情况进行摸排后，针对各社区在志愿服务、活动组织、群众关系建立等方面的需求，在社区大党委和五级组织架构①的基础上，发起成立了红色功能型志愿服务党组织下的红色志愿服务队，并根据各社区的情况和下沉党员的优势确定了志愿服务的类别和活动形式，具体如表1-5-2所示。

表1-5-2　A街道各社区红色志愿服务队

社区	队伍名称	志愿者情况	主要服务内容
A社区	守一池清水，护古城“绿肺”红色志愿服务队	队长1名 队员10名	水系保护，古城墙环境保护
B社区	红色志愿宣传小分队	队长1名 队员17名	惠民政策、法律知识、消防安全和疫情防控知识宣传
C社区	红色义诊队	队长1名 队员10名	定期举行义诊活动，为居民送医上门，针对辖区内的重病重残家庭提供家庭医学知识服务，宣传新冠疫情防护知识

① 街道是“街道大工委—社区大党委—小区（片区、网格）党支部—楼栋党小组—党员中心户”五级组织架构。社区是“社区大党委—网格党支部—院落党小组—党员中心户/楼栋长—居民户”五级组织架构。

续表

社区	队伍名称	志愿者情况	主要服务内容
D社区	博物馆党员红色志愿服务队	队长1名 队员38名	小区安全防控和值守，入户排查，物资配送，小区卫生保洁，困难群众帮扶
E社区	下沉党员爱心直通车帮扶小分队	队长1名 队员10名	对社区困难户进行帮扶
F社区	美德三义巡逻队	队长1名 队员10名	义务巡逻，巡查辖区内的各类安全隐患

（三）开展增能培训，建构治理主体能力

采用资产为本的实践模式，首先要注重社区主体的能力建设，培育社区发展的内生动力①。将内在取向（internally-focused）作为社区发展实践优先考虑的工作策略，强调社区居民、小组及团体界定社区问题及参与社区事务的能力。A街道社工站在需求调研过程中了解到民政专干和下沉党员在志愿服务能力提升方面的需求后，针对他们开展了集中培训3场，组织了增能小组2个（各10次活动），累计服务220人次，并对个别社区领袖进行了个案跟进，有效增强了下沉党员和社区领袖在志愿团队组建、活动策划和开展方面的能力，促进了民政专干在志愿服务项目开发、社区资源整合及项目设计等方面的能力提升。

（四）培育自助组织，建立社区伙伴关系

重视社区关系的建立（relationship-driven）是社区发展的有效途径。居民间伙伴关系的建立不是为了某一方自身的目标与利益，而是为了解决社区的公共问题，使结果既能有利于各参与主体，又能服务于社区。A街道社工站在每个社区都挖掘和培育了1～2名志愿者骨干，并培育了1名小组领袖，在该领袖的带领下孵化了2个社区自组织。例如，项目将社区内的家庭主妇组织起来，组建编织小分队，日常进行帽子、围巾、包包等手工艺品的编织教学、生产、销售，并将扣除原材料和日常运营成本之后的所得利润，一部分用来帮助孤寡、残疾、失能老人等特殊群体，让困难群众感受到社会的关爱，另一部分汇入社区成立的帮扶基金，当社区内有特殊困难群体时，则可将其用于帮扶救助。这一行动，得到了妇联、团委、主流媒体等的宣传报道。由此可见，通过建立自组织，社区内的下沉党员、居民、群团组织、新闻媒体等主体力量都被调动了起来，发挥了各自的优势，共同推动了社区问题的解决。

---

① 姚云云．精准扶贫视域下民族地区扶贫模式导向转换的实践逻辑：从“需求为本”到“资产为本”．西北民族大学学报（哲学社会科学版），2018（2）.

（五）盘活社区资产，提升社区抗逆力

个人和社区在面临严重逆境或其他负面事件时，会有一种反弹抗争的能力，这种能力可以被称作抗逆力。在对“德尔塔”病毒的防控中，A街道社工站在资产为本视角下通过梳理、盘活社区内的各项资源，挖掘服务对象、社区的优势，提升个人和社区的抗逆力。在个案服务中，A街道社工站通过入户摸排确定了20名特殊困难对象，其中残疾人6人，低保对象9人，高龄长者4人，特困对象1人。在建立服务档案、评估服务需求后，社工站一方面定期上门提供精神慰藉、情绪疏导等服务，另一方面链接下沉党员所在的精神卫生中心、中心医院的医生提供上门医疗服务，并发动志愿者组建爱心理发队，利用下沉党员的资源优势链接残疾器具等，形成合力提供服务，提升了困难群体抵抗风险的能力，推动社区形成了自治氛围。

六、成效评估

（一）发挥专业优势，聚合多方主体，“五社联动”初具成效

社会工作参与社会治理具有的独特优势，主要体现在价值理念、专业工作方法、深入民众生活、参与身份优势、目标取向五个层面。在本案例中，社会工作者充分发挥自身的专业优势，重构了基层治理主体[①]之间的关系，聚合了多方力量，实践了“五社联动”参与基层治理的经验模式。

在“五社联动”中，社会工作者发挥了不可或缺的作用。一方面，社会工作者作为纽带，打通了不同主体之间的关系，使个人、团队、组织知道参与为民服务的渠道，实现了不同主体之间的良性互动，激发了各主体参与为民服务的积极性。另一方面，社会工作者也是开展直接服务助推基层社会治理的重要参与力量，在疫情反弹期间，社会工作者除了聚合各方力量，也奋斗在抗“疫”一线，积极协助开展核酸检测、秩序维护、数据整理和报备等，为社区发展贡献了力量。

（二）从优势视角出发，挖掘培训社区内在力量，为基层政府减负

社会工作者坚持内在取向，从优势视角出发，不断挖掘培训社区人力资源，为弱势群体提供服务。面对A街道弱势群体较多的现状，社会工作者招募下沉党员、居民骨干组织志愿者领袖培训小组，提高他们组建并管理志愿者团队的能力，掌握为弱势群体服务的方法和技巧。经过小组培训，A街道社工站在每个社区都挖掘和培育了1～2名志愿

---

① 一般意义上对基层治理主体的理解是：市级以下、直接面对人民群众的基层政权及经济组织。在城市地区，基层治理主体包括区级政府、街道办、社区居委会等。根据我们对多元共治主体的理解，本案例中所指基层治理主体包括街道办、社区居委会、社区社会组织、公民和由公民组成的各种形式的自组织。

者骨干，并培育了1名小组领袖，在该领袖的带领下孵化了2支志愿服务队，比如E社区孵化了“丝丝情理发小分队”和“爱心直通车编织小分队”。除此之外，社工站一方面进一步了解弱势群体的需求，另一方面不断挖掘社区的本土资源，寻求二者的匹配，有效解决了弱势群体的问题。

（三）发挥下沉党员优势，解决基层治理的痛点、难点

在社会工作者的引导下，下沉党员根据所在社区的难点问题，分别成立了红色志愿服务队，为社区发展提供精准服务。比如，A社区内有一个公园，但是由于年代久远，已近废弃，附近居民为了方便，将各种垃圾扔到那边，并且开垦土地种菜，公园池子的水也被污染，日益浑浊，严重影响社区环境，一直是社区治理的难点。经过下沉党员红色志愿服务队的系列服务，公园环境得到了改善，并且有居民自愿加入志愿服务队，一起开展环境保护工作，成效显著，该志愿服务行动还荣获区级新时代文明实践志愿服务创意大赛三等奖。

（四）评估结果及社会影响

1. 评估结果为“优秀”

A街道社工站的项目在末期评估中，获得了“优秀”的成绩，项目成效不仅得到了服务对象的认可，而且得到了项目购买方和第三方专业评估机构的认可。

2. 设计与指导特色志愿服务项目，推动形成品牌效应

A街道社工站指导各社区因地制宜成立志愿服务队，开展特色志愿服务项目，取得了明显成效。其中，A社区的“守一池清水，护古城‘绿肺’——护池志愿服务行动”荣获区级新时代文明实践志愿服务创意大赛三等奖，E社区的“爱心直通车”志愿者联盟荣获省优秀社区社会组织暨公益创投（志愿服务）项目交流展示大赛优秀奖，同时，E社区还荣获全国学雷锋志愿服务“四个100”最美志愿服务社区称号。

3. 提高了地方政府对社会工作的认知，增强了其对社会工作的认同

A街道工作人员以前未曾接触过社会工作，对社会工作的认识停留在书面知识层面。在社会工作者进驻街道社工站开展服务后，街道工作人员真切地感受到了社会工作的力量和专业优势，由此对社会工作的认知不断提高，社工站开展服务所取得的成效也提升了地方政府对社会工作的专业认可度。

七、专业反思

（一）资产为本的社区发展模式的实践与反思

1. 搭建资源与需求之间的桥梁

在优势视角下，资产为本的社区发展模式尝试加强个人及社区的能力和抗逆力，强

调当地人和当地组织才是当地发展的专家，跨越了个人主义和专业的垄断，被看作一种推动城市及农村社区发展的创新性策略。但优势视角也受到不少挑战与质疑，总的来看，批评主要有三个方面：一是优势视角是正面思考的一种伪装，它只是重塑了服务对象的缺点与痛苦而忽视或低估了实际存在的问题，属于“极端乐观主义”[①]。二是对惯于使用反压迫和赋权方法的社会工作者来说，优势视角的关注点过于狭窄和幼稚。三是缺乏定义“优势”的具体方向[②]。如此一来，资产为本的社区发展模式似乎也有这些弊端，那么是否就不能运用呢？我们从本案例出发，讨论对资产为本的社区发展模式的理解。

首先，资产为本与需求为本是不冲突的，资产为本不是刻意忽视服务对象的需求与问题，而是在发掘优势资源的同时，正视服务对象的问题，将资源与问题进行匹配。正如本案例所呈现的，将社区资源与弱势群体的需求进行匹配，搭建资源与需求之间的桥梁。

其次，资产为本视角下的内在取向，并非要拒绝外部资源，而是在实践过程中根据所在社区的实际情况，对服务模式进行选择。如在本案例中，A街道本身资源丰富，社区人力资源也比较优秀，那么开发社区本土资源、激发内生力量，就是很好的服务选择。但是在培育本土力量的同时，社会工作者也会链接外部资源，为本土力量提供增能培训等服务。由此可见，内在取向和运用外部资源在实践过程中是不可分割、相辅相成的。

最后，关于优势的定义，需要提到社会工作的艺术性。艺术性是指在实践过程中，社会工作者可以根据不同的实践情况，做出最优选择。在本案例中，A街道老旧社区多，弱势群体多，这是问题也是需求，但同时A街道地处中心城区，资源丰富，这是优势。社会工作者根据A街道的这一特点，设计了项目执行计划，搭建了资源与需求之间的桥梁，既发掘了本土资源和力量，也满足了弱势群体的需求，这便是实践的智慧和艺术性。

2. 资产为本视角下社会工作者角色的反思

社会工作者在实务过程中既是资源链接者，也是教育者和咨询者。在本案例中，社会工作者很好地诠释了这几种角色。但是在扮演教育者角色的过程中，社会工作者不自觉地将自己放在了专家的位置。从实践来看，志愿服务工作虽然取得了显著成效，但是仍存在社会工作者和社区主导、居民被动参与的情况。因此，社会工作者要不断提高自己的伦理觉察能力[③]，清晰定位自己的角色，并且时常反思在实践过程中是否将自己摆在了专家位置，从而不自觉地为能力较弱的居民做决定。社会工作者可以通过以下方式来

---

① SALEEBEY D. The strengths perspective in social work practice：extensions and cautions. Social work，1996，41（3）.

② 陈红莉，李继娜．论优势视角下的社区发展新模式：资产为本的社区发展．求索，2011（4）.

③ 国际社会工作者联合会（IFSW）和国际社会工作学院联盟（IASSW）在其《社会工作伦理原则声明》中指出，伦理觉察能力是社会工作者专业实践中的基本部分，社会工作者是否具备按伦理原则行事的能力和承担感，是衡量其所提供服务的重要标准。

提高伦理觉察能力：一是善做工作总结，通过总结来反思自己的实务过程；二是在实务过程中不断强化自己的专业伦理，用专业伦理来指导自己的实践。

（二）乡镇（街道）社工站的定位与实践反思

A街道社工站的实践回应了乡镇（街道）社工站最初的需求定位，具有一定借鉴意义。一是聚焦民政主责主业。A街道社工站在服务过程中，一方面将服务聚焦于民政对象，发挥社会工作专业优势，通过评估服务需求，提供精准服务，缓解基层民政力量不足的问题；另一方面为基层民政队伍赋能，针对民政专干开展培训和指导，有效提升了民政专干的服务能力。二是资产为本激活社区内生力量。

（三）社会工作者扮演政策倡导者角色的实践与反思

A街道社工站因地制宜，根据各个社区的不同情况，组织下沉党员成立不同的红色志愿服务队，发动下沉党员定期开展相关服务，形成了常态化、长效化工作机制。社会工作者根据实践经验，向当地政府部门提出规范下沉党员参与社区服务的相关建议，并积极推动当地政府出台相关文件。在社会工作者的积极倡导下，A街道将下沉党员志愿服务列入街道志愿服务行列，发布《志愿服务管理办法》，至此社会工作者作为政策倡导者的作用得到了充分发挥。

专家点评

社区发展属于社会工作的范畴，1915年美国社会学家法林顿最先提出了社区发展的概念。从国际经验来看，社区发展模式主要有需求为本模式、参与性评估模式、可持续生计模式以及资产为本的社区发展模式等。1993年美国学者克雷茨曼和麦克奈特最先提出了资产为本的社区发展模式，并创建了资产为本社区发展研究所，为世界各地的社区发展提供理论和实证指导。目前，资产为本的社区发展模式已得到了广泛的认可。本案例的社会工作者在服务过程中运用资产为本理论开展工作，在项目中培育志愿服务组织，挖掘社区骨干，搭建活动载体，打造志愿服务项目，推动社区居民和下沉党员常态化参与社区治理。本案例思路清晰，文笔流畅，能自如地将学习的知识消化，并用来分析疫情防控过程中的社区社会工作，重点突出，思考到位，有内容、有反思、有建议，是一篇水平较高的案例报告。

刘杰　华中师范大学社会学院副教授

第二篇

残疾人社会工作

案例一 “五社联动”机制下的残障人士社会融入个案[1]

陈晓燕 王梦媛[2]

一、背景介绍

党的十九大报告提出“打造共建共治共享的社会治理格局”，党的十九届四中全会提出“建设人人有责、人人尽责、人人享有的社会治理共同体”，这些都要求充分调动社会资源和力量，完善社会治理体系。“五社联动”是指以提升社区治理能力、建设“共建共治共享”的社区治理共同体为目标，坚持党建引领，以社区为平台、以社会工作者为支撑、以社区社会组织为载体、以社区志愿者为辅助、以社区公益慈善资源为补充的现代社区治理行动框架。在个案工作中，社会工作者运用“五社联动”工作机制，可以更好地为服务对象提供服务。

为做好残障人士个体与家庭服务，搭建残障人士沟通平台，链接社会公益资源，调动社会力量积极参与助残服务，构建残障人士自助与互助网络，帮助残障人士融入社会，让他们感受到社会的支持与关爱，社会工作者驻点S街残疾人阳光家园，面向全街4个社区的800余名残障人士，开展残疾人社会工作服务项目。本案例是社会工作者在项目服务中，运用“五社联动”服务机制开展的个案服务。社会工作者通过整合各方力量，充分发挥社区、社区社会组织、社区志愿者、社区公益慈善资源在助残工作中的积极作用，助力残障人士摆脱社会边缘化，促进建立社会支持网络，提升其社会适应能力，为发挥“五社联动”在残疾人社会工作中的作用提供了参考。

---

① 本案例入选湖北省“说五社故事，展社工风采”社会工作服务案例。

② 陈晓燕，社会工作师，武汉博雅社会工作服务中心社工。王梦媛，助理社会工作师，华中师范大学社会学专业硕士研究生。

二、分析预估

社会工作者在走访过程中认识了服务对象隽隽（化名）。隽隽，女，28 岁，未婚，在童年时期因意外事件导致精神残疾，被鉴定为精神残疾四级。其母亲也是残疾人，属于视力残疾二级。

因隽隽的残疾，再加上父母的愧疚、保护心理，父母从小就对隽隽采取“包办”策略，将她照顾得无微不至，以致她缺乏基本的生活自理能力。两年前，隽隽父亲因病去世，从此她便与母亲相依为命。在隽隽父亲去世后，隽隽母亲的哀伤情绪没有得到及时平复和疏导，导致其产生易怒、焦虑等创伤反应，且隽隽母亲的视力持续变差，可能会导致失明，她担心若自己的身体状况恶化，母女俩的日常生活将陷入困境。因此，母亲急切希望隽隽具备基本生活和社会适应能力。但是由于母亲对隽隽进行管教时缺乏耐心，沟通方式简单粗暴，时常存在埋怨和辱骂的情况，导致隽隽与母亲关系紧张，家庭氛围较差。

社会工作者运用定性方法，通过对隽隽及其母亲、社区工作人员、邻居开展个别访谈收集了相关资料，并分析了存在的问题及需求。

（一）问题评估

1. 心理问题

隽隽出现自卑、焦虑、孤独等心理和情绪。一方面，因父母的不当教养方式和身体条件的限制，其生活自理能力差，产生了自卑心理。另一方面，由于母亲的视力持续变差，隽隽自身缺乏基本生存技能，对未来感到恐慌和焦虑；同时，隽隽社交意愿强烈但社交技能不足，无可分享、交流的同伴，容易感到孤独，时常情绪低落。

2. 家庭关系问题

隽隽与母亲关系紧张。父亲去世后，母亲的哀伤情绪没有得到及时平复和疏导，易产生愤怒、焦虑等创伤反应，造成亲子关系紧张。

3. 社会支持困境

隽隽的社会支持系统较为脆弱。隽隽性格活泼，自尊心强，比较健谈，期待与他人交往，对自己感兴趣的东西有一定的求知欲，但因身体原因及缺乏正确的沟通技巧，容易与人产生矛盾和误解，导致人际交往圈较为狭窄，缺乏亲属、朋辈、邻里等社会支持，社会支持系统仅限于家庭、社区工作人员和社会工作者。

（二）需求分析

1. 服务对象及其母亲心理状况的改善

隽隽及其母亲均面临心理情绪问题，社会工作者一方面要帮助母亲处理哀伤情绪并提供“喘息服务”，另一方面要帮助隽隽习得调节消极情绪的能力。

2. 服务对象生活自理能力的提升

隽隽目前面临的现实性问题是缺乏独立的生活技能（例如扎辫子、做饭等），这也是隽隽及其母亲对未来生活颇为担心和焦虑的根源。但隽隽并不是不具备行为能力，而是缺乏合理的行动规划、强化和鼓励，因此可持续改进的空间很大。

3. 亲子关系的调和

亲子关系紧张对隽隽及其母亲的情绪影响很大，社会工作者需协助母女俩掌握有效的家庭沟通技巧和方法，促进双方和谐相处，消除家庭紧张氛围，改善亲子关系。

4. 社会支持网络的建立

隽隽及其母亲的社会交往圈子较为狭窄，社会支持网络薄弱，家庭抗风险能力较差。社会工作者需协助她们走出家庭，迈向社区，走向社会，使她们在社会交往过程中加强与他者的联系，建立社会支持网络，提升家庭抗逆力。

三、理论依据

（一）社会支持理论

在社会工作中，社会支持指的是借助外部力量，帮助他人获得物质性或情感性资源以克服困难。依据社会支持理论的观点，一个人所拥有的社会支持网络越强大，就能够越好地应对各种来自环境的挑战。该理论强调，社会工作者应该通过干预个人的社会支持网络，改变其在个人生活中的作用。针对那些社会支持网络不足或者利用社会支持网络能力不足的个体，社会工作者应致力于给予其必要的帮助，以扩大其社会支持网络，提高其利用社会支持网络的能力。

（二）任务中心模式

任务中心模式是一种短期治疗模式，它强调在短期内对服务对象的问题采取有效的措施，这些措施有明确目标、有具体任务、有清晰途径、有一定时间限制，以此帮助服务对象解决问题。该模式认为，每个人都具有解决问题的能力，这种能力是人与生俱来的，它能够帮助人在困难的处境中找到有效的方式以应对面临的问题，促进人的健康成长。

四、服务计划

（一）服务目标

帮助服务对象提升自主处理问题的能力、沟通交往能力及社会生活能力；协助其与母亲构建和谐的亲子关系；促进服务对象及其母亲建立社会支持网络，更快融入社会。

（二）具体计划

隽隽的身体状况并不影响其日常活动，她知道自身存在的问题，并且愿意承担自己的任务；其性格开朗，能主动与人沟通交流，在提升自身能力上有着较高的自主性和积极性。社会工作者与隽隽及其母亲可根据任务中心模式，围绕需解决的问题设定服务策略并开展服务工作。同时，运用"五社联动"工作机制，发挥社区、社区社会组织、社区志愿者、社区公益慈善资源的联动作用，结合社会支持理论对隽隽开展服务。

1. 改善服务对象及其母亲的心理状态

针对母亲，运用"空椅子"等技术协助母亲处理未处理完的哀伤情绪；联系社区志愿者为母亲提供"喘息服务"，缓解母亲做家务和照顾隽隽的压力。针对隽隽，通过"理性情绪疗法"改变其认知观念，使之学习处理抑郁、焦虑等负面情绪的方法，提升抗挫能力。

2. 提升服务对象的生活自理能力

协助隽隽制定提升独立性的任务，有计划地训练生活能力（例如扎辫子、做饭等），组织相应的小课堂讲解基本知识和生活注意事项，并邀请其参加社区家务技能比赛等活动，提高其在现实生活中的生活自理能力。

3. 改善服务对象与母亲的亲子关系

结合隽隽与母亲多次争吵的焦点，梳理双方情绪。一方面，通过个案和小组活动指导母亲履行"母职"的技巧；另一方面，通过集体活动和日常训练，协助隽隽掌握与母亲和谐相处的方法和技巧，改善亲子关系。

4. 建立服务对象及其家庭的社会支持网络

链接"五社联动"资源，组织与隽隽家同类型的家庭参与社会支持类小组或社区活动。一方面，给隽隽及其家庭提供社会交往的平台和资源；另一方面，在活动中协助隽隽及其母亲习得人际交往技巧，构建社会支持网络，获得社会支持和社会认同。

五、服务过程

社会工作者在与隽隽建立专业关系后，一是利用个别访谈法了解她的情况，并做出初步诊断；二是利用 SWOT 分析法，结合其问题需求与优劣势，共同制定服务目标和落实服务的计划；三是协助缓解其母亲的压力，促进家庭关系的改善；四是充分利用"五社联动"资源，协助其提升自我能力，构建社会支持网络，促进社会融入。

（一）获取服务对象的信任

首次面谈时，社会工作者发现当聊到感兴趣并且擅长的话题“手机”时，隽隽表现得十分开心，并且主动寻找话题和社会工作者交谈。面对隽隽的兴趣表现，社会工作者以此为切入点，通过此话题的交流，有效拉近了与她的距离。在交流的过程中，社会工作者发现隽隽的语言表达能力较好，可以较清晰地表达自己所面临的问题，有改变现状的意愿和付出努力的决心。社会工作者运用倾听、同理等专业技巧，疏解隽隽的负面情绪并提出建议，与其建立了良好的专业关系。面谈结束后，社会工作者又走访了社区工作人员、邻居等人士，并对隽隽的问题做出了预估和诊断。

（二）生活自理能力提升训练

在之后的交谈中，社会工作者运用 SWOT 分析法，与隽隽一起剖析了自身优劣势以及外部环境的机遇和挑战，并制定了阶段性任务目标，按照设立的目标来解决问题。

通过剖析，社会工作者与隽隽一致认为，隽隽的优点为性格开朗健谈、有改变生活的积极态度、喜欢探索学习，缺点为在生活自理、情绪管理和人际沟通等方面存在不足。对于不足，社会工作者与隽隽一起制定了生活自理能力训练和日常计算能力练习的任务，并与她约定认真执行。

在服务中，社会工作者帮助隽隽进行了购物付款等练习，及时给予隽隽肯定和鼓励。“原来微信扫码支付从这边也可以打开呀，我每次还要切换到另外一个地方，觉得好麻烦，现在知道了。”在训练过程中，隽隽十分开心，彻底敞开了心扉，向社会工作者倾诉了最近她与母亲之间发生的一些矛盾。社会工作者及时对她进行情绪疏导，并向她提出每周尝试陪同母亲外出三次、与母亲积极沟通三次的任务，她同意并尝试运用社会工作者所教的方法控制情绪，社会工作者对此给予鼓励和肯定。

（三）改善家庭关系，建立社会支持网络

在社会工作者的协助下，隽隽改变了与母亲的沟通方式，能够帮助母亲正确处理消极情绪，并且给予母亲关心和安慰。与此同时，隽隽也意识到，要建立良好的家庭沟通环境还需要母亲的改变和配合，社会工作者对隽隽的自主思考表达了肯定，并表示会协助她同母亲进行沟通。

接下来，社会工作者与隽隽母亲进行交流，指出其在亲子关系中存在的问题，并运用“空椅子”等技术协助其处理哀伤情绪，缓解压力。隽隽母亲意识到自己的沟通和教育方式存在问题，并表示以后会改变，同时对于女儿最近的改变和进步表示欣慰。隽隽母亲还表示，以后会接受社会工作者的建议，帮助隽隽在家进行生活自理能力训练，帮

助她多尝试新鲜事物，提高生活技能。

由于新冠病毒感染疫情的突然发生，隽隽及其母亲被隔离在家。在此期间，社会工作者通过打电话、微信交流等线上方式开展服务。社会工作者适时关注隽隽及其母亲的居家生活及心理状况，及时安抚她们的情绪，提升她们的防疫意识，并教授亲子之间的有效沟通方法。社会工作者鼓励隽隽巩固生活自理能力练习，继续保持与母亲的良好沟通。在了解到隽隽一家在居家隔离期间生活物资不足的情况后，社会工作者第一时间联系了社区工作人员，将政府、社会各界的爱心物资及时送到隽隽家里，同时引导隽隽加入社区网格群，学会参加网络团购，保障生活物资。在此服务过程中，隽隽及其母亲生活状态良好，母女二人相处融洽。隽隽表示其在家还学会了一些新的生活技能。

疫情期间，社会工作者积极搭建线上平台，通过开展活动、进行小组工作，提高隽隽的沟通和社会交往能力。疫情平稳后，社会工作者邀请隽隽及其母亲参加正念疗愈减压活动，舒缓她们的情绪，帮助她们树立积极向上的生活态度。隽隽表示，她在参与活动的过程中获得了极大的自我满足感。她说道："妈妈现在笑容越来越多了，我好像有两个星期没和她吵架啦。"

社会工作者回访时，隽隽表示她在美食分享活动中学会了做蛋糕，与参加活动时结识的几个朋友一直保持着密切联系。另外，她还经常参加清洁社区环境、为肢体残疾人打扫卫生等社区志愿活动。她通过自己的努力和社会工作者的帮助，已具备基本生活自理能力和社会适应能力，改善了亲子关系，并建立了社会支持网络。

六、成效评估

评估显示，社会工作者的服务较好地回应了服务对象及其母亲的需求，有效缓解了困扰母女俩的难题，使她们的社会适应能力得到了有效提升。

社会工作者运用任务中心模式，制定独立性任务，有计划地使服务对象逐步具备了买菜、做饭等基本生活自理能力和社会适应能力。

社会工作者运用 SWOT 分析法，引导服务对象思考自身的优劣势以及环境中的资源和挑战，实现自我认知与行动改变，有针对性地改善自身不足并运用环境资源。在改善过程中，服务对象逐步参与到社区志愿活动中，实现自身价值，提升生活满意度。同时，社会工作者运用"空椅子"技术等方法，进行心理疏导及亲子关系重塑，缓解了服务对象及其母亲的心理压力，有效改善了亲子关系，增加了亲子亲密度。

本案例同时运用了社会支持理论以及"五社联动"工作机制，使服务对象拓展了人际交往圈，掌握了人际交往技巧，建构了社会支持网络。具体来说，社会工作者充分链接并利用了"五社联动"资源，做到了联动多方力量助残。

（一）联动社区力量

当了解到服务对象家庭生活物资不足时，社会工作者通过与社区负责人联络，迅速得到社区的帮助，将服务对象所需物资及时送到其家中。社区针对服务对象家庭的具体情况，为服务对象家庭提供代买、代送服务。社会工作者在开展服务的过程中，能够充分利用社区平台及资源，与社区工作人员协同合作，收到了比较好的服务效果。

（二）链接志愿者资源

1. 发动高校志愿团队联动助残

“小叶同学，这首歌你唱得真好听!”在线上音乐分享活动中，隽隽同音乐学院的志愿者相谈甚欢。在服务过程中，社会工作者通过开展丰富多彩的线上活动，链接多所高校的志愿者资源帮助隽隽以及辖区其他残障人士学习人际沟通技巧，增加社会交往的机会，提高人际交往能力。通过发挥志愿者的优势，志愿团队为辖区残障人士提供了教学式服务活动、集体互动式服务活动、体验式服务活动、共同学习式服务活动等多种志愿服务。教学式服务活动，帮助残障人士掌握技能和才艺，增强他们的自信心和自身效能感；集体互动式服务活动，帮助残障人士放松身心、舒缓情绪；体验式服务活动，帮助残障人士感知生命的脆弱与神奇，在体验过程中发掘自己的潜能，认识和接纳真实的自己；共同学习式服务活动，激发残障人士了解、接触外界的兴趣，加快残障人士融入社区的进程。志愿团队的活动丰富了辖区残障人士的精神文化生活，增强了他们的自信心，有效提升了他们的人际交往能力。

2. 发挥社区志愿服务组织的力量，加快残障人士与社区居民之间的融合

社会工作者链接了辖区专业的医疗资源为隽隽及其母亲开展免费体检及义诊活动，帮助其建立与专业精神科医生的联系，在隽隽有需要时及时为她提供精神康复指导和咨询服务。社会工作者培育孵化了一支助残志愿服务队，针对视障群体开展了一系列家庭探访、陪伴、户外体验、解决实际生活困难、同质朋友圈交流、心理疏导活动等志愿服务，缓解了视障人士的紧张、焦虑情绪，释放了他们的压力、扩大了他们的人际交往圈，增加了他们与社会的交流，进一步构建了他们的社会支持网络。隽隽母亲回忆道：“那次社会工作者和助残志愿服务队组织开展的张公山寨踏青游湖的活动，是我这几年最开心的一次户外体验，感觉人特别放松。像我这样的视力残疾人，平时出门都不方便，有了助残志愿服务队一对一的陪同帮助，为我们的安全保驾护航，还能和社区其他视障人士一起交流，感到既安心又开心。”

3. 促进高校志愿者与社区志愿者联合行动，共同开展助残服务

在大型活动中，社会工作者尝试将高校志愿者、社区志愿者联合起来，共同开展大型义诊、义演、义卖、免费体检、健康咨询、康复指导、义剪，以及其他各种便民服务，在丰富辖区残障人士及其家属精神文化生活的同时，也让大家得到实际的帮助，使助残服务覆盖更多的残障人士及其家庭，让更多居民受到志愿者服务精神的影响，加入扶残助残队伍，营造良好的助残氛围。

（三）链接公益慈善资源

在服务过程中，社会工作者链接了基金会、社会爱心公益资源，帮助残障人士减少生活困难，让他们感受到社会的关爱和温暖，使更多的人理解和接纳残障人士，协助残障人士提升自我，构建社会支持网络，获得社会支持和认同。

七、专业反思

（一）深耕“五社联动”，助力社会工作服务发展

社会工作者要为服务对象链接社会资源，将服务对象引入社区大环境中，充分发挥“五社联动”的积极优势（见图 2－1－1）。在开展服务的过程中，要充分利用社区平台及资源，与社区工作人员协同合作，切实帮助服务对象解决问题。要调动社区工作人员和志愿者的服务积极性，鼓励多主体参与个案服务，盘活社区社会组织、社区志愿者和社区公益慈善资源，多维度拓展困难人群的社会支持网络，使其掌握建立和运用社会支持网络的能力。

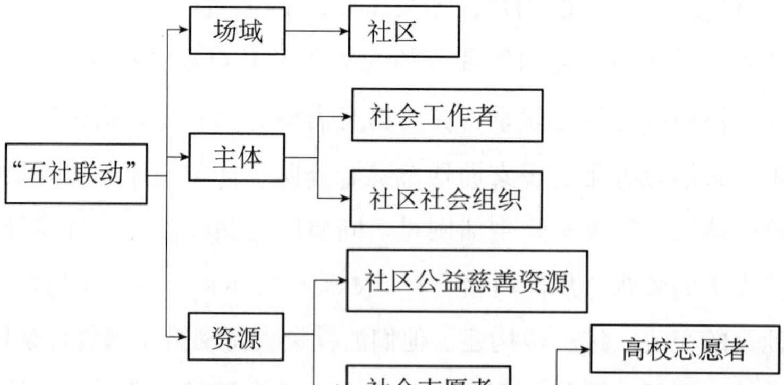

图 2－1－1 “五社联动”工作模式

在项目实施过程中，社会工作者要能够将服务对象的问题放到家庭、社会层面上考

虑，能够与服务对象建立良好的信任关系，及时对服务对象行为的积极改变进行鼓励和肯定。社会工作者要充分链接社区工作人员和社会资源，鼓励服务对象参加社区活动，提升社会融入度。

在“五社联动”中，社会工作者与社区之间应当是“嵌合”关系。在社区这一场域中，社会工作者突出其优势，运用专业知识，协调各方资源，通过链接社区公益慈善资源以及社区志愿者资源等，不仅能够解决社区居民遇到的共性问题，也能够解决社区居民的个性化问题，使社会工作的专业优势充分发挥，成为链接资源的桥梁和重要驱动力量。

（二）瞄准社会工作在残障人群服务中的功能定位

1. 链接社会资源

残疾通常会改变和影响残障人士的社会交往和社会关系，残障人士通常生活在资源匮乏的关系网络中，经常面临医疗康复、生活照料、教育就业等方面的现实问题。为此，社会工作者必须扮演资源链接者的角色，为服务对象提供各方面的支持。社会工作者可以梳理服务对象社会交往中的关系网络，并利用社区和社会的资源，为服务对象制作支持网络表，全面盘点服务对象关系网络中可以利用的资源，并从服务对象的角度将其可获得的支持及其规模呈现出来，进而将这些分散的、碎片化的资源有效整合起来，以满足服务对象的整体需要。

2. 改善社会功能

对残障人士而言，“残疾”这一事实已然无法改变，但“残障”这一心理问题却可以消除。因此，在社会工作专业服务中，社会工作者要将重点放到服务对象社会功能的恢复和改善上来，帮助服务对象提升社会适应能力和社会交往能力。社会工作者既可以采用个案工作的方法消除服务对象的心理或情绪障碍，也可以让服务对象加入小组活动，寻求情感支持与心理认同，甚至可以让他们参加一些组织或社会团体，为他们发展新的社会关系或者强化已有的社会关系提供机会。同时，社会工作者可以通过提供资讯等间接服务，让服务对象的朋友了解服务对象的残疾状况，或者与服务对象的朋友一起谈论服务对象因残疾而产生的改变，使服务对象有积极的心态和正确的方式去融入社会，并赢得自己应有的生存空间。

3. 加强社会倡导

国家和社会对残障人士应表现出更强的包容性。社会工作者应广泛开展各类志愿助残服务，如体验式服务活动、共同学习式服务活动等。在为服务对象提供社会工作服务的过程中，社会工作者要充分发挥社会倡导的作用，为服务对象适应社会生活、扩大人际交往、提高生活质量营造良好的社会环境。

（三）更好地发挥社会工作在个案服务中的作用

社会工作者在帮助服务对象时，应运用社会工作专业技巧，贯彻“助人自助”的服务理念，引导服务对象自己做决定，帮助服务对象走出困境。

1. 找到信任点，建立信任关系

社会工作者要通过多种方式取得服务对象及其家人的信任，建立良好的专业关系，为顺利开展个案服务奠定基础。建立和维系信任关系贯穿个案服务的始终，在与服务对象建立关系时应当注意，从服务对象感兴趣的方面切入，寻找共同话题，为培养信任关系奠定基础。在对服务对象的后续服务中，要及时鼓励和肯定服务对象的改变，维持信任感。

2. 保持“专业敏感性”

个案会谈并非无目的的聊天，社会工作者要有敏锐的洞察力，在会谈中通过服务对象的言行、情绪等内容的表达，挖掘服务对象更深层次的需求。在计划实施的过程中，社会工作者要根据服务对象的反馈及时调整服务方案，由浅入深、循序渐进地使服务对象的需求得到解决。

3. 运用合理的工作方法和介入策略

任务中心模式下的问题、需求和目标更科学、更清楚、更聚焦。它不仅将服务对象的问题焦点化、任务化，还将服务对象视为共同处理、解决问题的有“权利和能力”的“伙伴”。此模式突出了服务对象的主体性和能动性，具有结构清晰及明确问题取向的特点。但是这种工作模式可能引发工作误区，将社会工作者原本应提供的长期性服务变为短期介入。在服务计划实施的过程中，服务对象积极配合的态度及自主性思考问题的表现，均有利于社会工作者与其共同制订计划，帮助其摆脱困境，有利于“助人自助”理念的落实。

（四）推动助残服务与社区相关工作融合

社会工作者充分调动社区志愿者力量，为辖区残障人士开展各类服务，取得了一定的成效。但目前助残服务与社区整体规划脱节，缺乏整体规划及提炼。一方面，在大力培育志愿服务品牌、搭建志愿积分平台、整合辖区商户资源等方面，社区需要进一步将助残服务与社区相关工作进行融合；另一方面，社区需要打造品牌项目，进一步提高社区志愿者的组织能力，扩大影响力，更好地为困难残疾群体提供服务。

专家点评

在整合社会资源、促进多方共融方面，“五社联动”机制有较好的专业优势。面对残障人士在个人、家庭和社会系统方面的多重困境，“五社”元素的引入能充分链接多种社会资源，弥补传统个案服务在构建服务对象社会支持体系上的不足。本案例通过任务中心模式，准确地聚焦服务对象需求，设计了切实可行的服务计划。在服务开展初期，社会工作者运用优势视角建立专业服务关系，是后期促使服务对象产生改变的重要前提条件。在服务过程中，社会工作者充分发挥专业引领优势，通过个案服务、小组服务和社区活动手法协助服务对象解决问题。在服务后期，社区志愿活动的开展亦创造了残障人士友好的社区氛围。本案例将任务中心模式与“五社联动”相结合，能有效地提高服务对象的社会适应能力，为残疾人社会工作服务模式的发展探索更多的可行路径。

周小帆　华中师范大学社会学院教师

案例二　社会支持理论视角下的精神障碍家庭照顾者互助小组①

叶婷婷　曹江雨　贺　添　蔡博各②

一、背景介绍

（一）精神障碍人士照顾者现状

根据 2006 年公布的第二次全国残疾人抽样调查数据，我国各类残疾人总数已达 8 296 万人，占全国总人口的比例为 6.34%。另有相关报道称，截至 2015 年年底，我国在册严重精神障碍患者已达 510 万人。在各种残疾症状中，精神残疾主要表现为认知、情感和行为障碍，影响人们的日常生活及活动参与。

精神障碍人士（本案例以下简称精障人士）的照顾者多为家庭成员，以父母为主。根据《2013 年度中国残疾人状况及小康进程监测报告》，2013 年度，残疾人家庭户平均规模为 3.3 人，其中 2 人户所占比例最高，达到 29.6%。由此可见，对精障人士来说，他们的照顾者是其与外界交往、与社会产生联系的唯一纽带。相比于普通家庭的家长或照顾者，精障人士的照顾者面临的种种压力及问题尤为突出，他们需要经历更为艰辛而漫长的历程。

除了要承受巨额的医药费，由于精神障碍大多是后天原因发病，发病时间集中在青春期前后，其照顾者往往经历了十年甚至更长时间的照料，照顾者自身的身心存在较大的健康隐患。此外，他们还面临着社会对精神障碍的污名化、周围亲友的异样眼光以及社会关系网络缺乏等诸多问题，更需要来自家人、亲朋好友、专业机构和社会的支持。照顾者能否积极地应对在照顾过程中遇到的问题，直接关系到精障人士的生活质

---

① 本案例获评湖北省第三届社会工作实务案例大赛二等奖。

② 叶婷婷，华中师范大学社会工作专业本科生。曹江雨，华中师范大学社会工作专业本科生。贺添，华中师范大学社会工作专业本科生。蔡博各，华中师范大学社会工作专业本科生。

量与发展。

然而，目前我国社会政策的主要目标群体依然以残疾人为主，忽略了对照顾者的关注。与残疾人相关的社会保障法律、制度主要是《中华人民共和国残疾人保障法》及《中华人民共和国残疾人就业条例》。这些保障制度涉及了残疾人的基本生活、日常照顾、医疗保障和康复、教育、就业、基础设施及相关制度的建设、精神文化生活以及权益保护等方面，但对残疾人照顾者的关注则显得较为不足。

作为重要的支持网络，家庭在精障人士的社会支持系统中的作用无可替代，是精障人士主要的情感性支持、满足自尊的支持及物质支持的来源。对家庭照顾者的支持程度直接影响着精障人士的生活质量。但如前文所述，在我国关于精障人士的各种福利保障政策还不完善的背景下，对照顾者的关注及支持更是极少被提及。为全面改善精障人士的生活现状，应对其照顾者给予更多关注，并为其提供专业的社会工作服务。

（二）Z阳光家园基本情况简介

为提高残疾人的福利水平，改善残疾人的生活，2009 年 11 月，中国残疾人联合会和财政部正式启动实施“阳光家园计划”——智力、精神和重度残疾人托养服务项目。在中央财政的大力支持下，残障人士社区托养服务机构取得了迅猛发展，Z 阳光家园正是在这样的政策背景下成立并发展起来的。

Z 阳光家园是经 W 市残疾人联合会批准设立的民办非企业单位，成立于 2010 年，占地面积 660m^2，设有接待监控室、心灵驿站、专家咨询室、医务室、技能康复室、多功能活动室、盲人影院、休息室、电教阅览室、爱心厨房，以及在 W 市首创的民生呼叫网络服务中心，支持残疾人日间托养，可以满足残疾人各方面的特殊需求。

（三）项目简介

Z 街道现有残疾人 1 021 人，他们的照顾者大都上了年纪，长期面临经济窘迫的焦虑与繁重护理工作的压力，为残疾儿女的生存及归属忧心忡忡。同时，社会对精神障碍家庭的关注主要集中在经济困难与物质需求方面，对于照顾者的心理需求关注较少。因此，解决残疾人照顾者的心理健康问题，提高他们的心理调适能力势在必行。

面对这一问题，Z 阳光家园开始实施“关注弱势群体心理健康计划”，针对 200 名老年残障人士及老年照顾者提供心理知识讲座、一对一心理咨询等服务。为了更好地推进服务计划，提升服务质量，团队挑选了 11 名 60 岁以上精障人士家庭照顾者参加“勿忘我——浓情厚谊，携手同行”精障人士家庭照顾者小组，希望通过小组工作的介入，建立照顾者联盟支持系统，为其提供舒缓心理压力的途径，有效增强其自我效能感，提高其问题解决能力。

二、分析预估

（一）服务对象现状分析

本次“勿忘我——浓情厚谊，携手同行”精障人士家庭照顾者小组的服务对象大部分为Z街道精障人士的父母，只有组员D的子女残疾类别为肢体残疾、组员U的子女残疾类别为智力残疾（见表2-2-1）。因在组员招募过程中，组员D和组员U有参加小组的强烈意愿，为给他们提供一次学习交流、纾解压力的机会，经与督导商议，同意将他们纳入小组，但小组主题仍以精障人士家庭照顾者支持性小组为主，在此特别说明。

表2-2-1 服务对象情况登记表

序号	服务对象	服务对象年龄	服务对象子女	服务对象子女年龄	服务对象子女残疾类别	关系
1	组员D	70	小D	45	肢体	父子
2	组员I	75	小I	50	精神	父女
3	组员U	77	小U	53	智力	父女
4	组员Z	67	小Z	36	精神	母女
5	组员G	70	小G	45	精神	父子
6	组员E	63	小E	37	精神	母子
7	组员N	62	小N	40	精神	母女
8	组员F	64	小F	38	精神	母女
9	组员O	68	小O	42	精神	母女
10	组员W	62	小W	39	精神	母女
11	组员Y	66	小Y	35	精神	父子

本小组服务对象的子女，其精神障碍患病时长基本都在十年以上。这些成年精障人士无法独立生活，缺少经济来源，需要家庭的照顾。这就意味着服务对象作为家庭照顾者，他们自身也已步入老龄阶段，目前多为退休或者下岗状态，其收入来源主要是退休金或低保金，家庭经济困难；此外，其亲戚和邻居等常用“污名化”视角看待其精神障碍子女，不仅给照顾者带来多重压力，而且不利于问题的解决。

（二）服务对象资源分析

为了更精准地评估本小组服务对象的需求情况，制订出有效的服务介入计划，社会工作者对服务对象的现有资源及问题进行了SWOT分析，具体如图2-2-1所示。

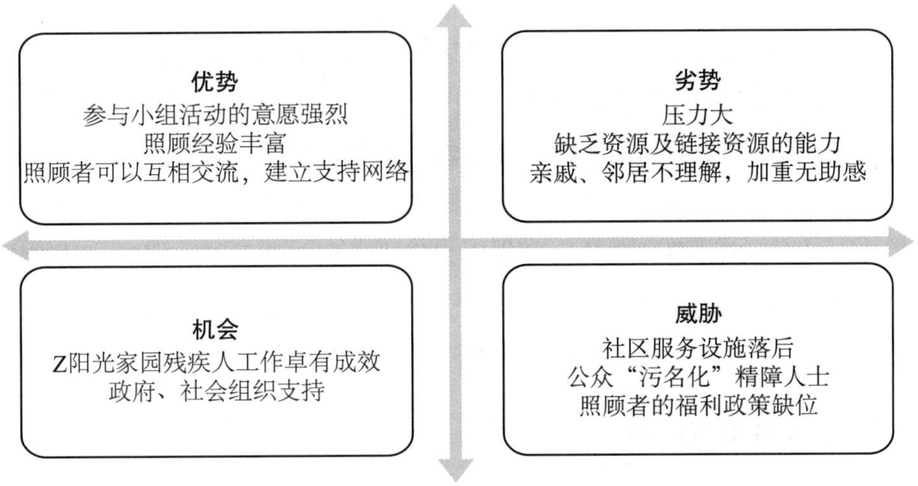

图 2－2－1　关于服务对象现有资源的 SWOT 分析图

1. 优势

服务对象具备老年人和精障人士家庭照顾者双重身份。一方面，他们长期疲于照顾精神障碍子女，缺少人际交往机会，生活圈子狭小；另一方面，他们一直面临沉重的照顾压力，又缺少情绪发泄的途径，容易在照顾过程中产生焦虑、抑郁等心理问题。因此，服务对象期望能够和同质群体进行交流，互相安慰，彼此支持，具有较强烈的参与小组活动的意愿。另外，他们照顾经验丰富，在参与同质群体支持性小组活动的过程中，可以学习其他组员的照顾、沟通、情绪管理等方面的技巧，减轻心理压力。

2. 劣势

服务对象的收入主要来源于低水平的退休金和低保金，他们长期面对经济窘迫的困境与繁重照顾工作的压力，极易出现心理层面的问题。服务对象作为弱势群体，缺乏有效的社会资源及链接资源的能力，而本应是他们非正式社会支持系统中重要组成部分的亲戚、邻居，多戴着有色眼镜看待服务对象及其精神障碍子女。因此，服务对象既无法也不愿意向亲戚、邻居寻求帮助，这也加重了服务对象的无助感和病耻感。

3. 机会

Z 阳光家园开办多年，得到了政府、社区及多个社会组织的指导与政策、资金支持。尤其是与 A 社会工作服务中心建立长期合作关系后，在专业社会工作理论与方法的指导下，残疾人相关项目有了突破性进展，在开展残疾人社会工作方面积累了丰富的经验。同时，和多个高校社团达成的共建合作协议也为项目有效运作争取到了充足、优质的志愿者资源。此外，过去针对 Z 街道辖区残疾人及其家庭开展的各类项目效果显著，帮助服务对象解决了部分问题，获得了服务对象的好评。最后，社会工作者在前期访谈中发现潜在的服务对象非常愿意参加小组活动。

4. 威胁

服务对象所属街道位于城中村区域，社区多老旧，基础设施建设水平较低，便民服务设施落后，缺少专门的老年人活动中心，因此这些成年精障人士照顾者的需求在社区未能得到满足。由于社会整体对精障人士存在一定程度的“污名化”，服务对象的亲戚、邻居往往不理解甚至排斥服务对象及其精神障碍子女，使作为照顾者的服务对象不愿意寻求帮助，他们的心理、精神和社会交往压力很难得到有效缓解。同时，从现有的福利体系来看，残疾人福利保障政策中对精障人士家庭照顾者的保障还处于不完善状态，照顾者从政策中获得的支持，特别是服务性支持、情感性支持严重不足。

（三）服务对象需求评估

精准把握服务对象的需求，是选择正确的方法和介入途径的前提。只有坚持“需求为本”的专业理念，才能有效挖掘服务对象的需求，进而提供有效的小组介入服务，使服务对象能够在参与小组的过程中，充分利用自身优势及资源，解决其在照顾过程中面临的社会心理层面的问题。基于此，社会工作者运用问卷调查法和一对一深度访谈法对潜在服务对象进行需求评估，了解到精障人士家庭照顾者的社会心理需求主要包括以下几个方面。

1. 情感支持的需求

一方面，由于生活被照顾精神障碍子女挤占，服务对象缺少社会交往时间；另一方面，亲戚、邻居的排斥加重了服务对象的病耻感，多名服务对象表示“很少会和亲戚或者社区其他人讲子女的事情”。他们缺少倾诉对象，也不愿向别人倾诉自己的事情，在日常生活中遭遇心理困境时又难以进行自我疏导和调适，使得焦虑、苦闷、抑郁等消极情绪不断累积，无处排解。

2. 社会交往的需求

在面对来自亲朋好友的不理解与非议的同时，由于服务对象生活圈子狭小，往往难以进行正常的社会交往，因此当服务对象在照顾过程中遇到困难，如自己的身体出现问题时，无法找到他人暂时替代其照顾者的角色。在访谈中，服务对象都表达了他们需要获得社会交往的机会来改变自己相对封闭的生活方式，减轻照顾中产生的压力。

3. 情绪管理的需求

精障人士一般只会和其照顾者进行交往，其家庭环境与其病情稳定性有较大相关性。社会工作者通过访谈也发现，服务对象均同意他们自己的情绪对其精神障碍子女的病情有很大影响。当其子女发病时，如果服务对象难以管理自身的负面情绪，通过责骂和抱怨将消极情绪传向精神障碍子女，他们子女的病情就很容易加重。因此，服务对象希望能够在小组中向其他组员或者社会工作者学习管理情绪、适当发泄情绪的方法。

4. 获取专业知识的需求

服务对象多为老年人，其文化程度多为初中或高中。受自身知识层次、社交圈及精力限制，服务对象对于在照顾过程中遇到的自身无法解决的困难，如缺乏沟通技巧、专业照顾知识等，往往难以主动寻求解决方法或者向他人求助。服务对象觉得自己难以应对照顾过程中的问题，希望能够多和有同样情况的照顾者交流，了解更多照顾残疾子女的方法。

因而，在小组工作过程中，社会工作者将会提供有关照顾、沟通、放松、自我情绪调节等方面的技巧，提升服务对象的自我效能感和心理调适能力。另外，通过一系列活动，让服务对象在和同质群体共同参与活动的过程中，分享、交流照顾精神障碍子女的经历、感受和经验，成为彼此的情感支持来源，并与同质群体建立起良好的社会交往网络。在小组活动结束后，服务对象能够获得资源，借助在小组活动过程中建立起的照顾者社会支持网络帮助自己面对之后生活中遇到的困难。

三、理论依据

（一）小组理念

小组社会工作通常指在社会工作指导下，将两个及以上具有共同需求或相似社会问题的成员组织在一起而开展互动性活动的团体咨询。本次小组招募的这几名组员在子女状况、照顾时长、家庭条件、心理压力等方面具有共性，容易形成具有同质性、支持性的小组。

正是由于照顾者们具有相似的需求和问题，这些在社会上缺乏支持的个人容易产生认同感，在支持性小组中感到平等与接纳，消除病耻感，进行良性互动，彼此分享照顾的技巧和经验，了解他人的经历并给予对方心理和精神上的支持。这有助于组员获得有关照顾的知识和情感支持，能够有效提升他们的心理调适能力，帮助他们建立稳定的社会支持系统，进而改善生活状况。

因此，相较于采用个案及社区工作方法，采用小组工作方法对精障人士家庭照顾者群体进行介入具有其独特的优势和合理性。而在开展小组活动的实际过程中，面对组内情况较为严重的个别组员，亦可通过个案辅导、转介等其他方法对其进行介入。

（二）理论架构

1. 社会支持理论

社会支持理论指个体在由其所获得的各种资源（如物质、情感、信息）所构成的社会支持网络的帮助下，能够解决自身日常生活中的问题与危机，并维持日常生活的正常运行。卡特纳和罗素将社会支持区分为情感性支持、社会整合或网络支持、满足自尊支持、物质性支持、信息支持。依据社会支持理论假设，人类的生存需要与他人合作，需要依赖他人帮助；人类在生命发展历程中都会遭遇许多生活事件，需要资源来应对伴随生活事件而来的问题，社会支持网络就属于重要的资源，一个人所拥有的社会支持网络越强大，就能够越好地应对各种来自环境的挑战。当个体遭遇压力事件时，社会支持网络可以缓解个体的压力感，帮助个体解决问题；同时可以挖掘资源，来发展个体解决问题的能力。

社会支持理论取向的社会工作，强调通过干预个人的社会网络来改变其在个人生活中的作用。特别是对于那些社会网络资源不足或者利用社会网络的能力不足的个体，社会工作者致力于给他们提供必要的帮助，帮助他们增加社会网络资源，提高利用社会网络的能力。

在本项目中，精障人士家庭照顾者的生活重心就是照顾其精神障碍子女，照顾的压力使他们长期生活在压抑和无助之中。照顾者们长期生活在固定的空间内，与外界交往少，这导致他们在照顾的过程中，缺乏压力发泄与情绪疏导的途径，自我效能感较低。基于此，社会工作者通过小组工作方法，整合小组内情感支持、情绪管理技巧和照顾知识等资源，构建精障人士家庭照顾者的社会支持网络。通过建立小组将照顾者联结在一起，可以方便他们在未来的生活中一起面对压力事件，彼此提供情感支持，链接社会资源，解决生活中的问题。

2. 优势视角理论

优势视角是一种关注个体的内在力量和优势资源的理论视角，其核心理念是个人所具备的能力和资源可以帮助其有效地面对生活中的挑战。优势视角理论认为，应当把人们及其所处环境中的优势和资源作为助人过程中所关注的焦点，期待从全新的角度出发，来协助服务对象从另一种角度去考虑自己面临的问题，寻找改变的机会，使得问题对服务对象的威胁性有所减弱。当问题的危险性降低后，服务对象解决问题的动机和意愿便会提高。基于优势视角的社会工作实务是一个增能的过程，强调发掘服务对象的优点和资源，通过对服务对象能力的提升，使他们能自己解决问题。

在本项目中，精障人士家庭照顾者属于社会中的弱势群体。他们大多来自低收入家庭，其家庭收入来源主要是退休金或低保金，家庭经济较为困难，同时他们承担着照顾的重任，这些因素都导致精障人士家庭照顾者面临巨大的物质和精神压力，容易出现个体心理问题并影响其精神障碍子女的康复状况。社会工作者在对照顾者开展服务的过程中，应当通过挖掘照顾者自身的优点，包括其坚韧不拔、持之以恒的品质等，肯定其照顾工作，进而引导其从压抑的情绪中解放出来，摒弃“自己无用”“事情不会有好转”等不合理的信念，培养自信心和正向的生活态度，提升自我效能感，进而积极地应对生活中的困难。

四、服务计划

（一）服务对象界定

该项目涉及的大多数精障人士已成年，不具备或不完全具备自理能力，无工作和伴侣，需要被父母长期照顾，且照顾时间基本都在十年以上。基于此，我们将小组服务对象界定为 60 岁以上的精障人士家庭照顾者。

（二）小组目标

1. 总目标

帮助照顾者舒缓照顾压力、增强心理调适能力和情绪管理能力，重塑积极的生活态度；通过照顾者之间的交流分享，帮助照顾者获取有关照顾的知识和技巧，拓展照顾者的社会交往网络，最终建立稳定的社会支持系统，改善其生活状况。

2. 分目标

（1）通过放松游戏、倾诉分享等，帮助照顾者减轻长期照顾带来的心理压力。

（2）增加照顾者之间的互动交流，加强照顾者之间的情感支持和社会交往。

（3）帮助照顾者了解情绪管理和心理调适的方法，并将之应用于实际生活中，每周运用这些方法 3 次以上。

（4）使照顾者能够掌握沟通技巧以及照顾技巧，提升他们的照顾能力。

（5）让照顾者更多地关注自己，认识到自己的权利，提高他们解决问题的能力。

（6）促进照顾者之间互助支持，构建起社会支持网络。

（三）小组设计

小组名称：“勿忘我——浓情厚谊，携手同行”精障人士家庭照顾者小组。

小组性质：支持性小组。

小组规模：11 名精障人士家庭照顾者。

时间：周五上午 9：30—11：00，每月一次。

地点：Z 阳光家园。

次数：六次。

（四）小组招募计划

1. Z 阳光家园工作人员的邀请

由于 Z 阳光家园工作人员与潜在服务对象接触较多，已经建立了良好的关系，因此通过工作人员邀请来招募组员更容易得到潜在服务对象的信任和理解。

2. 驻园社会工作者的争取

驻园社会工作者与潜在服务对象长期接触，熟悉潜在服务对象的具体情况，能够针对潜在服务对象的具体需求有针对性地提出邀请。

3. 服务对象的信任

团队成员通过前期的需求评估和个案访谈取得了服务对象一定的信任，为本次小组工作的顺利开展奠定了基础。

（五）小组活动计划

第一次小组活动

活动名称：有缘来相会。

活动目标：

（1）初步建立照顾者支持性小组，使照顾者与社会工作者之间相互认识，建立信任关系。

（2）通过为照顾者提供放松技巧，舒缓其照顾过程中的压力。

人员安排：社会工作者 4 名，园内工作人员 2 名。

活动时间：110 分钟。

活动地点：Z 阳光家园活动室。

具体活动安排（见表 2－2－2）：

表 2－2－2　具体活动安排

活动时间	活动目标	活动内容	备注
5 分钟	社会工作者说明本次小组活动的总体目标是帮助照顾者减轻压力，让照顾者了解社会工作者，初步建立小组关系。	（1）Z 阳光家园工作人员向组员介绍社会工作者。 （2）社会工作者向组员介绍自己的身份及专业角色。 （3）社会工作者向组员介绍小组活动目的是通过建立精障人士长期照顾者同质群体，帮助其减轻压力，提高其心理调适能力和情绪管理能力，同时增强其自我效能感。 （4）解答组员对于社会工作者以及小组的疑惑。	
10 分钟	建立小组规范，通过事前承诺加强小组的纪律性以保证小组的顺利运行。	活动：建立小组规范 （1）社会工作者引导组员将他们认为小组应有的规范写在卡片上。 （2）组员分别对自己写在卡片上的规范进行分享并深入讨论。 （3）社会工作者进行补充。 （4）由社会工作者将最终定稿的小组规范写在准备好的卡纸上。	卡片若干 签字笔若干 卡纸 1 张
10 分钟	让组员得到充分放松，拉近组员与社会工作者的距离。	活动：捶捶背 社会工作者和组员打乱顺序围成一个圈，伴随音乐顺时针走，在走的过程中帮前面的人捶背放松。	音乐

续表

活动时间	活动目标	活动内容	备注
5 分钟	引导组员分享在上一个活动环节中遇到的问题及其解决办法。	照顾者自愿就在“捶捶背”环节中遇到的问题、其解决办法及心得体会进行分享，社会工作者进行澄清和补充。	
15 分钟	使照顾者相互认识并熟悉彼此，为建立同质群体的社会支持网络打下基础，同时调动现场氛围，打破隔阂与陌生感。	主题活动 1：找朋友 (1) 社会工作者事先准备 10 张卡片，在卡片上写上数字，分别为“1、1、2、2、3、3、4、4、5、5、5”。在打乱卡片顺序后，小组工作者介绍游戏规则：组员从中抽取一张卡片，抽到相同数字卡片的组员自动组成一个小队。 (2) 组员每两个或三个分为一组，在规定时间内交流双方的信息，如：姓名、年龄、籍贯、性格、爱好、喜爱看的电视节目、最欣赏的人等。 (3) 15 分钟后，社会工作者让组员向大家介绍自己的信息。介绍之后，社会工作者随机点一名组员，其他组员都要说出其姓名。	准备 11 张写有数字的卡片
10 分钟	引导组员分享与其他照顾者简单交流后的感受。	组员就“找朋友”活动的感受轮流进行分享，社会工作者进行澄清和补充。	
15 分钟	为组员讲授放松的技巧，提供一定的专业知识，帮助组员缓解其精神疲劳。	活动：呼吸放松法 (1) 社会工作者要求组员按照自己喜欢的姿势坐好，双肩下垂，闭目，然后慢慢地做深呼吸。 (2) 社会工作者配合呼吸节奏给予指导语：“呼——吸——，呼——吸——，深呼吸——”如此反复，直至感觉紧张减轻为止。在做深呼吸放松时需要提醒组员，尝试在心里默念“放松、放松”等自我暗示语。	
5 分钟	引导组员分享深呼吸之后的感受。	由社会工作者点名邀请组员对学习并实践呼吸放松法后的感受进行分享，社会工作者进行澄清和补充。	
10 分钟	增强组员对小组及未来生活的信心，鼓励其以积极的视角看待在照顾过程中遇到的问题。	主题活动 2：心想事成 (1) 社会工作者邀请组员在纸上写下自己的心愿。 (2) 组员将写好的心愿叠成喜欢的形状，粘贴在心愿树上。	正方形纸片 20 张 签字笔若干
15 分钟	引导组员分享所写的心愿内容以及将其作为心愿的原因。	组员对“心想事成”活动的感受进行分享，社会工作者进行澄清和补充。	
10 分钟	组员分享参加首次小组活动后的感受，强化小组目标和小组规范，布置家庭作业并约定下次见面的时间。	(1) 社会工作者总结本次小组活动，再次澄清小组目标及小组规范。 (2) 社会工作者邀请组员分享参加本次小组活动后的感受。 (3) 布置家庭作业：社会工作者要求组员在小组结束后主动与新朋友建立联系，比如交换电话号码；请组员回去多练习呼吸放松法。	

预计困难及解决方案（见表 2－2－3）：

表 2－2－3　预计困难及解决方案

预计困难	解决方案
组员对活动规则不清楚，导致活动难以顺利开展。	在分组过程中安排一名社会工作者做组长，在活动过程中随时为组员讲解活动规则。
由于缺乏共同话题，社会工作者与组员难以进行交流。	提前熟悉组员的基本情况，在出现冷场时及时求助园内工作人员。
组员出现过激情绪反应。	社会工作者提前准备好应对措辞，在无法控场时及时求助园内工作人员。
组员参与度低，沉默。	社会工作者给予积极关注并引导其发言。
组员不遵守小组规范，在活动过程中私自聊天，影响活动现场秩序。	社会工作者及时澄清并强调小组规范的重要性。

第二次小组活动

活动名称：好心情，每一天。

活动目标：

（1）促进照顾者之间加深了解，进一步建立信任关系，形成互助团结的照顾者支持性小组氛围。

（2）通过观看情景剧与分享感受，使照顾者掌握一些沟通技巧与情绪管理方法，提高情绪自控力。

（3）巩固自我放松技巧。

人员安排：社会工作者 4 名，园内工作人员 2 名。

活动时间：85 分钟。

活动地点：Z 阳光家园活动室。

具体活动安排（见表 2－2－4）：

表 2－2－4　具体活动安排

活动时间	活动目标	活动内容	备注
10 分钟	引导组员尽快调整状态进入小组情境中，对上一次小组活动的家庭作业进行反馈，使社会工作者了解组员在过去一个月内的照顾情况是否有所改变。	（1）根据第一次活动的情况，在每个座椅上贴好相应的背签，要求组员按背签顺序入座。 （2）社会工作者对组员的到来表示欢迎和感谢，回顾上一次的小组活动内容，邀请组员对家庭作业的完成情况进行反馈。 （3）社会工作者引出本次活动主题。	背签 11 张
10 分钟	带领组员通过肢体放松实现心理放松，帮助组员缓解长期照顾工作带来的身心压力，创造舒适的小组环境。	活动：伸伸胳膊扭扭头 组员坐成一个圈，一名社会工作者站在圈内指导组员做健身操（头部操和全身操），其他社会工作者将印有健身操步骤的卡片发放给组员。	音响 背景音乐 印有健身操步骤的卡片 11 张

续表

活动时间	活动目标	活动内容	备注
5分钟	引导组员分享肢体放松后的主观感受。	组员自愿对“伸伸胳膊扭扭头”活动的感受进行分享，社会工作者进行澄清和补充。	
15分钟	通过游戏增强组员的自我效能感，通过团队协作进一步增强组员间的信任。	活动：夹花生粒我最行 组员通过抽签的形式分成两队，每队派发一双筷子，接力式地用筷子将花生粒从放在规定场地一端的碗里夹到放在另一端的碗里。哪个队在规定时间内夹的花生粒更多，即为获胜。 注意事项：在夹花生粒的过程中不得使花生粒掉落，如有掉落则返回起点重新夹花生粒；在活动过程中不能用除筷子以外的任何东西触碰花生粒。	筷子2副 花生粒若干 碗2个 奖品若干 背景音乐
10分钟	引导组员从团队协作和个人经验方面分享夹花生粒的技巧。	组员自愿对“夹花生粒我最行”活动的感受进行分享，社会工作者进行总结。	
25分钟	引导组员自主学习并反思情绪管理方法与沟通技巧，学会调节自我情绪，以更好地开展照顾工作；加强组员之间的交流学习，巩固良好的小组氛围。	主题活动：情景剧——奶奶的一天 (1) 2名社会工作者表演情景剧“奶奶的一天”，1名社会工作者负责旁白。 (2) 引导组员分享对本次小组活动的感受，社会工作者总结，并引出主题：好心情，每一天。 (3) 社会工作者向组员分享情绪管理技巧，并将写有小秘诀的A4纸发给组员，带领组员朗读1～2遍。 (4) 结合Z阳光家园邀请组员填写的时间空闲表，社会工作者挑选几名组员进行分享，讨论如何让生活变得充实而有趣，真正实现“好心情，每一天”。	椅子2把 布袋子2个 时间空闲表4张
10分钟	向组员传授情绪管理技巧，帮助改善其在日常照顾过程中产生的不良情绪；为下次活动做准备。	(1) 社会工作者带领组员复习呼吸放松法。 (2) 社会工作者邀请组员对参加本次小组活动的心得和感受进行自愿分享，社会工作者进行总结。 (3) 社会工作者对组员的到来再次表示感谢，同时邀请组员参加下一次小组活动。 (4) 布置家庭作业：邀请组员将学到的情绪管理技巧运用在照顾精神障碍子女的过程中。	印有情绪管理小技巧的A4纸11张

预计困难及解决方案（见表2-2-5）：

表2-2-5　预计困难及解决方案

预计困难	解决方案
组员在活动和分享过程中参与积极性不高。	社会工作者要多关注沉默组员，引导组员积极参与到活动中。
组员在分享环节不遵守规范，随意插嘴或不听他人分享。	在活动开始前强调小组规范，并在活动过程中不断重复。

续表

预计困难	解决方案
在组员分享所遇困难时，其他组员被感染，小组出现情绪失控。	社会工作者适时进行干预，转移话题或由其他社会工作者将情绪激动的组员带离小组，进行个案沟通；有选择地指定一些组员进行分享。
组员分享时偏离主题。	社会工作者在积极聆听与回应组员的同时，及时聚焦，将分享及时拉回到主题上。

第三次小组活动

活动名称：说出你的故事。

活动目标：

（1）进一步增加照顾者对小组的认同感与归属感，形成照顾者之间的社会支持系统。

（2）为照顾者提供倾诉的环境与机会，使之释放照顾过程中的压力，增加对彼此的情感支持。

（3）通过分享关于照顾的经验，帮助照顾者互相学习照顾知识。

（4）引导照顾者用积极的眼光看待自己，发现自己的优势，积极地应对生活。

人员安排：社会工作者 4 名，园内工作人员 2 名。

活动时间：120 分钟。

活动地点：Z 阳光家园活动室。

具体活动安排（见表 2-2-6）：

表 2-2-6　具体活动安排

活动时间	活动目标	活动内容	备注
5 分钟	引导组员尽快调整状态进入小组情境中，对上一次小组活动的家庭作业进行反馈，帮助社会工作者了解组员在过去一个月内的情绪状况是否有所改变。	（1）社会工作者对组员的到来表示欢迎。 （2）社会工作者询问组员家庭作业的完成情况，并邀请组员自愿对完成家庭作业后的改变进行反馈。 （3）社会工作者对上一次小组活动进行简要回顾，介绍本次小组活动的目标。	
15 分钟	通过传递弹珠的游戏，增强照顾者联盟内部的协调配合程度，增进群体默契，使其更加有效地为组员提供情感支持，缓解组员的压力。	活动：珠行千里 社会工作者邀请组员三人排成一列，每个组员手拿一张硬纸板。 游戏规则：比赛开始后，第一个人将球从硬纸板上滚动到下一名组员的硬纸板上，并迅速地排到队伍的末端，站好后脚不能移动，继续传送前方组员传来的球（球落地后重新开始），直到球安全地到达指定的盆中为止，最先到达的团队获胜。	乒乓球 硬纸板若干 盆

续表

活动时间	活动目标	活动内容	备注
10 分钟	引导组员从团队协作和个人经验方面分享在用硬纸板传递乒乓球的过程中的感受，进而增强组员的自信心和满足感。	组员自愿对“珠行千里”活动的感受进行分享，社会工作者进行补充。	
15 分钟	通过自画像，帮助组员进行深入的自我反思，进而主动挖掘自身优点，通过优势视角帮助组员加深对自我的认知，增进组员间的信任。	主题活动 1：我的自画像 社会工作者邀请组员自愿 3～4 人分成 1 组并按组坐好。每组分发 4 张白纸，1 盒水彩笔。在规定时间内，邀请组员用任意形式描绘自己（如有组员不会画，社会工作者可以提供引导并给予一定程度的协助）。	12 色水彩笔 3 盒 A4 白纸 12 张
15 分钟	引导组员从画面呈现的内容、作画的原因和作画的感受方面对自画像进行分享，帮助组员进行自我探索，为主题活动 2 做铺垫。	（1）社会工作者引导组员着重从画面代表的意义和作画时的感受方面依次分享自己所画的内容，鼓励组员对分享者予以支持。 （2）当组员分享结束后，社会工作者对组员分享的内容进行简要总结，引导组员用积极的视角看待自我，以乐观的心态面对照顾精神障碍子女过程中遇到的压力和苦难。	
25 分钟	通过引导组员分享自己的故事，同时倾听他人的故事，帮助其在小组中找到共鸣与支持，排解长期照顾精神障碍子女带来的心理压力，调节消极情绪。	主题活动 2：说出我的故事 （1）社会工作者邀请组员一同观看有关残障人士与其父母的公益短片。 （2）社会工作者邀请组员分享观看短片的感受，并引导其分享自己与精神障碍子女之间温馨的故事。在分享过程中，社会工作者要注意引导其他组员给予积极的回应和支持。若出现跑题，社会工作者要对活动主题进行及时澄清。 （3）社会工作者对组员分享的内容进行总结，引导组员从积极的方面看待自己与精神障碍子女之间的关系，应对困难和挑战。	投影仪 1 台 纸巾若干
15 分钟	引导组员从优势视角看待自我，以积极的态度面对照顾精神障碍子女过程中遇到的困难，增强组员的自信心和自我效能感，进而让组员相信他们自己有能力解决照顾精神障碍子女过程中遇到的问题和阻碍。	活动：优点轰炸 （1）社会工作者邀请组员随意挑选并说出另一名组员最大的优点是什么（注意，已经被其他人说过优点的组员不可重复被挑选）。 （2）社会工作者给每一名组员发放若干硬纸卡片，邀请其将自己的优点和孩子的优点写在卡片上（写字不方便的组员可以口述，由社会工作者代写），然后写上自己的名字。 （3）组员轮流念出自己和孩子的优点，社会工作者将卡片挂在照片绳上。 （4）播放视频《我真的很不错》，带领组员跳《我真的很不错》手语舞。	硬纸卡片若干 照片绳（包含夹子） 中性笔若干
10 分钟	引导组员从积极看待自我方面进行分享，增强其自我效能感。	组员自愿对“优点轰炸”活动的感受进行分享，社会工作者进行澄清和补充。	

续表

活动时间	活动目标	活动内容	备注
10 分钟	巩固小组成果，引导组员建立以积极视角看待自我的观念，同时引导组员将一定的精力留给自己，而不是将全部精力都用来照顾精神障碍子女。	(1) 社会工作者邀请组员分享参加本次活动的感受，并对本次活动的内容进行简要总结。 (2) 布置家庭作业：希望组员能在日后的生活中多多跟自己说“我真的真的很不错”，并将手语舞应用于生活中。	

预计困难及解决方案（见表 2-2-7）：

表 2-2-7 预计困难及解决方案

预计困难	解决方案
活动规则和操作较为复杂，组员难以理解。	社会工作者详细阐述，必要时可以先进行示范。
组员出现消极表达。	社会工作者要把握好追问的深浅程度，多给予正向的回应与引导，不对组员的自画像进行评价式回应。
组员出现情绪爆发。	组员哭泣时，社会工作者可以过去拍拍肩膀、递张纸巾，这对组员来说已然是很大的安慰；此外，还要引导组员之间相互鼓励。
组员不愿参与活动。	社会工作者要积极引导不愿意参与活动的组员，鼓励其进行自我披露。

第四次小组活动

活动名称：我爱我自己。

活动目标：

(1) 通过照顾者之间进行合作的活动，进一步巩固照顾者之间的支持系统。

(2) 引导照顾者对自我给予更多的关注，认识到自己作为照顾者的权利，塑造积极的生活态度。

人员安排：社会工作者 4 名，园内工作人员 2 名。

活动时间：85 分钟。

活动地点：Z 阳光家园活动室。

具体活动安排（见表 2-2-8）：

表 2-2-8 具体活动安排

活动时间	活动目标	活动内容	备注
10 分钟	引导组员尽快调整状态进入小组情境中，对上一次小组活动的家庭作业进行反馈，帮助社会工作者了解组员在过去一个月内的情绪状况是否有所改变。	(1) 社会工作者对组员的到来表示欢迎，如有新组员，邀请其进行简单的自我介绍。 (2) 社会工作者询问组员上次活动布置的家庭作业的完成情况。 (3) 社会工作者简要回顾前几次活动，并介绍本次活动的目标。	

续表

活动时间	活动目标	活动内容	备注
10 分钟	使组员体会信任与被信任的感受，增强组员之间的信任感。	活动：盲人旅行 （1）社会工作者将组员分为两大组，每次每组两人搭档游戏，一个人充当“盲人”，另一个人指路，每次由两组同时进行游戏。 （2）游戏规则：搭档牵着“盲人”的手，通过语言引领“盲人”，越过或者跨过障碍物，到达目的地。注意：在这个过程中，不允许碰到障碍物，碰到一次时间加 5 秒，用时最短的队伍为获胜队伍。 （3）游戏结束后，颁发奖品。	设置路障：椅子、报纸、书本、塑料瓶、易拉罐等若干 眼罩 2 副 奖品若干
20 分钟	通过小组合作的形式，加深照顾者联盟成员间的信任关系，帮助改善组员的精神状态和生活态度，以帮助其更好地开展照顾工作。	主题活动 1：设计我最行 （1）组员通过抽签的形式进行随机分组，每组 3～4 人。 （2）每组选出一名组员作为模特，其他组员在规定时间内为其设计衣服，主题不限。 （3）设计完成后，每组派代表向其他组员介绍设计理念等。 （4）模特进行 T 台走秀，展示设计成果。	报纸若干 剪刀 4 把 透明胶 4 卷
10 分钟	引导组员分享在设计过程中的体会和感受，提升其自我效能感。	（1）社会工作者邀请组员自愿分享参与此次设计的感受，尤其关注在活动开始前认为自己“不行”的组员。 （2）社会工作者进行总结，同时表达自己的感受。	
15 分钟	通过小品的形式向组员传达“爱自己”这一活动主题，帮助其学会在可能的条件下多关注自我，实现减压增能。	主题活动 2：我爱我自己 社会工作者围绕积极心态和消极心态进行小品演出，在观看小品的过程中引导组员在对比中进行自主探索和思考。	碗筷 2 副 盘子 2 个 布袋子 1 个 凳子 3 把 桌子 1 张
15 分钟	引导组员围绕应该以怎样的心态面对每天在照顾精神障碍子女过程中遇到的困难，分享观看小品的感受。	社会工作者邀请每名组员分享观看小品的感想，积极给予回应并引导组员之间自主交流。	
5 分钟	总结本次活动，巩固活动成果，为下次活动做准备。	（1）社会工作者邀请组员对参加本次小组活动的心得和感受进行自愿分享，社会工作者进行总结。 （2）社会工作者对组员的到来再次表示感谢，同时邀请组员参加下一次小组活动。	

预计困难及解决方案（见表 2-2-9）：

表 2-2-9　预计困难及解决方案

预计困难	解决方案
组员的安全可能无法得到保障。	社会工作者在活动过程中要时刻关注组员的安全，活动设计要充分考虑到老年人的生理特征，防止老年人跌倒；路障设置需要现场模拟，长度和难度要适宜。

续表

预计困难	解决方案
组员可能出现沉默或无措。	发现沉默组员，社会工作者要及时引导其积极参与活动；组员不知道该怎么做时，社会工作者要及时给予指导。
组员可能出现情绪爆发。	社会工作者在小品表演过程中要注意情绪的表达，避免使用敏感词语。
组员可能出现消极表达。	分享时要注意引导，不要让话题偏离主题，出现负面情绪时要及时处理。

第五次小组活动

活动名称：相信自己。

活动目标：

（1）通过对时间轴的分享，发挥照顾者支持系统的作用。

（2）帮助照顾者增强自信，激发照顾者解决问题的潜能，使其在生活中充分发挥自身的能力。

（3）引导照顾者在能力范围内更多地关注自我，而不是将所有精力都用于照顾精神障碍子女。

（4）提前告知照顾者小组即将结束，为小组的离别做铺垫。

人员安排：社会工作者 4 名，园内工作人员 2 名。

活动时间：105 分钟。

活动地点：Z 阳光家园活动室。

具体活动安排（见表 2－2－10）：

表 2－2－10　具体活动安排

活动时间	活动目标	活动内容	备注
5 分钟	为小组活动做准备，引导组员调整状态进入小组情境中，帮助社会工作者了解组员在过去一个月内是否有所改变。	（1）社会工作者对组员的到来表示欢迎。 （2）社会工作者简要回顾前几次活动，并介绍本次活动的目标。	
15 分钟	通过团队协作，增强照顾者联盟的凝聚力，为主题活动的开展营造良好的小组氛围。	活动：你来比画我来猜 （1）社会工作者将全体组员随机分为两组。 （2）社会工作者讲解活动规则：每组各选出一名组员比画，其他组员猜；比画的组员可以说话，但不能说出答案中的字，否则算作废；每组成员有若干跳过机会；在规定时间内猜中最多的小组获胜。 （3）活动结束后，颁发奖品。	题目卡若干 奖品若干
10 分钟	引导组员就合作技巧进行简要分享。	组员对参加“你来比画我来猜”活动的感受进行交流分享，社会工作者进行总结并给予反馈。	

续表

活动时间	活动目标	活动内容	备注
25 分钟	通过团队协作式的通关游戏，使组员共同完成一件具有挑战性的任务，从中获得一定的成就感和自信心，使其发现自己的潜能，进而帮助其更好地完成日常照顾工作。	主题活动 1：团队大作战 活动规则： (1) 所有组员一起为一个团队，游戏开始前团队内成员自行商量，由谁来完成第几个闯关环节。 (2) 当社会工作者发出游戏开始的信号后，组员开始依次闯关。 (3) 组员每完成一个游戏环节便可获得相应数量的拼图，然后下一环节闯关的组员在与上一环节的组员击掌后，方可进入下一环节。 (4) 当所有组员依次攻克所有的关卡后，组员才能获得全部的拼图。之后，全组成员一起拼好拼图，使之成为一句连贯的话，即为团队大作战成功。	套环 5 个 饮料瓶 3 个 塑料垃圾篮 1 个 题目卡片 8 张 乒乓球拍 1 副 乒乓球 3 个 关键字签 5 张 气球 10 个 拼图 1 幅
10 分钟	引导组员对参加“团队大作战”活动的感受及成功原因进行分享。	组员对参加“团队大作战”活动的感受进行交流，社会工作者重点向合作及自信心方向引导，使组员意识到自己有能力面对照顾过程中的困难。	
15 分钟	让组员通过时间轴的形式清晰地回忆起自己曾经做过的值得骄傲的事情，以此增强组员在日常照顾精神障碍子女的过程中的自信心和自我效能感，巩固已习得的技能，更好地面对未来生活中可能遇到的困难。	主题活动 2：时间轴 (1) 社会工作者为每名组员分发一张印有时间轴的纸。 (2) 组员根据自己的真实情况回忆自己从年少到现在发生的值得自己骄傲的事情，按照时间轴的顺序依次用简短的话写下来并标记发生时的年龄。	印有时间轴的 A4 纸 11 张
20 分钟	鼓励组员展示自己的时间轴，并进行关于最值得自己骄傲的事情的分享和交流，引导组员关注自我。	(1) 组员轮流分享一生中最值得自己骄傲的事情，社会工作者引导其他组员表达支持或者发表自己的感受。 (2) 社会工作者进行总结，强调组员都很棒。	
5 分钟	总结本次活动，巩固活动成果，为下次活动做准备。	(1) 社会工作者邀请组员对参加本次小组活动的心得和感受进行自愿分享，最后由社会工作者进行总结。 (2) 社会工作者对组员的到来再次表示感谢，同时邀请组员参加下一次小组活动。	

预计困难及解决方案（见表 2-2-11）：

表 2-2-11 预计困难及解决方案

预计困难	解决方案
组员可能不理解活动规则。	活动规则设置要详细清晰，使组员能够快速掌握，对没有听懂的组员要耐心地讲解，保证所有组员都能投入活动中来。

续表

预计困难	解决方案
组员可能感觉题目太难。	出题难度要适中，题目内容要在组员的知识范围之内。
游戏环节可能出现控场问题。	场地布置、人员安排以及游戏关卡之间的衔接要合理。
有的组员可能不愿意分享自己最骄傲的事。	社会工作者可通过适度的自我披露，引导组员进行回忆和分享。

第六次小组活动

活动名称：欢乐“送”。

活动目标：

（1）巩固照顾者在小组中习得的情绪管理、自我放松和照顾的技巧。

（2）巩固长期照顾者联盟同质群体的稳定联系。

（3）强调小组的结束，处理照顾者与社会工作者之间的离别情绪。

人员安排：社会工作者 4 名，园内工作人员 2 名。

活动时间：110 分钟。

活动地点：Z 阳光家园活动室。

具体活动安排（见表 2－2－12）：

表 2－2－12 具体活动安排

活动时间	活动目标	活动内容	备注
5 分钟	告知组员小组即将结束，为处理离别做准备。	（1）社会工作者对组员的到来表示欢迎。 （2）社会工作者向组员陈述这是最后一次活动，并解释最后一次活动的意义。	
20 分钟	回顾小组以往的经历，帮助组员巩固已习得的技巧。	主题活动 1：回顾美好时光 社会工作者将以往活动的剪影以及组员的作品做成 PPT，根据小组的历次活动过程，对小组的成果及习得的技巧进行回顾。	背景音乐 PPT
25 分钟	引导组员分享在小组中记忆深刻的事情。	根据回顾活动，邀请组员分享在小组过程中印象最深刻的内容，社会工作者可适当进行自我披露并及时给予反馈。	分享的内容可以是某一次活动、某一句话或者对某个人的印象和感触等
30 分钟	缓解离情别绪，让组员以积极的心态去面对接下来的生活，加强与其他组员的联系。	主题活动 2：欢乐“送” 组员和社会工作者一起进行文艺表演，在欢乐的气氛中为小组的离别进行铺垫。	彩带 气球 水果 喷气彩条
30 分钟	引导组员分享参与小组的感受，巩固小组成果，社会工作者与组员一起为小组画上圆满的句号。	活动：展望未来，互送祝福 组员抽签配对后，互相写祝福卡片，并和大家一起分享自己的祝福。 社会工作者与组员分享自己在小组过程中的感受，同时表达对组员的美好祝福和期望，鼓励他们充满信心地面对接下来的生活。	卡片 马克笔

预计困难及解决方案（见表 2－2－13）：

表 2－2－13　预计困难及解决方案

预计困难	解决方案
回顾过往活动时可能会有些枯燥。	PPT 要简洁明了，陈述清晰；社会工作者的讲解要生动且富有感情。
组员可能会出现情绪失控。	社会工作者要做好控场，及时察觉情绪失控组员并给予积极引导。

五、服务过程

（一）第一次小组活动

在开始阶段，社会工作者首先进行了简单的自我介绍和小组介绍，然后社会工作者引导组员共同讨论，一起建立了小组规范。在这个过程中，组员的表现都很积极，每名组员都提出了自己的要求，如守时、不在其他组员发言的时候讲话、参加活动要将手机关机等等。

在社会工作者自我介绍与热身环节，全体组员参与到活动中，小组气氛良好。组员认真跟随社会工作者完成任务，大部分组员表示很开心，身体得到放松，愿意继续参加活动。

大多数组员在两两结伴介绍环节能愉快地与对方交流，只有组员 Z 比较内敛，主要在听组员 I 自我介绍，似乎不太放得开，社会工作者对组员 Z 进行了鼓励。

组员在“呼吸放松法”环节都非常安静，跟着社会工作者的指令练习呼吸放松法。大部分组员觉得呼吸放松法很有用，愿意在平时有空的时候进行练习。

在“心想事成”环节，一开始大家有序地表达期待，多使用积极词语。当社会工作者提出要表达对自己的祝福后，一名组员提出相反的意见，并表示其对自己的期待持消极态度，随之引发其他组员的讨论，社会工作者及时将话题聚焦回本次活动主题上。

通过本次小组活动，组员对彼此有所了解，建立了初步信任关系。组员通过放松活动与小组的宣泄分享，消极情绪得到缓解。小组初期营造了一种情感支持氛围，组员对下次小组活动比较期待。

（二）第二次小组活动

在“伸伸胳膊扭扭头”环节中，组员整体上能按照社会工作者的要求根据口令完成动作，活动结束后也都表示得到了充分的放松。

在“夹花生粒我最行”环节，组员表现得非常积极，队伍配合也非常默契。组员 Z 由于腿脚不太方便，对活动略有影响，但其他组员都表示了理解。

在情景剧“奶奶的一天”表演环节，组员大都表现出了积极的关注，有时传出笑声，有时低头思考，有时轻轻点头表示赞同。在分享环节，组员 W 和组员 Y 表现得积极主动，分享了很多他们在日常生活中进行情绪管理的技巧，其中组员 W 提出的“隔离”法让在座的其他组员感到很受用。

在复习呼吸放松法这一环节，组员都非常安静，跟着社会工作者的指令进行练习，并表示会将其应用在生活中。

通过本次小组活动，组员对彼此的了解加深，对社会工作者的信任也有所加深。通过一系列活动，组员学习到了一些简单的情绪管理技巧，消极情绪也得到了缓解，这为之后活动的深入开展奠定了基础，小组初步营造出了一种情感支持氛围。

（三）第三次小组活动

在“珠行千里”游戏中，组员都表现得非常积极，现场气氛活跃，组员间的配合度很高，并且组员都认真遵守游戏规则，出色地完成了游戏。在活动结束的分享环节，组员表示，完成这个游戏需要团队的合作和组员间的默契配合。

在“我的自画像”环节，组员都能按照社会工作者的指令，快速地完成自画像。在分享环节，组员 G 在分享时，传达出积极乐观的情绪，其他组员对他的自画像纷纷点头表示赞许。

在“说出我的故事”环节，多数组员在回想起自己与子女之间的故事时，表现得比较低落。社会工作者允许组员在组内进行了宣泄，之后及时对组员进行了鼓励和肯定。

在“优点轰炸”环节，组员主要表达了希望自己在照顾子女方面做得更好一些，但是对自己的关注相对较少，社会工作者引导大家看到自己的优点。之后有部分组员分享了对自己的积极看法，得到了其他组员的肯定。

通过本次小组活动，组员对彼此的了解加深，对社会工作者的信任也有了显著提升。通过更深层次的分享活动，组员的倾诉需求得到了满足，一定程度上缓解了心中的压力，在小组内部加深了情感支持的氛围，增加了组员对小组的认同感与归属感。同时，社会工作者通过鼓励组员进行自我肯定，引导组员用优势视角看待自己，帮助组员增强了自信心。

（四）第四次小组活动

在“盲人旅行”游戏中，组员都表现得非常积极，现场气氛活跃，组员间的配合度很高，并且组员都认真遵守游戏规则，出色地完成了游戏。在活动后的分享环节，平时不是很活跃的组员主动走到台上，手舞足蹈地分享了游戏经验。

在“设计我最行”环节，刚开始时有些组员参与度很高，有些组员则很无措地站在一旁，但经过社会工作者的积极干预和引导，每名组员都为完成本组的服装设计有所贡献。

在“我爱我自己”环节，社会工作者围绕积极心态和消极心态进行了小品演出。其中在消极心态表演部分，角色“小×”因母亲一句无心的话而怒摔了手中的碗，这个情节让组员们感慨与他们的孩子太像了。之后组员们的关注点又放在了子女而非自己身上，社会工作者通过聚焦，及时引导组员关注自身。

在本次小组活动中，组员在组内通过非常轻松、有趣的游戏释放了压力，大家在小组中表现得更加积极，对小组的归属感明显更强了。

（五）第五次小组活动

在热身活动“你来比画我来猜”中，组员的参与热情度高，都积极地投身于活动中，就连平常比较内敛的组员 Z 也开心地和队友一起答题。

在“团队大作战”环节，组员都非常开心且有序地参与了活动，并对胳膊骨折的组员 W 进行了关照。

在最后的“时间轴”环节，组员们都非常愿意自我披露，每名组员都分享了自己人生中最感到骄傲的事情。组员 Y 主动说起自己妻子的事情（这是组员 Y 之前最不愿意提及的话题），组员 I 提出的观点得到了大家的认同，组员 E 开心地分享了她觉得骄傲的事情。在每名组员发言后，社会工作者都进行了回应。

通过本次小组活动，组员已经进入了凝聚力高、彼此非常信任的阶段，愿意进行自我披露，积极参与团队活动和深层次的分享。组员通过时间轴的形式清晰地回忆起了自己曾经做过的值得骄傲的事情，都关注到了自己，社会工作者通过鼓励组员进行自我肯定，引导组员用优势视角看待自己，帮助组员增强了自信心。

（六）第六次小组活动

在“回顾美好时光”环节，组员认真观看了关于小组历次活动的 PPT。大家伴随着社会工作者的讲解回忆着自己参加的小组活动，并且能看着照片说出相应的活动名称，小组内部形成了一种温馨快乐的氛围。

在之后的分享环节，组员需要说出在小组过程中印象最深刻的内容，多数组员认为带有竞争性的团体游戏（“夹花生粒我最行”“团队大作战”等）给他们留下了深刻的印象。组员 Z 认为这些游戏很有活力，让大家仿佛回到了年轻的时候；组员 W 则认为组员之间互帮互助，共同完成各项游戏，使她获得了成就感和自信心。

在“欢乐‘送’”环节，首先由三名社会工作者表演了一段舞蹈，接着由组员自由上台表演。大家有的唱歌，有的跳舞，有的朗诵，现场十分热闹，活动在此刻进入了高潮。

在“展望未来，互送祝福”环节，组员都给他人送上了自己的祝福卡片，随后社会工作者也给大家送上赠言，并向组员送出写有美好祝愿的明信片。最后，社会工作者对整体小组活动进行了总结，并强调在小组结束后，组员之间、组员与Z阳光家园之间的联系没有中断，组员可以向其他组员或社区等寻求帮助。

在最后一次小组活动中，社会工作者通过回顾小组活动的全过程以及分享环节，协助组员整理和巩固了学习成果；通过肯定组员的正面感受，增强了组员的自信心，使之在小组结束后对自身能力更有信心；并且较好地处理了组员的离别情绪。

六、成效评估

（一）过程评估

1. 评估对象

评估对象为接受本次小组服务的精障人士家庭照顾者，主要了解他们对服务的满意度以及其需求的满足情况，期望能根据服务对象的具体情况调整服务方案，使服务能够适应服务对象需求的变化，以满足他们的确切需求。

2. 评估内容

（1）本次服务目标的达成度。

社会工作者将服务目标分为10个指标对服务对象进行评估，具体为：服务实施后，压力是否减少；是否掌握放松技巧；是否发现自我优点；有没有更加关注自我；服务实施后，是否以积极的态度与照顾对象相处；有没有了解一些情绪管理的方法；小组氛围是否让服务对象感到信赖；其他组员是否给服务对象带来正向作用；与其他组员关系如何；是否信赖工作人员。

（2）服务对象对小组的满意度。

评估服务对象的满意度主要包括两个方面：

一是对活动内容的满意度。社会工作者主要通过6个指标来判断服务对象对小组活动内容的满意度，具体为：对活动形式的设置是否满意；哪些形式的活动帮助较大；对活动环节的数量安排是否满意；对活动的时长是否满意；对活动场地的安排是否满意；对活动的整体效果是否满意。

二是对人员的满意度。社会工作者主要通过4个指标来评估服务对象对人员的满意度，具体为：社会工作者的表现；社会工作者的态度；组员参与活动的积极性；组员的纪律性。

3. 评估方法

本次评估采用深度访谈法，对本次的服务对象进行满意度测量。

4. 评估结果及反思

（1）本次服务目标的达成度。

根据访谈结果，服务对象都感觉自己在小组中压力减少了很多，心情也变得愉快了很多，认识到自己所承受的痛苦其实很多人也在默默承受。他们通过社会工作者的教育指导和组员之间的分享，掌握了一些放松的方法，并能将之运用在实际生活中。大家都纷纷表示在今后的生活中要多关注自己。大家觉得最近在与孩子的相处过程中自己的态度很积极，了解了一些有用的沟通技巧与照顾技巧。总体来说，服务对象都认为小组氛围很好，很信赖小组，觉得其他组员对自己有积极的影响，与其他组员的关系都还不错。综上所述，本次服务目标的达成度较好，但还需通过进一步服务，特别要在服务对象认识自我优势和能力、关注自我等方面继续加强服务。

（2）服务对象对小组的满意度。

服务对象对小组活动内容的整体满意度高，特别是对小组整体的效果，服务对象给予了很高的评价。

关于小组的活动形式，服务对象的满意程度从高到低排序为轻松愉快小游戏、分享式活动、情景剧（体验式学习）。但呼吸放松法、手语舞等小技巧学习，服务对象都未选择。根据服务对象的偏好和服务目标达成情况，社会工作者在后期需要调整活动形式，以更好地满足服务对象的需要和促进服务目标的达成。

（3）服务对象对小组的期望以及建议。

从服务对象的反馈来看，大家对小组活动评价非常高，希望能增加每月的活动数量，将每次活动的时间间隔缩短一些。根据这些建议，社会工作者在后期会根据实际情况进行商议并做出调整。同时，在建议中社会工作者也发现了一个问题，就是有部分组员期望小组活动能够一直进行下去，这既不符合小组工作的要求，也不符合实际情况，所以在后期社会工作者需要向服务对象解释清楚这个问题。

（二）结果评估

1. 评估方法

（1）焦点小组访谈。

社会工作者运用焦点小组访谈法，对组员进行半结构化群体访谈，深入了解组员参与小组活动后的改变程度，对小组成效进行评估。

（2）第三方评估。

对Z阳光家园驻点社会工作者进行开放式访谈，从第三方视角来评估小组成效。

2. 结果分析

（1）通过参与小组活动，精障人士家庭照顾者的不良情绪得到宣泄，情绪自控力显著提高。

根据访谈记录可以看出，绝大部分组员认为在小组中与其他组员的交流能够使他们学会如何调整心态，他们的悲观消极的情绪明显减少。组员Z在焦点小组访谈中提道："我以前跟我的小孩发生冲突时，有时候会吵架，然后她会砸东西。现在通过这里的活动，我会先深呼吸，冷静下来再交流，这样好像好一点。"在小组中，组员能够体验和学习放松身心、管理情绪的方法和技巧。比如在小组工作过程中，社会工作者为组员提供了"我爱我自己""说出我的故事""呼吸放松法"等不同的活动，让组员充分参与其中。组员在参与活动的过程中既能学习到情绪管理的小技巧，也能通过其他组员的分享学习到其他人在照顾过程中调节自身情绪的经验，并能够在家庭中运用这些技巧。

（2）精障人士家庭照顾者在小组中逐渐学会关注自我，自我效能感有所增强。

社会工作者通过设置一系列关注自我的主题活动，引导组员学会对自我给予更多关注，学习用优势视角看待自己，更有信心面对未来的生活和挑战。在长期的照顾过程中，服务对象的自信心普遍较低，带有很强的"病耻感"。另外，服务对象基本上都以其照顾对象为中心，非常缺乏空闲时间和关注自我的意识。在小组过程中，社会工作者通过一系列的闯关活动增强组员的信心，让他们认识到自己也有能力克服困难。而组员之间的互相鼓励和自我效能感较强的组员的分享，使组员认识到关注自我的重要性，在小组外逐渐开始将部分时间留给自己放松。从访谈的反馈看来，经过在小组中的学习分享，三分之二的组员在关注自我这一方面有明显进步。但在被问及对未来生活的信心时，一半组员认为自己并没有足够的信心，甚至不太相信自己能够很好地面对以后的生活。在该小组中，小组工作方法用于聚焦微观层面，虽然能够在精神层面为组员提供支持，让其认识到爱自己的重要性，但小组中建立的照顾者互助系统不能解决现实中的诸多压力事件（自身健康状况、经济压力、子女病情等），因而小组工作的介入难以有效提高精障人士家庭照顾者的自信心，这还需要宏观层面的制度介入。

（3）通过参与小组活动，组员掌握了一定的照顾和沟通技巧，并能够将其运用在日常的照顾行为中。

在被问及是否能够了解并运用一些照顾技巧时，所有组员均认为自己掌握了一定的照顾技巧，且有一半组员认为自己在这方面做得较好。组员通过参与同质性小组，能够进行更加深入的交流，互相学习和借鉴，并最终改善自身的照顾行为。通过焦点小组访谈，社会工作者发现组员在参与六次小组活动后，更加善于将人际沟通技巧运用在与孩子的相处中。比如，对于如何解决孩子发病时不听话的问题，组员 W 和组员 Z 都提出了自己的见解。由此可见，相较于小组开始前一些组员对照顾对象持有较为悲观的态度，现在组员已经可以较为客观地面对照顾对象，并且能运用一些沟通技巧与照顾对象相处和交流。

（4）小组工作方法能够帮助精障人士家庭照顾者舒缓长期的心理压力，并建构起照顾者间的社会支持系统。

通过一系列娱乐游戏和倾诉分享，社会工作者为组员搭建起一个沟通的平台。通过协作游戏，组员放松了心情，缓解了长期照顾带来的压力。而充分的分享环节让组员有机会倾诉自己在生活中遇到的困难以及成功的经验，并在相互理解的基础上相互鼓励。在后期的焦点小组访谈中，很多组员表示轻松愉快的游戏不仅让他们的关系更加紧密，而且使他们感觉到放松。他们的心情愉悦了，也会把好心情传递给照顾对象。当被问及通过和其他组员进行交流，自身压力是否得到缓解时，绝大多数组员认为在参加小组的过程中得到了其他组员的支持，使自身的照顾压力明显缓解。相同的遭遇使组员能够聚到一起，敞开心扉交流，互相给予心理支持、情感支持和精神支持；并且在支持过程中，他们能获得更多可利用的资源，能互相传递有用信息，而不再独自承受痛苦。稳定的支持系统的建构，使组员在小组结束后仍能利用组员间的支持网络帮助自己。

3. 总结

综上所述，小组在提高情绪自控力、增强自我效能感、学习并掌握一定的照顾沟通技巧以及建立较稳定的社会支持系统等方面成效显著，组员对小组的整体满意度较高，小组目标基本达成。

七、专业反思

（一）对小组工作介入效果的反思

1. 介入后服务对象的现状

（1）服务对象的结构性困境。

精障人士家庭照顾者的困境实际上是其置身的特定时代和特定社会结构的折射，需要将个人经验与社会环境联系起来，找到微观现象背后的结构性原因，去理解这类群体所面对的困境。由于社会文化中出现的文化排斥现象，社会整体对精障人士存在一定程度的“污名化”，这也使得这些照顾者不愿意寻求帮助，而其他群体对他们的不理解以及忽视则加重了照顾者的无助感。非正式支持系统的严重不足，导致照顾者的心理、精神和社会交往压力很难得到有效缓解。从现有的福利体系来看，残疾人福利保障政策中对精障人士家庭照顾者的保障还处于不完善状态，这就导致福利体系和机构支持不足，特别是对照顾者的服务性支持、情感性支持严重不足。

(2) 服务对象的正向改变。

在本次服务介入之前，社会工作者通过评估了解到这些服务对象由于子女是精障人士，有不同程度的"病耻感"，他们对自己的遭遇感到痛心和无奈。因此，他们不愿意与自己的亲戚和邻里、朋友过多接触，心中的压力无法得到有效缓解，压力长期积累使得他们的无助感越积越多。同时，由于长期处于社会边缘地位和权利弱势，再加上沉重的照顾压力，照顾者没有自信利用身边的资源，从而陷入生活困境。特别是这些照顾者进行的是长期照顾，他们的患病子女完全康复的概率很小，日复一日、年复一年的照顾使得他们心理麻木，一直看不到子女康复的希望让他们的无助感进一步加强，甚至陷入"习得性无助"的心理状态。他们长期情绪压抑，在与患病子女沟通时也常带有负面情绪，对精障人士的精神健康不利。

在参加六次小组活动之后，社会工作者通过焦点小组访谈，发现这些照顾者的情绪变得积极起来，之前因长期照顾患病子女而产生的消极情绪和消极看待问题的视角在小组中有所改善。他们在小组中学习到了新的缓解压力的方法、与子女沟通的技巧和情绪管理的方法，同时能把这些方法和技巧运用到实际生活中，取得了很好的效果。照顾者不仅与患病子女的沟通过程变得更为顺畅，而且能积极地关注自我，积极找寻生活的意义。这些精障人士家庭照顾者通过小组组员之间的分享和社会工作者的教育指导，掌握了一些精神疾病的病理知识以及管理缓解方法，增强了他们对疾病的控制感。随着小组的逐渐成熟，照顾者支持联盟被建构起来。组员通过支持联盟，能够互相排解压力、互相给予支持，而且他们能在照顾技巧、病情以及医药费报销等保障政策方面进行交流。照顾者在长期的照顾实践中已经形成了一套解决问题的方法，他们在今后还会遇到各种问题，通过互相交流和帮助，他们能互相提供更多的解决办法，也让他们有更大的信心去面对今后的困难。

2. 服务效果反思

在满足情感支持需求方面，随着组员之间彼此互动的加深，小组中形成了分享的气氛，在遭遇同样问题的组员面前，这些照顾者能够通过交流分享排解消极情绪，使得长期压抑的负面情绪有释放的途径。通过分享式的活动，照顾者还能对其他组员的负面情绪进行开导，不仅使焦虑、苦闷、抑郁等情绪得到舒缓，还能发展出对抗这些非理性情绪的方法。小组设置的放松游戏，让组员在小组中放下不快乐，更多地关注自己，感受生命的活力，并愿意在接下来的生活中多去探索自己生命的意义，认识到只有自己心情好了才能更好地照顾患病子女。

在提升社会交往方面，组内照顾者支持联盟的建立，增加了照顾者的社会资源，增强了他们的自我效能感，让他们能积极地面对问题，并认识到他们正在经历的痛苦还有很多人在经历，逐渐减弱了"病耻感"，扩充和增强了自己的社会支持网络。

在情绪管理方面，照顾者的情绪对于其患病子女的影响非常大，而且照顾者如果长期处于消极情绪状态，消极地看待问题，就会使自己与家人一起陷入负面情绪的泥沼。在小组中，通过情绪管理知识分享以及体验式学习等活动，照顾者掌握了一定的情绪管理和沟通技巧，并将这些技巧运用到实际生活中，取得了非常好的效果，他们与患病子女的沟通变得顺畅起来，自己也能用积极的态度去看待问题。

在满足专业知识需求方面，照顾者之间通过互相分享，掌握了很多关于精神疾病病理的知识，学习了管理疾病的方法和医学知识，增强了对疾病的控制力，从而更有信心照顾患病子女，面对接下来的挑战。

但是，由于需求的多元性和个体的多样性，小组工作的介入无法满足服务对象的所有需求，他们的经济需求的满足可能需要更宏观层面的介入。

（二）对小组工作介入过程的反思

1. 小组活动的渐进性和多样性

一是要注重小组服务方案设计的逻辑，尽量将深层次的分享活动放在小组中后期。因为到了中后期，组员之间的信任程度和凝聚力有了显著提高，在支持网络坚固时，服务对象更愿意主动进行自我披露。二是在活动形式上，可以考虑增设户外拓展活动。由于服务对象受到照顾责任的影响，鲜有机会进行户外放松，因此，进行户外拓展活动有助于其释放生活压力，舒缓心情；同时，也能够使服务对象更好地与他人进行沟通和交往，扩大其社会交往网络。

2. 小组目标的弹性

小组目标的设定，应符合组员的真正需求，并且切实可行。同时，小组目标并不是一成不变的，随着社会工作者对组员的了解逐步加深，结合实务工作中的实际情况，社会工作者可以按照现实情况，不断调整小组目标，使其越来越符合组员的需求和机构自身的能力状况。

3. 社会工作者的资源了解程度

社会工作者不仅要关注小组内的关系建立，挖掘组内资源，还应尽力关注与服务对象息息相关的信息，包括相关福利政策等内容，链接社会资源。当社会工作者在小组中暂时无法解答组员的问题时，要懂得利用小组内存在的资源如其他组员的经验等，或者在小组活动结束后帮助组员了解相关的资讯，给予其解答。

（三）对小组过程中专业方法技巧的反思

1. 本小组的优势及不足

本项目将有相似经历和问题的精障人士家庭照顾者聚集于小组之中，通过对服务对象的需求与压力进行分析，选择社会支持理论及优势视角理论进行介入，成功构建起服务对象间的信任联盟，使服务对象能更好地舒缓照顾压力、增强心理调适能力和情绪管理能力，重塑积极的生活态度。小组服务通过组员之间的交流分享，帮助组员获取了有关照顾的知识和技巧，拓展了组员的社会交往网络，最终建立了稳定的社会支持系统，改善了组员的生活状况。

但是，本次小组服务无法对心理压力巨大和负面情绪体验深刻的组员开展深入治疗。在小组结束后的跟进服务中，社会工作者可以继续对服务对象进行个案跟进和服务。在本次小组服务中，服务对象面对的经济问题无法得到解决，这需要在后期开展资源链接方面的服务。

2. 对小组过程中专业技巧的反思

在组员分享的过程中，经常有组员偏离话题，此时打断和聚焦的技巧的使用就显得尤为重要。社会工作者通过使用聚焦的技巧，及时把组员拉回主旨话题，有利于接下来的分享顺利进行，达到预期的活动目的。在整个小组活动过程中，回应技巧的使用也非常重要。社会工作者对组员的问题和组员分享的内容要给予概括性总结和回应，这可以减少组员重复阐述的情况出现。在组员出现消极情绪，其他组员未能给予回应时，社会工作者要及时回应，让每名组员都能感觉到被关注。在活动过程中，社会工作者应该注重引导组员进行分享，发挥组员自身的能力和优势，达到互助的效果，避免包揽组内所有事务。

专家点评

由于精障人士存在认知、情感和行为障碍而影响日常生活和活动能力，精障人士的照顾者常常要以数十年为计的时间来照顾他们，因此照顾者支持程度直接影响着精障人士的生活质量。在照顾的过程中，照顾者面临高昂的治疗费用、邻居亲人的异样眼光、社会支持网络的缺失，致使照顾者承受着沉重的经济负担与心理压力。在本案例中，社会工作者针对服务对象的资源与需求进行SWOT分析，层层深入挖掘服务对象的优势，建立服务对象支持性小组，精准把握服务对象的各项需求。社会工作者通过开展小组活动，帮助服务对象舒缓照顾压力、增强心理调适能力和情绪管理能力，重塑积极的生活态度；通过组员之间的交流分享，帮助组员获取有关照顾的知识和技巧，拓展社会交往网络，建立稳定的社会支持系统，改善生活状况。期待社会工作者接下来能够开展持续性的服务，积极扮演“政策影响者”的角色，为精障人士家庭照顾者争取更多的权益。

李琳　华中师范大学社会学院讲师

案例三　赋权理论视角下的精神残疾者手工创业小组[①]

付　卓[②]

一、背景介绍

近些年，我国残疾人口总量增加，残疾人比例上升，残疾类别结构也发生了变动。残疾人在社会生活中被归为弱势群体，需要多方携手共同促进残疾人的社会融合。

Z街道共有持证残疾人857人，其中视力残疾158人、听力残疾95人、言语残疾11人、肢体残疾394人、智力残疾61人、精神残疾128人、多重残疾10人。社会工作者在日常探访中发现，精神残疾者因心理特点特殊、社会接纳度低等各种原因，被隔绝在社会之外，不能像健全人一样参与社会生活。除阳光家园庇护性工场托养学员外，Z街道90%以上的精神残疾者无法出门，需要家人照顾。他们和他们的家人表示希望能够找到一些在家就能完成的工作，比如手工制作类工作，既可以学习技能，也能获得一定的收入减轻家庭的经济压力。

精神残疾群体在生活方式和行为模式上有其独特性，影响他们的心理状态和社会交往。新冠病毒感染疫情对每个人的影响是客观的、现实的，也是多方面的。2020年，疫情的不断蔓延，引起了大多数人的心理恐慌。为了控制疫情蔓延，长期居家隔离的精神残疾群体在日常生活、学习和社会融入方面遇到诸多困难，得不到有效的支持和帮助。长时间的封闭不与人接触和交流，使他们表现出焦虑或悲观的情绪。在这些因素的影响下，精神残疾者不仅不能正常生活，连基本的人际交往也会出现问题。

---

① 本案例入选湖北省“说五社故事，展社工风采”社会工作服务案例。

② 付卓，助理社会工作师，武汉博雅社会工作服务中心社工。

二、分析预估

社会工作者通过需求调查问卷和半结构化访谈，走访了辖区内精神残疾者及其家庭成员。为了更好地收集精神残疾群体的需求，社会工作者把握问卷调查的目的和要求，选择适当的访谈形式，了解被访者的情况，并做好访谈记录。社会工作者最终收到 60 名服务对象和 22 名家庭照顾者的有效问卷，分析得出精神残疾群体有如下需求。

（一）手工技能培训需求

92％的精神残疾者无法通过链接就业资源、推荐就业岗位而成功就业，他们中的许多人无法独自出门。72％的精神残疾者希望获得手工技能培训机会，从而实现在家工作。故服务对象在手工技能培训方面有着迫切的需求。

（二）社会支持及社会融入需求

由于身体状况、疫情影响等原因，精神残疾者较少有机会外出。社会交往的缺乏，导致社会功能丧失，引发人际交往障碍。在自我认知方面，精神残疾者认为自己是弱者，存在不同程度的自卑心理，缺乏社会支持网络，难以实现社会融入。此次调研显示，86％的精神残疾者有较强的社会支持需求，希望能与更多人沟通、交流，并成功融入社区。

（三）获得收益补贴家用的需求

大多数精神残疾者的家庭，在经济方面存在或多或少的困难，因为家属需抽出时间和精力照顾精神残疾者，甚至有的精神残疾者需要专人照顾，导致家属无法就业，故家庭经济压力较大。调研表明，80％以上的精神残疾者希望通过居家手工制作，获得一定收入，从而补贴家用。这样既可以避免外出的安全和适应问题，又可以缓解他们在家无事可做的困境，提高其自我成就感和价值感。

三、理论依据

（一）社会支持理论

社会支持网络是一组由个人的接触所构成的关系网，通过这些关系网，个人得以维持其认同，并获得情绪支持、物质援助、服务、信息与新的社会接触。由各种有形和无形的支持构建起来的支持体系就是社会支持网络。依据社会支持理论的观点，一个人所拥有的社会支持网络越强大，就能够越好地应对各种来自环境的挑战。这些支持系统可以包括亲戚、朋友、互助小组及邻舍团体等。社会支持理论取向的社会工作，强调通过干预个人的社会网络来改变其在个人生活中的作用。特别是对于社会网络资源不足或者利用社会网络的能力不足的个体，社会工作者致力于给他们提供必要的帮助。社会工作者通过开展手工创业小组，以做手工为媒介，协助服务对象及其家庭建设支持网络互动平台，促进服务对象改善家庭关系，增强人际支持网络，增加社会网络资源，提高利用社会网络的能力，从而能够更有信心地面对生活压力与困难。

（二）增能理论

增能又称“充权”或“赋权”，指协助弱势群体或个人排除各种主观和客观的障碍，以增强个体自身正面的经验来激发内在动力，提高自身的能力，努力改变自己的生活。协助服务对象增能，可以让他们重建自我价值，有信心去控制自己的生活，促进提升社会功能。

四、服务计划

（一）服务对象

1. 小组成员招募

社会工作者与社区残疾协理员入户探访招募小组成员。

2. 小组活动对象

小组成员为辖区精神残疾者及其家属。

3. 小组活动时间

2020 年 7 月 2 日至 2020 年 7 月 31 日。

4. 小组活动节数

小组活动共 5 节。

5. 小组参与人数

18 人。

（二）工作目标

1. 总目标

针对辖区内有需求的精神残疾者，运用社会工作专业理论与方法开展小组系列服务，动员服务对象培养自己的兴趣，丰富日常的文化娱乐生活，引导服务对象发掘自我优势及能力，提升自我效能感，提高生活满意度，促进社会融入。通过探索可持续的服务模式，改善服务对象的生活质量。

2. 具体目标

（1）结合服务对象的实际情况，让其通过手工技能培训小组，学习掌握两种及以上的手工艺制作方法及技巧。

（2）为服务对象及其家属搭建沟通、交流互动平台，促使其与健全群体平等地参与社会生活，保障自身权利。

（3）通过“线下义卖＋线上推广”的方式售卖手工产品，销售的货款按劳分配，协助服务对象增加收入。

（4）建立蚂蚁工坊共享基金，探索助残服务的可持续性发展。

（三）活动程序

1. 小组活动流程

在前期需求评估调研的基础上，小组活动通过以下步骤流程提供系列服务（见图 2－3－1）。

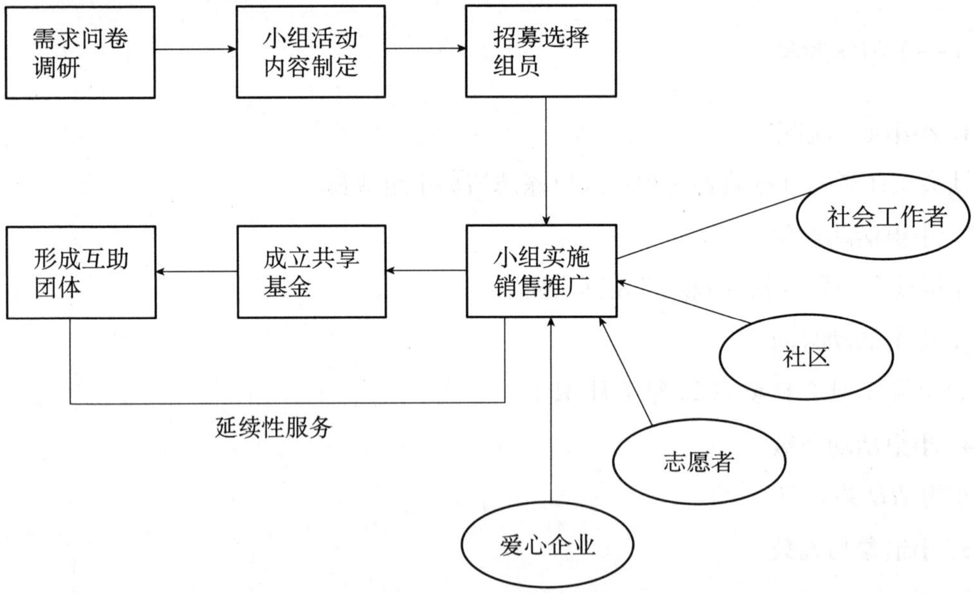

图 2－3－1　小组活动流程

2. 小组活动安排

小组活动的具体安排如表 2－3－1 所示。

表 2－3－1　小组活动安排

小组活动时间	小组活动节次	小组活动主题	小组活动目标	小组活动内容
2020 年 7 月 2 日 下午 3：00—4：00 时长：一小时	第一节	认识你我他	组员之间相互认识，促进组员的相互了解和互动	(1) 社会工作者带头进行自我介绍，让组员认识社会工作者。 (2) 社会工作者通过小游戏“名字接龙”，引导组员进行自我介绍，使组员之间初步了解和认识。 (3) 与组员一起制定小组契约，形成小组规范。 (4) 社会工作者向组员展示提前做好的手工样品，进一步激发组员对小组活动的兴趣。 (5) 总结此次活动，告知下次活动的时间，让组员更清楚地了解下次活动的相关内容，为下节小组活动的开展做好准备。
2020 年 7 月 8 日 下午 2：30—4：00 时长：一个半小时	第二节	“布”一样的体验	学习制作口金包，通过制作过程和分享，促进家属与精神残疾者之间的情感表达及互动	(1) 与组员一起回顾上节小组活动的活动过程与小组规范；简要说明本节小组活动的内容与流程。 (2) 通过简单的热身小游戏手指操活跃气氛，增进组员之间的关系。 (3) 社会工作者教授组员制作口金包，让组员体验动手制作的快乐，丰富日常生活；由于制作过程涉及针线的使用，社会工作者鼓励组员邀请家属一同完成，并相互学习，探讨制作经验。 (4) 参加者进行成品展示并分享，叙述在制作过程中遇到的困难，以及自己是如何解决的。 (5) 总结本次小组活动，重申下次活动的时间；肯定参加者的动手能力，增强参加者被称赞的满足感。
2020 年 7 月 15 日 下午 2：30—4：00 时长：一个半小时	第三节	精彩“饰”界	通过学习制作手工发饰，使精神残疾者进一步了解小组其他成员的特点，寻找朋辈群体	(1) 说明此次活动的内容及流程，让组员明确此次活动的目的；说明此次小组制作的注意事项。 (2) 社会工作者开始教授组员制作手工发饰，组员跟随社会工作者一步一步慢慢尝试折、捏、粘、剪、缝等多种制作方法，一起商讨发饰制作的方法和技巧，组员之间相互赞赏对方的作品。 (3) 让参加者说出自己动手完成作品的感受，增强小组活动对参加者的正向引导，提升参加者的效能感。 (4) 分享总结好的内容，引导组员观察自己的改变，挖掘优势，培养骨干。

续表

小组活动时间	小组活动节次	小组活动主题	小组活动目标	小组活动内容
2020 年 7 月 22 日 下午 2：30—4：00 时长：一个半小时	第四节	你我“齐”动手	共同学习一项技能；通过分享自己的家庭生活，使组员相互支持，促进彼此之间的情感表达及互动	（1）与组员一起回忆上节小组活动内容，进一步强化小组凝聚力；简要说明此次小组活动的活动内容与流程。 （2）通过小游戏“大西瓜小西瓜”让组员能够更快地进入活动。 （3）社会工作者参照游戏结果，将组员两两组队，共同完成一项手工作品，激发组员的潜能，在共同完成作品的过程中促进组员的关系更加紧密。 （4）社会工作者建立模拟义卖会，自己扮演“游客”，询问组员此商品多少钱、是怎样做的、能否便宜一些等问题，并教授组员如何介绍自己的产品，为最后一节活动打好基础。 （5）与组员一起总结活动的收获，告知下节活动的时间、地点，并邀请组员的家属一同参与。
2020 年 7 月 31 日 下午 5：00—8：00 时长：三小时	第五节	阳光义卖会	巩固组员学到的技能和在小组形成的支持网络；处理离别情绪	（1）此节活动以义卖市集的形式开展。 （2）组员在社会工作者与家属的鼓励下主动吆喝，向游客介绍商品，帮助组员感受到自信且看到自身的价值。 （3）在社区提供活动场地支持的基础上引入志愿者力量与精神残疾者形成互助团体，共同开展义卖活动。 （4）通过义卖以及社会工作者的引导，让组员再次感受到自己的能力，增强组员的自我效能感，巩固组员的手工技能。 （5）说明小组即将结束，避免组员在小组结束后产生失落感，及时处理组员可能存在的离别情绪。 （6）社会工作者总结发言，组员及其家属填写活动反馈表，组员分享在小组中的成长，社会工作者及时做好评估。

五、服务过程

本次小组活动共设置了 5 节，以手工制作为主，制作成品一部分归组员所有，另一部分由社会工作者保存，便于后期统筹开展义卖。服务过程具体如下。

（一）第一节：认识你我他

社会工作者通过小游戏“名字接龙”，引导组员进行自我介绍。在小组刚开始的时候，组员彼此之间大部分不认识，表现得很拘谨，对自己的情况不愿意进行过多表露，很在乎其他人对自己的看法。为了打破组员的沉默，社会工作者运用了游戏和主题互动破冰的方法，促进组员相互认识，放松心情，建立信任关系。同时，与组员一起制定小组契约，形成小组规范。随后，社会工作者向组员展示提前做好的手工样品，进一步激发组员对小组活动的兴趣。最后，社会工作者告知下次活动的时间，让组员更清楚地了解下次活动的相关内容，为下节小组活动的开展做好准备。

（二）第二节：“布”一样的体验

在学习制作口金包的过程中，组员认真聆听社会工作者的讲解，努力尝试和学习制作方法。在学习初期，社会工作者做一步，大家跟着做一步。到了关键的步骤，社会工作者观察到有的组员因为疾病，手部不灵活，反应比较缓慢，无法独立完成。社会工作者鼓励组员邀请家属一起探讨口金包制作的方法和技巧，相互赞赏，合作创造属于他们家庭的手工作品。相互合作能够协助家庭成员之间建立相互支持的关系，提升家庭正能量。最后在分享环节，不少组员家属分享了自己的制作诀窍，促进了家属与服务对象之间的情感表达及互动。

（三）第三节：精彩“饰”界

第三节小组活动是教授组员制作手工发饰，社会工作者拿出提前准备好的材料包，让组员跟随社会工作者一步一步慢慢尝试折、捏、粘、剪、缝等多种制作方法，在这个过程中，有组员主动分享了自己的制作诀窍。在互帮互助的氛围下，小组凝聚力不断增强。社会工作者通过观察组员的自身优势，挖掘培养骨干成员，邀请参加者说出自己动手完成作品的感受，增强了组员之间的沟通，促进了组员之间的相互支持。

（四）第四节：你我“齐”动手

小组活动一开始，社会工作者通过小游戏“大西瓜小西瓜”让组员能够更快地进入活动。社会工作者在发布此节制作任务后，将组员两两组队，共同完成一项手工作品。通过让具有优势的组员“手把手”教其他组员，促进了组员之间的互动，提升了组员的潜能。

之后，社会工作者建立模拟义卖会，自己扮演“游客”，以下为模拟对话的情景。

社会工作者：“这个发夹多少钱呀？”

组员："十块钱。"

社会工作者："这么精美的发夹是你做的吗？"

组员："是我亲手做的。"

社会工作者："那能不能便宜一些呢？"

组员："当然可以。"

通过这些问题，社会工作者教授组员如何更好地介绍自己的产品，分享自己的收获。最后，社会工作者告知组员下节活动的时间、地点，并邀请组员的家属一同参与。

（五）第五节：阳光义卖会

最后一节小组活动以义卖市集的形式开展，社会工作者带领组员到社会上开展义卖活动。社会工作者积极鼓励组员主动向游客介绍自己的作品，让组员看到自身的价值。

义卖会成功举办，其中有多方资源参与联动。社会工作者从实际需求出发，以社区提供的活动场地为依托，引入社区及高校志愿者的力量，链接爱心企业及共建单位等多项资源，帮助组员开展线上宣传、线下义卖活动。通过义卖队伍的持续发展，成立互助团体，探索残障人士"线上＋线下"服务新模式，在多元主体力量的参与下，推动精神残疾者奋发有为，不断提升生活的幸福感和获得感。

六、成效评估

（一）评估方法

（1）收集服务对象意见反馈表，通过数据分析小组成效。

（2）通过社会工作者观察、组员分享等，对小组成效进行分析与总结。

（二）目标达成情况

（1）通过手工技能培训小组，90％的组员学习掌握了两种以上的手工艺制作方法及技巧。

（2）通过为组员及其家属搭建互动支持平台，让组员与家属相互合作，营造了互帮互助的良好氛围，组员得到了家属的支持与鼓励，家属亦看到了组员的成长与进步。

（3）通过手工增能小组引导服务对象挖掘自身的优势与特长，创造劳动价值，增强了服务对象的自信心。

（4）通过开展义卖活动，帮助服务对象加强了与社会的交流互动，销售收入也使他们为家庭创收，很好地强化了他们的自信心与自我效能感。

（5）建立了蚂蚁工坊共享基金，通过基金运作模式延续小组成效，推动形成了长效服务机制，促进了助残服务的可持续发展。

七、专业反思

（一）经验总结与不足

因疫情原因不宜开展线下聚集性活动，因此社会工作者将原本线下的服务挪到了线上。虽然社会工作者除了开展直播教学外，还拍摄了教学视频，但服务对象的接受程度不同，所以存在部分服务对象理解较慢的现象，需要社会工作者后期单独教学，并组织反复练习，巩固所学。

（二）创新及推广

此小组开创的精神残疾者居家技能培训的形式较为灵活，服务对象可根据自己的能力及意愿参与，通过计件补贴的形式获得收入。小组采取保留成本的方式进行运营，只要产品能够销售，就能够持续地运营下去。通过小组的开展，社会工作者打破了固有思维，选择时下流行并兼顾可操作性的手工产品，寓教于乐，协助精神残疾者通过双手创造价值，提升自我效能感，提高生活满意度，促进社会融入。

（三）社会效益

通过义卖形式，服务对象制作的各类手工产品受到了居民的喜爱，服务对象也得到了居民的肯定与接纳。通过宣传，社会各界人士更加关注残障群体。

（四）需跟进之处

链接相关爱心企业或商铺，推动它们收购服务对象所制作的手工产品，促进精神残疾者手工艺品制作的可持续运作。

专家点评

残疾人问题是全球共同关注的重要议题。世界范围内的残疾人数量庞大，主要集中在发展中国家。残疾人正遭受着贫困、疾病、偏见、排斥等各方面的困扰，这些困扰严重影响残疾人的生活质量。国家对残疾人问题长期保持关注，在系列政策支持之下，残疾人的康复、教育、就业、维权、服务等方面取得了长足进展。但是，进一步促进残疾人的社会融入，全面提升残疾人的生活质量，还需要全社会的共同努力，给予残疾人更多温暖和关怀。在本案例中，社会工作者基于社会支持理论和增能理论，通过小组工作方法为Z街道的精神残疾者提供了服务，以手工技能培训为切入点，协助服务对象构建相互支持的社会网络，在一定程度上消除了服务对象的无力感，增强了其融入社会的信心和能力。该案例运用的理论视野和服务技巧符合服务对象的生理、心理特点，成效较为显著，可以为残疾人服务提供借鉴和启示。

陈琦　华中师范大学社会学院副教授

案例四 优势视角下的社会组织助力残障群体社会融入项目[①]

蔡莉萍 操雪艳 廖志敏 刘倩 胡欣雨[②]

一、背景介绍

D社区地处市中心，是典型的老旧社区，辖区内共有残障人士234名，其中长期居住在辖区内的视力残疾人士25名、听力残疾人士16名、言语残疾人士3名、肢体残疾人士66名。2019年，W社会工作服务中心联合街道残联，以视障人士为主要服务群体，结合视障人士的人际交往和社会融入需求开展互助支持体验活动，引导服务对象挖掘自身潜能，树立生活自信心，建立自助及互助支持网络。为进一步探索不同类别残障群体的服务需求、服务路径及方法，W社会工作服务中心申报了公益创投项目，在视障群体的基础上，拓展听障、肢障群体服务，并充分发挥前期孵化培育的助残服务队和红色先锋志愿服务队的作用，结合各类残障群体的实际情况及特点，有针对性地开展相关服务，协助残障人士更好地融入社区、社会，同时呼吁更多的爱心人士加入助残服务中。

二、分析预估

社会工作者针对辖区内长期居住的视力、听力、言语及肢体残疾人士发放需求调研问卷110份，回收有效问卷88份，通过问卷调查和半结构式访谈，分析得出他们有以下服务需求。

---

① 本案例获评2022年度武汉市“五社联动”社会工作服务典型项目案例。

② 蔡莉萍，社会工作师，武汉博雅社会工作服务中心副总干事，曾获评“中国百名社工人物”。操雪艳，助理社会工作师，武汉博雅社会工作服务中心社工。廖志敏，社会工作师，武汉博雅社会工作服务中心社工。刘倩，武汉博雅社会工作服务中心社工。胡欣雨，武汉博雅社会工作服务中心社工。

（一）视障群体的出行需求

88%的视障人士在无家人陪伴的情况无法出行，平时大多数时间待在家里，生活枯燥无聊。大多数视障人士表示，在未知环境中，残障人士没有安全感，十分恐慌。

（二）听力、言语障碍群体的沟通交流需求

由于听力、言语障碍，听力、言语残疾人士很少与外人交流。特别是在因病就医时，无人引导、无法沟通，对该群体造成了极大的困扰。

（三）提升技能获得家庭收入的需求

64.9%的残障人士未能就业。66.18%的残障人士的主要生活来源为低保、家庭供养、不定期社会救助等。社会工作者针对听力、言语、肢体残疾人士进行了调研分析，其中86%的残障人士无法通过链接就业资源、推荐就业岗位来实现就业，而且大多数无法独自出门；62%的残障人士希望获得手工技能培训学习的机会，从而实现在家工作，获得一定的收入以补贴家用。

（四）生活照料的需求

能够部分自理的残障人士占比47.73%，完全无法自理的残障人士占比26.13%，85%的部分自理及完全无法自理残障人士由配偶、父母、兄弟姐妹照顾，甚至有的服务对象需要专人照顾，导致家属照料压力较大。

（五）社会融入及社会交往的需求

残障群体因身体障碍，出行或沟通不便，不愿与外界接触、交流，经常闭门不出，兴趣爱好贫瘠，往往因担心“做不好”“被瞧不起”而放弃尝试新鲜事物，精神文化生活匮乏，普遍存在社会支持网络不健全、社会融入感低等问题。此次调研显示，86%的服务对象有较强的社会交往需求，希望能够融入社区与更多人交流。

三、理论依据

（一）正常化理论

正常化理论认为，应该为服务对象提供与平常人相似的生活环境，承认所有人包括残障人士都是具有尊严和价值的，不再用异样的眼光去看待服务对象，引导服务对象学

习手工技能，协助他们走出家门重新构建社会支持网络等，让服务对象树立正确的自我认知，促进服务对象回归社会。

（二）优势视角理论

优势视角理论的核心理念是相信人们天生具有一种能力，即通过利用他们自身的资源来改变自身的能力。社会工作者通过挖掘服务对象自身的优点，帮助服务对象认识其优势，从而达到解决服务对象外在或潜在问题的目的。

四、服务计划

（一）总计划

结合辖区内视力残疾、听力残疾、肢体残疾三个类别的残障人士个性化的服务需求，充分发挥辖区资源优势，探索为不同服务对象群体提供精准服务的路径。

（二）具体计划

在视障群体方面，通过生活圈出行训练、协助视障人士及其照顾者掌握出行方法和技巧，帮助他们更好地走出家门。

在听障群体方面，通过手语培训交流学习等相关服务，推行国家通用手语并协助服务对象及其周边人士掌握简单的手语交流技巧，从而逐步实现信息沟通无障碍。

在肢障群体方面，针对轻度肢障群体，根据其兴趣爱好组织开展手工、生活技能培训等相关活动，使其掌握技能，提升自信；针对重度肢障群体，组织辖区助残服务队、红色先锋志愿服务队开展上门服务。

在志愿团队方面，组织开展理发、推拿按摩、手语技能等相关培训，提升服务能力；组织开展团建、议事会等相关活动，促进团队建设；开展上门志愿服务。

开展无障碍观影、出游、歌唱小组等系列文体兴趣活动，丰富辖区残障人士的精神文化生活，帮助他们感知外界社会，更好地融入社会。

通过宣传倡导，呼吁大家关注残障群体，为共同营造无障碍环境贡献自己的一份力量。

五、服务过程

（一）需求导向，进一步优化项目服务及内容

社会工作者通过需求分析，结合现状及资源，进一步优化项目服务内容：在视障群

体方面，增加出行训练，并通过组织开展无障碍观影、线上语音互动、出游活动等形式巩固学习成果；在听障群体方面，融入国家通用手语教学，并组织开展手语舞蹈以及提供人工耳蜗术后发音训练等服务；在肢障群体方面，除提供结对帮扶定期上门服务外，还开展居家整理规划等相关服务。此外，社会工作者还制订了手工培训计划及产品推广计划等。

（二）组织增能，提升助残组织服务能力

针对辖区的两个志愿服务组织——红色先锋志愿服务队和助残服务队进行分工。红色先锋志愿服务队与重度肢障群体结对，进行一对一上门慰问、帮扶；助残服务队则通过提升技能，为辖区残障人士提供便民服务。

社会工作者针对两支服务队进行了相应的培训，并邀请辖区盲人按摩店刘老师、形象设计学校郭老师以及区聋人协会魏老师分别开展按摩、理发、手语交流等相关培训，进一步提升服务队志愿者的相关技能，更好地为辖区残障人士，特别是重度残障人士开展上门服务。

（三）聚焦群体，按需开展个性化服务

1. “我伴你同行”：视障人士走出家门“看见”美好

社会工作者组织开展了两期“我伴你同行”生活圈出行训练活动，分别针对视障人士、志愿者及视障人士的家属开展相应训练。在视障人士方面，社会工作者从如何利用身体、如何利用时钟上面的钟点位置确定方向和方位等方面，帮助视障人士学习如何通过身体躯干、上肢等相应的部分判断方位；同时，帮助视障人士通过学习上下部保护、沿墙行走、上下楼、下蹲、拾物、盲杖使用等技能掌握独自出行的技巧及方法。在志愿者及视障人士的家属方面，从出行前的准备，如初次接触，通过轻触视障人士的手背，同时以语言提示，如“你好，我带你走好吗”来征求服务对象的同意，到出行行进中抓握、站位、随行、集体随行、换边、行进换边、过狭窄通道、进出门、落座、上下楼梯（电梯）等方法技巧的讲解和示范，让志愿者及视障人士的家属掌握相应的方法和技巧，以更好地带领视障人士出行。

在出行训练后，为了巩固学习成果，促进视障人士的人际交往及社会融入，社会工作者组织开展到江滩、公园、农庄出游的活动，在志愿者及视障人士家属的跟随保护下，视障人士练习独立出行，进一步掌握出行技巧。

此外，社会工作者在剧院、区残疾人联合会的大力支持下，为视障服务对象开展“我是你的眼”无障碍观影活动，分别“观看”了《长津湖》《百鸟朝凤》等影片，帮助视障人士走出家门，走入社区和公共场所，感受到社会对他们的关心和友爱。

2.“聆听心灵的声音”:成立手语园地“倾诉”心声

并不是所有的听障服务对象都系统学习过手语，很多听障服务对象由于语言障碍，既无法与人交流，也无法参与到集体活动中。社会工作者邀请区聋人协会的魏老师等专家，从国家通用手语中的汉语拼音字母、阿拉伯数字开始教起，协助听障服务对象、其照顾者及志愿服务队志愿者逐渐掌握一些生活中常用的词语及短句，并结合就医、购物等常见的严重困扰听障人士的场景，进行了深入的教学，以解决听障服务对象就医、购物困难等问题。

通过反复学习、练习，参加者均掌握了初级手语的运用，并且学会了用手语“演唱”国歌。最终有 30 余名参加者考核通过，获颁结业证书。

为了巩固学习成果，让听障服务对象能够通过不断练习更好地沟通交流，社会工作者与区聋人协会合作挂牌成立手语园地，定期开展“手语角”交流活动。手语园地现在成了辖区听障服务对象的交友聚集地。

此外，社会工作者带领听障服务对象学习手语舞蹈，鼓励他们勇敢发声；在国际残疾人日大型活动现场，邀请听障服务对象表演手语舞蹈及诗歌朗诵，极大地提升了他们的自信心。

3. “增能赋权幸福相伴”：手工技能提升肢障群体幸福感

社会工作者发挥助残服务队培养的手工老师的优势，组织辖区听障、言语障碍及轻度肢障人士学习汉绣、手工包等相关手工艺品的制作。通过系列培训，30 余名轻度肢障人士学会了车挂、古风发饰、编织帽、手工香囊等近 10 种手工艺品的制作。而且，社会工作者与商圈、夜市达成长期合作协议，使用后者提供的免费摊位定期开展义卖活动，通过义卖活动获得收入 2 800 余元；与 2 家爱心企业达成合作，组织残障人士制作手工艺品，项目期间通过制作大肠发圈、手工香囊获得收入 1 742.2 元，通过制作手工毛绒兔获得收入 4 000 元。

此外，在社区的大力支持下，附近的爱心商户捐赠价值近 2 000 元的馅饼、桃酥、蛋卷、雪花酥等，通过义卖的形式支持残障人士服务。

4. “送爱到家 暖心服务”：让“幸福来敲门”温暖残障家庭

针对重度肢障人士，社会工作者组织红色先锋志愿服务队的老党员划片分户形成一对一帮扶，定期上门探望，了解近况，并组织助残服务队为有需要的家庭提供家居清理规划、理发、推拿按摩、电器维修等相关服务，项目期间为重度肢障人士提供 84 人次相关服务。

（四）收集心愿，多元参与共同关爱

社会工作者整理在平时服务过程中收集到的服务对象的微心愿，并且通过组织开展微心愿认领及国际残疾人日宣传活动等形式，呼吁辖区共建单位、爱心商户、爱心人士

认领微心愿，为残障人士和社会大众搭建了一个沟通互助的平台，让更多的社会力量关注、关爱弱势群体，让残障困难群体感受到党和政府、社会的温暖，帮助 31 人完成微心愿（希望得到无障碍扶手、盲杖、书包、制氧机、电热板、坐便器、衣服等）。

（五）残健共融，交流活动促进融入

社会工作者充分发挥辖区阳光家园、区残疾人联合会、音乐学院等相关优势资源的作用，为辖区残障人士搭建交流服务平台，组建残障人士红色合唱团，开展残健融合户外交流、趣味运动会、正念冥想及花香疗愈等系列活动，通过文体娱乐类、心灵疗愈类、宣传推广类等活动形式，促进服务对象之间、服务对象与党员及志愿者之间、服务对象与居民之间的互动、沟通和交流。

（六）链接资源，助力困难家庭帮扶

服务对象伍某因患脑膜炎致右半边身体瘫痪，平衡能力差，独自外出困难，生活处于半自理状态，经济十分困难。社会工作者多次走访了解其需求，结合实际情况，分别链接了爱心企业、基金会等慈善资源，为其送去牛奶、衣物、坐便椅、护腰带、生活用品等爱心物资，缓解其生活困难。

服务对象李某患红斑狼疮、骨髓炎等多种疾病，健康状况差，家庭经济十分困难。每到冬季，服务对象的红斑狼疮就会复发，呼吸困难。社会工作者联系基金会链接呼吸机、护腰带、石墨烯电热板等生活物资；并且联系区、街道劳动就业部门以及保安公司等单位，帮助服务对象的哥哥寻找合适工作，增加家庭收入，解决家庭困难问题。

社会工作者共走访了 120 余户这样的困难残疾家庭，结合困难残疾家庭的需求，通过心理疏导、志愿帮扶、资源链接、就业援助等多种形式，提供个性化的服务，帮助残疾家庭缓解困难，更好地面对生活。

项目期间，社会工作者链接到爱心企业捐赠的每箱价值 120 元的燕麦奶 80 箱，总价值为 9 600 元；衣物 500 余件，总价值约 25 000 元；基金会捐赠的制氧机、轮椅、电动轮椅、坐便椅、石墨烯电热板、纸尿裤、护理垫、护腰带、生活物资等 30 余件，总价值约 15 000 元。此外，还有爱心企业为残障人士提供手工制作订单，为残疾家庭带去了温暖，缓解了残疾家庭的经济困难。

六、成效评估

（一）服务对象方面

1. 视障服务对象方面

通过“我伴你同行”出行训练及“我是你的眼”无障碍观影活动，157 名视障人士

走出家门。他们都表示，活动帮助他们掌握了出行的技巧，完成了出行的心愿。

2. 听障服务对象方面

在“聆听心灵的声音”听障人士服务中，254 人参加了手语培训，30 余人获得了手语初级结业证书。社会工作者还与区聋人协会合作挂牌成立了手语园地。

3. 肢障服务对象方面

社会工作者组建居家就业服务小组，通过链接场地、社会企业等资源，组织残障人士手工技能培训，帮助部分残障人士通过自己的努力获取收益约 7 000 元；开展“幸福来敲门”关爱服务，为 20 个家庭提供 84 人次探访、居家整理等服务。

4. 志愿服务队方面

助残服务队吸纳了 6 名残障人士加入，提升了残障人士的自我认同感。社会工作者通过各类培训，进一步提升助残服务队、红色先锋志愿服务队的能力；探索志愿积分兑换服务，并通过志愿积分、奖励表彰来激励志愿者更好地参与服务。

（二）社会效益方面

项目得到了学习强国、长江云、市广播电视台、省残联、极目新闻等多家媒体的宣传报道。“同享蓝天，共筑幸福”国际残疾人日活动邀请了省残联兼职副理事长，肢残人协会、智力残疾人及亲友协会、精神残疾人及亲友协会、盲人协会等协会负责人，以及区残联理事长等相关领导参与，并且通过手语《国歌》、手语园地揭牌、听障服务对象朗诵《灿烂阳光下》、残障人士红色合唱团演唱《歌唱祖国》、无障碍电影《有一天》体验、微心愿认领、汉服秀及时装秀，以及展示残障人士手工制作的手工艺品等形式，展示了项目所取得的成效，让更多的居民了解了助残服务项目，并呼吁大家关注残障群体，协助共同营造无障碍环境。

（三）项目可持续性及推广性方面

项目在探索实施过程中，不仅得到了残障群体及其家属、残疾人联合会、区公益创投项目方的高度认可，同时也得到了社区、辖区、共建单位、商户以及社会企业的关注。社会工作者针对视障、听障服务对象开展如出行训练、出游、国家通用手语培训等活动，已形成了初步按需分类服务的内容及架构，后续将结合现有经验，进一步探索实施项目，探索精准化助残服务，让更多的残障人士受益。

七、专业反思

社会工作者在开展服务过程中发现普惠型的活动无法满足不同群体的需求，故而需要更加细分不同服务对象所面临的困难，有针对性地策划相应的服务内容，以开展更为精准的服务。

在此项目服务过程中，社会工作者针对视障、听障服务对象的需求，开展如出行训练、出游、国家通用手语培训等活动，满足了这两类服务对象的基本需求，但在如何深入推进和发展视障、听障人士服务方面，需要进一步探索和优化。

除此之外，针对轻度肢障困难群体开展的手工技能培训（帮助其掌握手工技能，从而达成就业目标），因资源、渠道等方面的限制，尚未有更好的突破。目前主要联络了辖区共建单位提供场地、花车等资源，通过开展义卖活动及链接 2 家爱心企业提供加工订单来提升服务对象的收入，但未形成较好的长效机制，故后续在项目延续及成效巩固上，需要进一步加大力度，深入开展服务，总结相应服务经验，探索精准化助残服务。

专家点评

残疾人服务的开展，不仅要关注他们当下面临的身心需求，还要关注他们未来的社会化发展问题。在本案例中，社会工作者的项目设计，有三个比较有特色的突破。其一，服务设计定位较为准确。社会工作者根据残障类型，对残疾人群体进行细分，依据需求的特点来设计服务活动，将过往“普惠型”服务转变为“精准型”服务，通过量化调查获得科学数据，确定服务对象的需求。其二，服务过程较好地体现了“助人自助”的专业价值观。社会工作者关注残障人士的自我成长，由“授人以鱼”向“授人以渔”转变，更加注重服务对象自身潜力的发展。其三，社会志愿力量的引入创新了助残服务方法，产生了较好的社会效应。社会工作者在能力发展、社会融入、气氛营造三方面共同发力，有效地促进了服务对象的身、心、社、灵发展。

周小帆　华中师范大学社会学院教师

第三篇

家庭社会工作

案例一 “五社联动”机制下的重症家庭关爱个案[①]

张道宇[②]

一、背景介绍

（一）社会背景

2021 年，《中共中央 国务院关于加强基层治理体系和治理能力现代化建设的意见》提出，要“完善社会力量参与基层治理激励政策，创新社区与社会组织、社会工作者、社区志愿者、社会慈善资源的联动机制，支持建立乡镇（街道）购买社会工作服务机制……完善基层志愿服务制度”。为创新开展基层社会治理，J 社会工作服务中心在区民政局支持下，开展 P 街道社会工作服务站建设运营工作，推进“五社联动”机制创新，发挥社会工作在基层社会治理中的专业作用。

（二）现实背景

新冠病毒感染疫情期间，社会工作者联合社区退休党员、下沉党员力量，融合社区、社会工作者、社区社会组织、社区志愿者、社区公益慈善资源和心理服务专业力量，组建“党建引领 五社一心”服务模式，为受新冠疫情直接及间接影响的居民开展服务。

社会工作者在走访慰问社区困难群体时，结识了社区重症服务对象 W。通过多次探访，社会工作者了解到 W 在基本生活保障、生理健康、心理疏导、物质援助等方面存在多层次需求，后与其签订个案服务协议，建立个案关系。

---

① 本案例入选湖北省“说五社故事，展社工风采”社会工作服务案例。

② 张道宇，社会工作师，武汉博雅社会工作服务中心社工。

二、分析预估

（一）基本情况

1. 家庭背景

（1）服务对象 W 的丈夫自 W 患肺癌后与其关系日益紧张、恶劣，2017 年春节后外出打工一直未归，同年 5 月与 W 断绝联系。

（2）服务对象的丈夫每月通过微信给儿子转账 2 000 元，作为家庭的部分开支费用，转账完毕后立刻拉黑儿子，在下次转账时再将儿子拉出黑名单转账，周而复始，故与儿子亦无过多联系。

（3）服务对象的儿子目前在外地读大学，在跆拳道馆做兼职。

（4）服务对象目前独居在家。

（5）服务对象有 1 个弟弟、2 个妹妹、2 个姐姐，均居住于外省农村老家。

2. 经济状况

（1）因服务对象户口在 H 村，人户分离，故其无法在现住地申请低保和临时救助。

（2）目前自有住房产权为服务对象夫妻共有，房贷每月需还 1 500 元。

（3）服务对象的丈夫每月给儿子微信转账 2 000 元。

（4）服务对象的儿子在跆拳道馆做兼职，有微薄的兼职收入。

（5）服务对象每月治疗肺癌的靶向药等日常医药开销 3 000 余元，基本靠向亲戚朋友借款勉强支撑。

（6）服务对象因患有腕管综合征，手部不能有较大动作或抬举物体，目前无业在家，无收入。

3. 健康状况

（1）服务对象患有肺癌，目前处于稳定期，但仍存在复发可能。

（2）服务对象患有腕管综合征，手部只能进行简单活动。

（二）需求分析

1. 生理健康需求

服务对象患有肺癌，目前处于稳定期，但仍存在复发可能，且患有腕管综合征，无法用力搬运拿取重物，以上均突出体现了其生理健康需求。

2. 心理疏导需求

服务对象患病时间较长，治疗产生的巨额支出给家庭带来了巨大的经济负担；其丈夫出走不再返家；其还因腕管综合征无法寻找工作自食其力。这些都让服务对象积累了巨大的心理压力，时常陷入自责情绪当中，心理疏导需求明显。

3. 物质援助需求

服务对象因肺癌治疗每月花费药费 3 000 余元，但自身因为腕管综合征无法工作，收入方面仅有其丈夫每月给儿子支付的 2 000 元生活费，入不敷出，存在严峻的经济问题，急需物质援助缓解其经济困难。

4. 基本生活保障需求

服务对象患有腕管综合征无法提取重物，亦无法做力气活，目前又独居在家，急需他人提供照护帮扶，否则日常基本生活难以保证，存在明显的基本生活保障需求。

三、理论依据

（一）家庭系统理论

家庭系统理论有三个基本观点：

（1）家庭成员的“问题”是由整个家庭不良的沟通交流方式导致的。

（2）家庭所面临的危机既是挑战，也是机会。

（3）由“问题”导致的家庭功能的失调能够被有效解决。

家庭系统理论有六个核心要素：

（1）家庭作为一个整体大于各部分之和。

（2）家庭系统努力维持改变与稳定之间的平衡。

（3）家庭系统中一位成员的改变将影响所有其他家庭成员。

（4）家庭成员的行为遵循相互影响的循环因果原则。

（5）每个家庭系统既包含很多次系统，又归属于更大的社会系统。

（6）家庭系统依据已经建立的规则运行。

在本案例中，服务对象目前独居在家，心理上的悲观自责情绪与其整个家庭的不良沟通交流方式有很大关联。服务对象与其丈夫家庭关系的断绝，与其儿子家庭关系的弱关联（儿子在外地读大学及兼职，很少回家，亦很少跟服务对象联系），均是导致其悲观自责情绪的重大诱因。因此，社会工作者可以从家庭系统理论的核心概念——“系统”出发，尝试联系其丈夫、儿子，搭建夫妻及母子沟通的平台，从而协助服务对象改善夫妻及母子次系统，构建良好的家庭系统，为服务对象提供有效的心理支持。

（二）理性情绪理论

理性情绪理论即“ABC”理论，“A”（activating event）代表诱发事件，“B”（belief）代表信念，是指人对“A”的信念、认知、评价或看法，“C”（consequence）代表结果，即症状。该理论认为，并非诱发事件“A”直接引起症状“C”，“A”与“C”之间还有中介因素在起作用，这个中介因素是人对“A”的信念、认知、评价或看法，即信念“B”；人极少能够纯粹客观地认识“A”，总是会掺杂信念、期待、价值观、意愿和欲求，故对“A”的经验总是主观的、因人而异的，同样的“A”在不同的信念“B”的影响下会导致不同的结果“C”。理性情绪疗法主要关注的是理性信念和非理性信念，前者导向自主性的正向积极行为，而后者则会引起自我挫折或反社会行为。

在本案例中，服务对象面对自身患癌、丈夫出走、儿子外地求学兼职等事件“A”，因整个家庭不良的沟通交流方式而产生非理性信念“B”，从而导致服务对象自责消极情绪和行为的结果“C”。社会工作者可通过介入服务对象不良的家庭系统、开展心理疏导等措施协助服务对象澄清非理性信念“B”，让服务对象认识到导致自己的情绪、行为困扰的真正原因是自身拥有的非理性信念；鼓励服务对象寻找负面情绪、行为困扰背后的非理性信念，并协助服务对象厘清非理性信念与具体的情绪、行为困扰之间的联系；协助服务对象运用理性信念替代原来的非理性信念，并将具体情绪与行为反应方式连接起来，建立起理性的生活方式。

（三）社会支持理论

社会支持指一定社会网络运用一定的物质和精神手段对社会弱势群体进行无偿帮助的行为的总和，一般是指来自个人之外的各种支持的总称，是与弱势群体的存在相伴随的社会行为。

依据社会支持理论的观点，一个人所拥有的社会支持网络越强大，就能够越好地应对各种来自环境的挑战。个人所拥有的资源又可以分为个人资源和社会资源。个人资源包括个人的自我功能和应对能力，社会资源是指个人的社会网络所能提供社会支持的程度。该理论重点强调通过干预个人的社会网络来改变其在个人生活中的作用。

家庭系统既包含夫妻、亲子等很多次系统，同时又归属于社会系统。社会工作者在介入该重症服务对象的个案服务过程中，既需围绕夫妻、亲子等次系统开展工作，又应结合服务对象的社会系统（即社会支持网络）同步开展工作，从而协助服务对象构建个人、家庭、社会全方位的支持网络。社会工作者将结合“五社联动”工作机制，推动社区、社会工作者、社区社会组织、社区志愿者、社区公益慈善资源的有效整合，通过信息传递、资源链接等方式拓展服务对象包括社区、社区社会组织、社区志愿者、社区公益慈善资源在内的社会支持网络，协助服务对象提高应用个人资源和社会资源的能力，从容地应对来自环境的各种挑战。

四、服务计划

（一）服务目标

在医疗层面，关注肺癌及手部疾病相关医疗信息，链接相关医疗资源，协助稳定服务对象自身的肺癌及腕管综合征的病情。

在心理层面，关注服务对象的心理状态，提供心理疏导，协助其疏导消极情绪。

在家庭层面，从家庭互动层面进行干预，增进服务对象的家庭正向互动。

在物质层面，协助链接爱心物资及就业援助，缓解服务对象的经济困难。

在社会网络支持层面，链接社区下沉党员、志愿者资源，建立长期协助体系，保障服务对象的日常生活。

（二）实施计划

1. 第一阶段

链接社区公益慈善资源，对服务对象进行物质援助，初步缓解其经济困难。基于家庭系统理论和理性情绪理论，社会工作者运用倾听、自我披露、澄清等沟通技巧，对服务对象进行心理疏导，协助服务对象厘清自责、内疚等负面情绪背后的夫妻、亲子家庭次系统的变化，以及服务对象对该变化产生的诸多非理性信念，了解非理性信念对自己的情绪、行为造成的诸多负面结果。协助服务对象建立对事件“A”及非理性信念“B”的客观认知，从而形成理性信念，并反馈到正向情绪与行为之上，让服务对象自然建立起淡然乐观的生活方式。

2. 第二阶段

在服务对象的经济困难略微缓解，正向的情绪和行为模式开始萌芽后，社会工作者一方面链接癌症病友群，邀请服务对象加入，寻求朋辈群体支持；另一方面，协助服务对象厘清目前困境背后的经济因素，向社区网格员寻求帮助，为服务对象提供相关政策咨询办理低保，发掘服务对象自身的就业优势，链接周边的家政需求，协助服务对象进行再就业。

此外，基于家庭系统理论，社会工作者尝试从社区、服务对象本人及其朋友处了解服务对象目前家庭系统中夫妻、母子、父子三大次系统的基本情况，协助服务对象解析出现问题的次系统，采取措施尝试介入改善，从而推动构建良好的家庭系统，为服务对象提供支持。

3. 第三阶段

协助服务对象与众筹平台沟通非住院癌症靶向药物费众筹的可能，进行相关医疗众筹，通过爱心众筹进一步缓解其每月购买靶向药物的费用压力。

与社区沟通联系，发掘周边的志愿者资源，建立志愿者与服务对象的帮扶群，促成志愿者定期上门提供帮扶，保障服务对象的日常生活。

基于服务对象的癌症随时可能复发，存在紧急送医需求，社会工作者在社区志愿者队伍中寻找有私家车的志愿者，协助其与服务对象认识并建立联系。当服务对象突感不适，疑似癌症复发时，可紧急联系该志愿者将之送往附近医院治疗。

五、服务过程

（一）服务前期

1. 社区联动初探访，心理疏导要先行

社会工作者前期与社区网格员一同前往探访。社会工作者扮演陪伴者与支持者角色，倾听服务对象介绍自己的家庭情况与苦难，使其情绪得以发泄，初步建立信任关系。在通过社区网格员及服务对象两方面了解服务对象家庭基本情况后，社会工作者通过自我披露，以自己的姨妈抗乳腺癌的经历为例，一方面告知服务对象其他人抗癌的心理变化历程，让服务对象得到些许启发，另一方面进一步拉近与服务对象的心理距离，为建立深层信任关系打下基础。

2. 资源链接同步走，公益慈善缓危难

社会工作者链接社区公益慈善力量（爱心企业）以及项目专项基金，以探访慰问的形式陆续送米、油、饺子等生活物资到服务对象家中，短暂缓解其经济困难。

在了解服务对象因腕管综合征拿东西手部刺痛，日常生活非常不便后，社会工作者通过项目专项基金购买智能牙刷送给服务对象，方便其刷牙时减少手部动作，减轻刺痛感。

3. 言语技巧妙运用，理性信念先树立

社会工作者以实际行动让服务对象感受到来自社会、政府、爱心企业、朋辈群体对她的关心，让她明白自己并不孤独，并不是在孤军奋战。在后续探访过程中，社会工作者运用家庭系统理论、理性情绪理论，以澄清、摘要等技巧帮助服务对象梳理目前的困境缘由及其家庭关系的变化，一方面阐明悲伤是正常情绪，无须刻意压制，哭泣是释压的有效方式，另一方面跟进服务对象的家庭系统在其患癌后产生的负面变化，该变化的本质是服务对象患癌后对夫妻、母子、父子次系统的期望落空。在了解并初步澄清以上信息后，社会工作者表达了对服务对象一人长期坚持不放弃的认同和理解，并协助其梳理目前的困境所呈现的问题（生理、心理、家庭、经济、日常生活保障等方面）、问题主次关系及相应问题可能的解决或缓解方法，进一步巩固其理性信念。

（二）服务中期

1. 微信线上群支持，病友朋辈齐互助

为保证服务对象的正向情绪及行为的延续性，社会工作者从×医院社会工作者处链接到肺癌病友群资源，邀请服务对象加入病友群。在病友群里，服务对象既可以寻求朋辈群体支持，又可以与其他病友交流病情，了解并学习肺癌治疗的最新信息，一举两得。

此外，因肺癌病情不可控，不同阶段用药不同，且存在突然恶化等情况，所以，当群里的病友因突然的病情变化需遵循医嘱改变用药时，有时会把之前购买的剩余的靶向药赠送给服务对象，有效减轻其购买药物的经济支出。

2. 家庭系统详解析，改善母子次系统

通过社区、服务对象本人及其朋友多方渠道，社会工作者了解到服务对象的丈夫近两年于婚姻存续期间在外地与另外一名异性建立了亲密关系。服务对象曾尝试找私家侦探调查证据与丈夫离婚，苦于没钱只得作罢。此外，男方的亲人均与服务对象彻底断绝了联系，他们亦未告知服务对象及其儿子她婆婆去世的消息。基于以上信息，夫妻、父子次系统问题主动方在男方，而男方及其家人拒绝沟通，又断绝了社会工作者与其联系的可能，故社会工作者无法介入夫妻、父子次系统，转而尝试对服务对象家庭系统中的母子次系统进行介入。

服务对象的儿子读大二，平时休息时在外兼职勤工俭学，一年中在家时间不超过半个月。经微信沟通，社会工作者了解到其儿子在父母的争端中站在母亲这边，但因母亲患病，家里欠债过多，他必须自力更生兼职赚取学费及生活费，故在家时间短，平时与母亲基本不沟通。此外，每次他回家，母亲都会向他宣泄负面情绪，使其在家承受了大量负能量，故在家时亦与母亲较少沟通。母子次系统存在沟通低效、负情绪互动等问题。

为改善服务对象的母子次系统，社会工作者一方面于平时会谈中与服务对象沟通，告知其儿子对于母子关系的真实想法，包括坚决站在母亲这边的决定、努力赚钱与陪伴的矛盾冲突等信息。另一方面，社会工作者以给服务对象进行医药费众筹为由，与其儿子微信沟通，告知其母亲目前心态以及行为的改变——不再反复宣泄负面情绪，开始积极寻求帮助，以及对他作为最亲密家人的支持的需要。

在社会工作者的介入下，服务对象的儿子从刚开始抗拒母亲进行众筹，怕在同学面前丢脸，转变成支持并且愿意协助母亲进行众筹。母子关系也从刚开始的“仅微信沟通、互动少、负面情绪宣泄”，转向“电话微信双渠道沟通、积极沟通征询意见、正向行为强化”。

良好的母子次系统，为服务对象构建起了正向循环的家庭系统，从而使服务对象获得了家人的心理支持，进一步保证了服务对象正向情绪、行为的延续性。

3. 社区、社会工作者勤助力，低保就业两手抓

在经济困难方面，社会工作者与社区网格员沟通后得知，服务对象的低保无法办理的原因在于其外地户口。社会工作者与服务对象沟通，了解了其不迁户口的原因，社会工作者表示理解，向其分别陈述了迁户口与不迁户口的利与弊，并建议其与儿子再次商议。

此后，社会工作者跟社区网格员沟通确定服务对象在迁户口后是否满足申请低保、临时救助的条件，方便服务对象在充分考虑后决定是否迁户口，社会工作者亦会尊重其选择。服务对象接受建议，通过社区网格员得到办理低保的相关人员的电话，电话沟通后得知低保申请条件日益严苛，每年的医药费开支在 20 万元以上才能申请低保，故服务对象放弃迁户口。

社会工作者在后续探访中，亦向服务对象告知其前期探访的附近楼栋的独居老人欲招聘家政临时工事宜，欲通过介绍简单的家政兼职，协助服务对象就业。但因服务对象突发腰股痛完全无法走路，加上独居老人后来被儿子送往养老院两方面原因，不得已作罢。

（三）服务后期

1. 下沉党员志愿行，日常生活有保障

社会工作者在服务中期协助服务对象办理低保、再就业等缓解服务对象经济困难的举措，因低保条件不符合及服务对象突发腰股痛无法走路作罢。其间，服务对象的癌症疑似脑转移，发生了两次突发性晕厥及呼吸困难。社会工作者及社区网格员协助紧急送医两次，服务对象的生理健康问题、日常生活保障以及购药看病引发的经济困难问题更加严峻。

后来，社会工作者了解到下沉党员的社区报到情况，第一时间向社区反映了服务对象的情况，通过社区招募渠道联系到 3 名居住在附近的下沉党员，作为志愿者为服务对象提供长期志愿服务，建立党员志愿服务群，服务对象按自己的需求在群内发布协助事项，从而建立起志愿者定期上门协助的机制，保障服务对象的日常生活。

2. 日常药费来众筹，经济助力稳步行

社会工作者与某众筹平台的工作人员取得联系，确定目前居家休养人员的日常购药费用亦可众筹，社会工作者第一时间告知服务对象该情况。当服务对象决定众筹后，社会工作者、社区、众筹平台工作人员协同合作，协助服务对象准备众筹所需材料，拓展众筹转发渠道，协助众筹并顺利提现 2 万余元，缓解了其经济压力。

3. 志愿送医建渠道，紧急情况有保障

针对服务对象因癌症疑似脑转移以及身体机能自然衰退引发的突发性疼痛、晕厥、呼吸困难等紧急情况，社会工作者招募到居住在服务对象家附近的有私家车的志愿者，介绍其与服务对象认识，互留联系方式。若服务对象突发不适，可联系该志愿者开车紧急送医，车费由社会工作者从项目专项资金里报销。

六、成效评估

（一）评估问题解决程度

在生理健康方面，服务对象的癌症疑似脑转移，但在积极治疗后，脑转移症状消除；其腕管综合征病情稳定；其腰肌受损，行走时间不宜过长。服务对象加入病友群，通过病友群获取最新肺癌治疗信息，群友间也会分享抗癌经验，进行线下聚会，相互协助支持，服务对象的癌症治疗人文环境得以改善。

在心理问题方面，服务对象不再悲观自责，在病友和家人的支持下，积极寻求治疗。服务对象喜欢音乐，经常外出散步，在家种植花果，在朋友圈分享每日动态。

在经济困难方面，社会工作者协助服务对象众筹到药费 2 万余元，加上不定期链接社区公益慈善力量以及项目专项资金供给生活物资，服务对象的经济困难有所缓解。

在基本生活保障方面，社会工作者与社区工作人员、下沉党员和志愿者合作，建立长期协助以及紧急送医机制，从日常生活协助和危机介入两方面保证服务对象的基本生活。

（二）服务对象改变情况

服务对象不再有强烈的自责情绪，认为一切皆是当下最好的安排。对于丈夫出走跟其断绝联系一事，她虽不能理解丈夫不顾夫妻感情与其彻底断绝联系，但已理解这类负面情绪的存在，不再因这类情绪而纠结。

服务对象不再因长期患病抱持消极等死的观念，目前感受到了来自病友、家人、志愿者、下沉党员、社会工作者、社区的支持，开始积极寻求治疗，也开始享受生活，听书、听音乐、种植花果、赏花观景，发朋友圈分享每日见闻，活在当下。

服务对象决定如病重需长期住院治疗，便出售房产抵销债务，其儿子也给予了理解和支持。加上社会工作者协助其众筹到 2 万余元以及不定期的物质援助，其因四处借钱负债累累而产生的焦虑有所缓解，并想着身体休养好后摆摊就业。

（三）服务目标达成情况

（1）医疗层面目标达成，服务对象加入病友群，在病友群里可第一时间获取肺癌相关医疗信息，其腕管综合征亦在志愿者协助日常生活的情况下逐渐稳定。

（2）心理状态方面，在社会工作者介入后，服务对象已能理性对待负面情绪，不再消极自责，能积极面对病情变化，寻求治疗。

（3）服务对象家庭互动缺失方面，在社会工作者介入后，母子次系统得以改善，母子正向互动增加，相互给予支持。

（4）虽然协助服务对象办理低保和就业因条件不符、身体原因作罢，但在社会工作者、社区、志愿者、社区公益慈善力量几方不定期的生活用品资源链接及药费众筹后，服务对象的经济困难有所缓解。

（5）社会工作者链接社区下沉党员资源，建立针对服务对象的党员志愿服务群；链接周边有车的志愿者，建立紧急送医机制，保障服务对象日常生活的目标达成。

七、专业反思

（一）家庭系统理论、理性情绪理论与社会支持理论在社区重症个案服务领域的应用

在本案例中，服务对象前期的非理性信念导致的孤独、悲伤、自责情绪，源于丈夫不在身边、孩子无力提供支持、自己一人无力承担家庭、经济困难、身体患病等诸多方面的问题，加之家庭次系统反向负面循环、社会支持缺乏，从而导致服务对象背负了大量压力。

社会工作者对服务对象进行心理疏导，运用专业技巧帮助服务对象梳理目前困境中呈现的各类问题，协助其建立理性信念和生活方式；通过介入母子次系统，达成服务对象母子次系统的正向循环因果，进一步稳固服务对象的理性信念和生活方式；协助链接下沉党员、病友群、志愿者、爱心企业、社区等多方面资源，为服务对象建立起多样且全面的社会支持网络。

该案例充分佐证了家庭系统对社区重症群体的重要影响。社区居民患重症后，若该居民的家庭系统往负面且充满不良沟通交流方式的方向改变，居民就往往会产生各类非理性信念，从而引发严重负面症状或行为，反之则不然。同时，我们需要注意将家庭系统进一步延伸到社会系统，社区重症居民依靠正向循环因果的家庭系统虽然可以达成理性信念和正向行为，但无法解决其由病情引发的身体疼痛和经济困难问题。这些需要社会工作者进一步探索社会系统层面的支持，通过构建多样且全面的社会支持网络，协助服务对象提高应用个人资源及社会资源的能力，从而从容地面对以上困境。三种理论中，家庭系统理论为内核，社会支持理论为延伸，共同作用于理性情绪理论，可共同应用于社区重症个案服务当中。

（二）"五社联动"机制介入疫后社区困境群体服务的重要性

"五社联动"是指以提升社区治理能力、建设"共建共治共享"的社区治理共同体为

目标，坚持党建引领，社区居委会发挥组织作用，以社区为平台、以社会工作者为支撑、以社区社会组织为载体、以社区志愿者为辅助、以社区公益慈善资源为补充的现代社区治理行动框架。在社会工作者介入疫后社区重症患者的个案工作中，“五社联动”机制贯穿始终。

前期，社会工作者与社区沟通联系，获得社区受疫情影响的困难群体名单。依据名单，社会工作者与社区网格员一同探访慰问，在此过程中结识服务对象W，运用专业技巧协助服务对象进行心理疏导，建立个案关系。中期，在个案介入工作中，社区充分发挥平台作用。一方面，社会工作者借由社区平台发展有意愿参与志愿服务的社区退休阿姨组建社区志愿者服务队，以志愿服务队为载体，组织对服务对象的定期探访慰问；另一方面，社区网格员在协助服务对象申请低保以及后期药费众筹宣传两个阶段起到极大的助力作用。后期，社会工作者通过社区平台与在附近居住的下沉党员建立联系，介绍他们与服务对象认识，建立志愿服务微信群，多对一保障服务对象的日常生活。社会工作者亦在社区志愿者服务队中寻找到有私家车的成员建立紧急送医机制，预防服务对象突发不适。而以爱心企业、爱心人士为代表的社区公益慈善资源则在物质援助、协助就业方面起到补充作用。

社区、社会工作者、社区社会组织、社区志愿者、社区公益慈善资源共同为服务对象构建起多方协作支持的社会支持网络，建立起以社会工作者为支撑的“五社联动”专项服务体系，从而对个案服务对象的经济、人文环境的改善和日常生活保障起到重要作用。

（三）以下沉党员为代表的党建力量在社区社会工作中的独特作用

党建引领下的下沉党员与社区社会工作存在独特的契合点。

下沉党员在早期下沉社区时存在明显的“供过于求”问题：下沉党员过多，社区居委会却没有足够多的工作需求提供给下沉党员，导致早期下沉党员下沉到社区后被安排清洁社区居委会厕所等简单重复劳动，或者压根无事可干。

社会工作在探访、举办活动以及个案服务方面的专业化、针对性、精细化等特点则很好地弥补了社区方面志愿服务类别不多、倾向于集体类型的活动、不够深入的缺陷，扩充了社区的志愿服务供给需求，让更多下沉党员可以参与到与社区特定群体或困难群体的面对面服务当中。下沉党员通过服务深入人民群众当中，让社区居民切实体会到中国共产党“全心全意为人民服务”的无私奉献精神。

以本个案为例，社会工作者通过社区平台招募到3名下沉党员为个案服务对象W提供定期上门协助服务。下沉党员了解到服务对象的情况后，建立了党员志愿服务群，服务对象若有事需要帮忙，可以在群里发布需求，有时间的下沉党员在群里报名回应，与服务对象约定好时间上门协助。

同时，社会工作者在进行社区疫后困难群体探访，开展针对社区青少年、老年人、困难群体等特定人群的活动时亦可以让下沉党员充当社区志愿者，融入社区社会工作当中，凸显下沉党员在社区社会工作中的独特作用。

专家点评

社区重症居民是社区重点服务人群之一。社区往往因为自身人力、物力及工作方法上的局限性，很难对该类群体开展针对性、精细化的服务，而只局限于探访慰问等浅层次的工作，对于社区重症居民的切实困难帮助有限。在本案例中，社会工作可以弥补社区工作的以上缺陷。一方面，社会工作者充分发挥了社会工作的专业作用，运用倾听、自我披露、澄清等沟通技巧，结合家庭系统理论、理性情绪理论、社会支持理论，协助服务对象建立理性信念和生活方式，达成家庭系统中母子次系统的正向循环因果，协助链接下沉党员、病友群、志愿者、爱心企业、社区等多方面资源，为服务对象建立起多样且全面的社会支持网络。另一方面，社会工作者充分发挥了在“五社联动”基层治理机制运作中的支撑作用，在日常服务过程中构建起了与社区、志愿服务型社区社会组织、以下沉党员为主的社区志愿者，以及爱心企业、居民等社区公益慈善资源的紧密联系，并能将其转换成社区重症服务对象的完整社区支持网络。个案目标成果显著，可为其他社区重症居民个案服务提供借鉴。但需注意该个案结案后，社会工作者仍需持续关注跟进该名服务对象的社会支持网络，保证个案成果的延续性。

李雪燕　华中师范大学社会学院副教授

案例二　理性情绪疗法介入家庭暴力行为矫正个案[①]

刘　晶[②]

一、背景介绍

2020 年 2 月 10 日，习近平总书记在北京调研指导新型冠状病毒肺炎[③]疫情防控工作时指出："要加强社会治理，妥善处理疫情防控中可能出现的各类问题，各项工作要周密细致，把生活保障、医疗救治、心理干预等工作做到位，维护社会大局稳定。"家庭暴力处理是疫情防控期间的一个重要却薄弱的社会治理环节。疫情造成的情绪失调、失业和外出不便等问题，加剧家庭内部原有的冲突，诱发家庭暴力事件的发生，严重威胁个人安全、家庭和谐和社会稳定。残疾特困家庭照顾压力巨大并且缺乏社会支持，相较于正常家庭，对疫情防范能力较弱，更易滋生家庭暴力。对这类家庭的家庭暴力处理更需要采取系统性社会工作干预策略，全面应对残疾人家庭照顾危机。

国务院应对新型冠状病毒肺炎疫情联防联控机制于 2020 年 4 月 7 日印发国家卫生健康委员会、民政部联合制定的《新冠肺炎患者、隔离人员及家属心理疏导和社会工作服务方案》，提到要为受疫情影响的四类群体开展心理疏导、情绪支持、保障支持等服务。W 社区应对新冠疫情心理疏导社会工作服务项目主要针对社区内受疫情影响较为严重的新冠病毒感染病亡者家属、康复患者及其家属、受疫情影响的特殊困难群体、一线社区工作者和医务工作者等群体提供心理抚慰、哀伤辅导、生活照料、生计发展、社会支持网络重建等专业化和个性化服务。

有一天，服务对象 K 先生到社区咨询妻子的残疾人证换证事宜。社会工作者发现 K 先生双手手臂多处抓伤，便询问 K 先生形成抓伤的原因。K 先生非常气愤地描述："老

---

① 本案例入选湖北省"说五社故事，展社工风采"社会工作服务案例。

② 刘晶，社会工作师，武汉博雅社会工作服务中心社工。

③ 2022 年 12 月 26 日，国家卫生健康委员会发布公告，将新型冠状病毒肺炎更名为新型冠状病毒感染。

婆发神经抓的!”社会工作者询问后得知，K先生被抓伤是由于疫情原因，全家收入减少，正常生活无法维持，由此激化了原有的家庭矛盾。根据K先生的叙述，由于家庭矛盾，K先生经常对其妻子实施暴力。经过初步分析，社会工作者发现，K先生与其妻子发生暴力行为的原因不仅是争吵等表面问题，还包含不良家庭互动方式、精神障碍者的照料问题、社会支持网络薄弱等深层次问题。针对K先生这类受疫情影响较大的特殊困难群体，社会工作者向K先生介绍了疫后心理疏导项目，K先生同意参加此项目，希望社会工作者能帮助其舒缓情绪、缓解家庭紧张关系，争取经济和物资上的帮助，并协助其妻子办理残疾人证换证事宜。

二、分析预估

社会工作者经过与K先生本人及其家人进行沟通，对K先生个人的生理、心理、社会环境等方面进行分析，预估K先生的具体问题和需求。

（一）生理-心理-社会情况评估

生理和心理方面：K先生，男，45岁，有轻微高血压，身体状况良好，是家庭的主要劳动力。面对工作中的难题，K先生自我认同感较低；面对家庭关系冲突，K先生缺乏合理的解决方法，经常情绪失控，采用打骂的应对方式。

职业现状：K先生小学文化程度，为家庭的主要劳动力，由于需要照顾妻子和女儿，平时在家附近做零工，无稳定工作和固定收入。受疫情影响，其无法找到工作，维持家庭的基本生活存在困难。

家庭关系：K先生已婚，其妻子为三级智力残疾，存在精神障碍，生活半自理，意识有时清醒有时模糊，偶有精神异常、情绪暴躁，目前妻子无法照顾自己和家庭。两人育有一14岁女儿，读初中三年级，有自残的倾向。女儿与父亲隔阂较深。K先生认为照顾妻子和女儿是自己无法外出打工、无法从事稳定工作的原因。如今家庭收入低，生活拮据，全因妻子和女儿拖累自己。

家庭暴力：K先生面对生活的重担，面对处于青春期的女儿以及精神异常的妻子，表示自己经常会通过打骂方式进行处理。与此同时，没有亲友给予协助，无法排解自身的消极情绪，导致K先生处理问题多采用暴力手段。

社会支持：K先生的社会支持系统薄弱，他的父母已离世，远在老家的兄弟姐妹经济条件一般，无力给予其帮助。K先生妻子的姐姐偶有支持。K先生的妻子和女儿享有低保，妻子还享有残疾补贴。一家三口居住在廉租房内，生活较多依赖政策性帮扶。

（二）服务对象问题及需求分析

社会工作者通过对K先生的生理-心理-社会多维度评估，认为K先生作为一个残疾特困家庭的照顾者，其产生家庭暴力行为的根本原因是家庭照顾资源不足导致产生家庭危机。K先生文化水平较低，在养育孩子和婚姻方面，秉持老旧思想，再加上K先生的妻子残疾，日常生活照料的压力极易引发他的情绪失调。社会对残疾特困家庭的歧视，导致这类群体社交范围小，自尊心低，寻求不到有效的情绪宣泄方法。社会工作者将其需求进一步总结如下：

（1）服务对象的情绪管理问题。K先生面对工作和生活的不顺，经常采用暴力手段应对，缺乏情绪宣泄的合理渠道，自我情绪管控能力不足。

（2）服务对象的家庭关系问题。K先生家庭关系紧张，对妻子和女儿的家庭功能存在不合理期待和看法。

（3）服务对象的妻子的照料问题。K先生的妻子精神异常，导致K先生需要花费较大精力照顾，并且其妻子的精神健康状况存在较大问题，需要及时进行检查和科学医治。

（4）服务对象的女儿的管教问题。K先生对于孩子的教育缺乏合理的观念和教育方法，女儿疑似自残的行为需深入了解原因并及时进行干预。

（5）服务对象家庭的经济压力。由于疫情原因，K先生无法找到工作，收入锐减。

（6）服务对象需要政策支持，协助解决残疾人证换证和低保延续等事宜。

三、理论依据

（一）理性情绪疗法

理性情绪疗法由美国临床心理学家埃利斯创立。该疗法重视非理性信念对情绪和行为的影响，其核心理论是“ABC”理论，即对诱发事件（A）所持有的非理性信念（B）是导致情绪和行为问题等结果（C）的主要原因。在本案例中，K先生持有“妻子和女儿不听话就打，不打不听话”“妻子和女儿拖累自己”等非理性信念，导致家庭矛盾产生。社会工作者可以引导K先生识别非理性信念，并与之辩论使其修正信念，进而促进家庭关系改善。

（二）社会支持网络理论

社会支持网络是指一组由于个人接触所形成的关系网，通过这些关系网，个人（服务对象）得以维持其认同，并获得情绪支持、物资援助、服务、讯息、新的社会接触等。

人无法自绝于社会而存在，人要生存，需要与他人共同合作，以及依赖他人协助。社会支持的类型分为工具性支持、表达性支持、实际支持及主观感受，而获得这些支持的前提是个人与社会建立了一定的关系，也即个人与社会环境有了连接。

在本案例中，K 先生的家庭状况使得他得不到社会网络支持，这影响了他本人及其家庭，社会工作者可以协助 K 先生多与外界接触，引导其建立社会支持网络。

四、服务计划

针对 K 先生的家庭暴力问题和家庭照顾需要，社会工作者制订了相应的服务计划。

（一）服务目标

1. 总目标

帮助 K 先生戒除家庭暴力，识别不良情绪和错误认知，调整与妻子、女儿的互动方式，改善家庭关系；链接资源，促进就业，改善家庭经济状况。

2. 分目标

（1）对 K 先生进行心理疏导，帮助其进行合理的情绪宣泄，并使其掌握处理情绪问题的技巧。

（2）调解家庭矛盾，杜绝家庭暴力。帮助 K 先生认识自身的问题，改善与家人的沟通方式，进而促进家庭和谐发展。

（3）链接资源，协助 K 先生带妻子去进行精神检查，及时治疗，改善妻子的精神状态。

（4）帮助 K 先生改善亲子教育方式，促进其与女儿形成良性沟通，并在女儿遇到困难时及时给予帮助。

（5）缓解经济压力。帮助 K 先生正确认识国家的救助政策，并协助其妻子更换残疾人证，链接资源提供经济支持，帮助 K 先生的家庭渡过生活困难期。

（二）服务策略

1. 介入策略

K 先生文化程度、认知水平、经济收入等偏低，情绪不稳定，当家庭出现冲突时常采用打骂的处理方式。社会工作者采用理性情绪疗法处理 K 先生情绪和行为上的困扰。同时，社会工作者鼓励 K 先生运用现有资源：一是引导 K 先生运用自己内在的资源，调整与家人的互动方式，改善家庭关系；二是帮助 K 先生运用外部支持网络，解决工作和家人照料的问题。

2. 工作计划

第一次：入户访问。了解服务对象的家庭居住环境和心理情绪状况。取得服务对象的积极配合，制定服务目标并签订个案服务协议。

第二次：与服务对象妻子的姐姐和母亲沟通，询问服务对象妻子的病情发展史。了解服务对象女儿的成长环境、照顾情况，以及目前的学习情况等。了解服务对象夫妻双方的原生家庭情况、社会关系以及可利用的社会资源等。

第三次：上门与服务对象的女儿进行沟通，了解其基本情况（包括言语表达、情绪、沟通方式、自我评价等）。增进服务对象与女儿之间的感情交流，促进双方良好互动。再次重申杜绝家庭暴力、建立良好沟通的重要性。帮助服务对象制定家庭约定。

第四次：跟进约定的执行情况。疏导服务对象长期以来的压力，引导服务对象与妻子、女儿形成良好互动。

第五次：跟进服务对象与家人之间的互动情况。跟进服务对象妻子的残疾人证换证进度，协助服务对象准备和上交廉租房申请材料。跟进服务对象妻子的恢复情况，以及服务对象与女儿的沟通交流情况。

第六次：跟进服务对象的家庭氛围改善情况。

五、服务过程

（一）上门家访，建立专业关系

目标：上门了解K先生的居住环境、家庭情况和社会支持系统，了解K先生的需求以及目前K先生及其家人的身心状态。介绍社会工作者的角色，与服务对象初步建立专业关系，与服务对象订立个案服务协议和确认服务目标。

过程：社会工作者初步了解到服务对象家中由于疫情影响，家庭收入锐减，家庭生活困难。服务对象的妻子患有智力残疾，服务对象有比较大的照料压力。服务对象与女儿关系紧张，家庭教养方式存在问题。服务对象情绪控制力较差，对家人出现多次暴力行为。

K先生表示疫情以后他一直没有工作，靠低保维持生活。多年来照顾智力障碍的妻子身心疲惫，情绪波动大的时候会动手打妻子。刚结婚时妻子可以帮忙洗衣服、打扫卫生，现在什么家务都做不了。K先生曾经外出工作过几天，妻子不知道自己吃饭，导致极度营养不良住院治疗，自那以后K先生只能在家附近做短工，家庭收入下降，压力倍增。对于女儿的情况，K先生只表示关系不好，再不愿多说。K先生有打骂妻女的行为，也承认暴力行为不对，社会工作者在对K先生进行法律普及后，与其约定尽量不采取打骂方式处理家庭问题。

结合服务对象提出的请求以及社会工作者的评估，社会工作者介绍机构服务内容，明确双方在服务过程中的角色、责任和义务，共同确定工作计划，初步建立专业关系。

（二）挖掘资源，评估社会支持网络

目标：与K先生妻子的姐姐和母亲沟通，询问K先生妻子的病情发展史。了解K先生女儿的成长环境、照顾情况及学习情况。了解K先生夫妻双方的原生家庭情况、社会关系及可利用的社会资源。

过程：社会工作者通过与服务对象妻子的姐姐和母亲交流，了解到服务对象的岳父过世多年，岳母有精神残疾，由服务对象妻子的姐姐照顾。服务对象的妻子婚前具备基本生活能力，能为服务对象提供基本照料，婚后经常被打导致情况越来越不好。K先生的女儿从小寄宿在两边的亲戚家，上学后才回到K先生身边，经常被K先生打骂，也因无人管教成绩一直不好。K先生妻子的姐姐一直怀疑K先生的女儿受遗传影响智力低下，近期还发现K先生女儿的手臂上有划痕，怀疑其有自残行为。社会工作者与K先生妻子的姐姐商量，在生活上尽量多帮助K先生家庭，多鼓励K先生的女儿。

社会工作者经过与服务对象交流，了解到服务对象的父母很早过世，哥哥姐姐在老家且家庭条件较差，无法给予服务对象支持和帮助。对于女儿的情况，K先生不愿多说，一直表示与女儿有些沟通不畅，用“不听话”“懒”“蠢”等词语来形容女儿。K先生的认知停留在传统教养方式上，遇到问题采取暴力的方式解决，认为打骂妻女是为她们好。

社会工作者针对服务对象的暴力行为等非理性信念进行辩论，询问服务对象通过暴力行为处理家人之间关系的影响，服务对象表示以前可以通过暴力行为有效控制家人，但是现在效果已不明显，家人之间的关系越来越紧张。社会工作者对K先生表示当听到他说“不听话”“懒”“蠢”时，会感到不舒适，这种表达其女儿听到肯定会更难受。为帮助服务对象学会换位思考，社会工作者与服务对象进行角色扮演，帮助其了解暴力行为对人的伤害和良好沟通的重要性。

（三）与服务对象的女儿面谈，深度剖析服务对象

目标：了解服务对象女儿的基本情况（包括言语表达、情绪、沟通方式、自我评价等）。帮助服务对象深刻了解家庭暴力对自身和家庭的危害性，明白在家庭中形成良好互动的重要性，引导服务对象制定家庭约定。

过程：社会工作者通过与服务对象的女儿见面沟通，了解了其女儿的基本情况以及与父亲的交流方式。在与服务对象的女儿初步建立信任后，社会工作者询问其女儿近一周家庭的情况，服务对象的女儿表示“这周与他关系还好，偶尔会有争吵，没有打骂，

以前经常挨打，只要不按照他的要求来就会被打骂”。对于女儿的控诉，K 先生进行了解释，表示主要是附近居住人口结构复杂，担心女儿出去玩不安全，但女儿并不理解，不接受 K 先生这种关心她的方式，两人在沟通中互相指责和贬低。社会工作者及时介入，让彼此进行角色互换，重新演示刚才对话的过程，并说出角色互换后的感受。针对争论的问题，社会工作者亲自示范如何与孩子进行沟通，帮助服务对象理解和掌握理性行为和良好沟通的方法。

针对服务对象的女儿外出玩的问题，引导服务对象与女儿建立约定，双方互换条件，遵守约定，实现诺言。经过与 K 先生女儿的沟通，社会工作者初步判断女儿的沟通、语言表达正常，成绩不好是因为从小没人辅导，并不是女儿姨妈所说的智力有问题。K 先生的女儿处于青春期阶段，想有自己的朋友，但是 K 先生不让女儿到朋友家玩，为此父女之间经常吵架。对于手上的抓痕和划痕，经社会工作者耐心询问，K 先生的女儿表示“我自己抓的，因为他不让我出去找朋友玩，那是我从小一起玩到大的朋友，就住我家楼上，周末去玩 1 个小时都不可以，我太生气了，跟他赌气弄伤了自己，伤了他还是不让出去，以后再也不会做这种傻事了”。经过社会工作者的介入，K 先生保证一个月内不对女儿实施暴力行为，给予女儿一定的空间，允许女儿出门找朋友玩；女儿每周帮 K 先生做家务 2 次，去朋友家玩不可以超过 2 小时，午饭前回家，周末帮助 K 先生照顾母亲的饮食。在 K 先生及其女儿的提议下，由社会工作者代写约定，K 先生及其女儿双方签字确认。

（四）自我赋能，重拾生活信心

目标：跟进约定执行情况，缓解服务对象长期照顾妻子的压力，引导服务对象与妻子、女儿形成良性互动。

过程：社会工作者了解到，K 先生与其家人之间的关系得到了有效改善，暴力行为消失，家庭沟通改善，家庭氛围向好发展。K 先生的女儿有时会帮助他做点家务，他与女儿都默契地按照上次双方的约定执行，女儿外出找朋友玩会在规定时间回家。K 先生最近与女儿和妻子的相处比较融洽，没有再动手打她们，也尽量好好沟通，但是其多年养成的言语表达习惯，需要慢慢调整。

K 先生意识到打骂的行为只会让家庭关系越来越糟糕，他感慨道：“以前对老婆和女儿，只要一打一吼就会听自己的，现在她俩都开始反抗了，而且这几年老婆的精神状况越来越差，女儿跟自己的关系也越来越糟。你看隔壁老李（化名）的老婆原来比我们家这位严重得多，这几年出门买菜、散步、做饭、打扫卫生什么都能做，确实老李脾气好、有耐心。我自己愿意去改变，但没有信心绝对能控制好自己的情绪，想尽量去试试。”社会工作者鼓励 K 先生与老李多交流沟通，并且建议 K 先生当再次出现争吵时，可以尝试自己进行情绪疏导，如果感到负面情绪达到了顶峰，就尝试到小区外走走，平复以后再沟通，避免对妻子、女儿再次动手，K 先生赞同社会工作者的建议。

K 先生表示最近妻子状态不好，晚上不睡觉、自言自语、在家走来走去，这种情况持续快一周了，担心妻子遗传岳母的精神障碍，希望社会工作者推荐做精神鉴定的机构，完成精神障碍鉴定后，妻子可以享受精神障碍患者服药补贴政策，这将大大减轻 K 先生的监护压力和经济负担。而此前，K 先生的妻子被鉴定为智力残疾而非精神残疾。社会工作者通过咨询社区工作人员和下沉党员中的医护工作者，将相关鉴定机构的信息提供给了 K 先生。社会工作者链接社区资源，帮助服务对象申请困难补助金，缓解了服务对象的家庭困难。同时，社区志愿者和下沉党员在了解到 K 先生的家庭困难情况后，送去了口罩、消毒液、牛奶、米等防疫和生活物资。经过社会工作者多次跟进，K 先生对生活逐渐开始乐观，并表示等妻子的精神状态稳定了，打算出去打短工改善生活。

（五）家庭关系缓和，亲友支持前行

目标：跟进服务对象与家人之间的互动情况。协助服务对象的妻子更换残疾人证，协助服务对象准备和上交家庭廉租房申请材料。

过程：社会工作者陪同 K 先生及其妻子到指定医院进行残疾评定，中途协助 K 先生准备换证材料、廉租房申请材料，并及时向社区负责残疾、廉租房申报的工作人员了解进度。一个多月后，K 先生妻子的残疾人证换好了。

这期间，社会工作者经常与 K 先生在微信上沟通。考虑到 K 先生疫后一直没有找到合适的工作，社会工作者给 K 先生提供了社区清洁工岗位的招聘信息。K 先生表示妻子近期的状态好了一些，所以没去医院，但不确定妻子什么时候又犯病，因此拒绝了社区清洁工岗位，还是想继续做短工。

社会工作者在与 K 先生的沟通中了解到，现在他女儿除了周末帮助照料妻子，平时晚上放学后也会帮助照料妻子，家里的事情他渐渐开始放心了，所以准备去建筑工地做短工，收入高、时间短，一两天就可以回家。K 先生表示，现在家人之间的氛围没有之前那么紧张了，有事情会沟通，虽然偶尔还是会争吵，但比之前好很多。妻子的姐姐最近给妻子和女儿添置了些衣服。在听取社会工作者的建议后，K 先生与邻居走动多了些，对于怎样照料精神障碍家人，邻居给了 K 先生许多建议。社会工作者对 K 先生的改变及时给予了肯定，并嘱咐 K 先生如果下次妻子又开始自言自语、好几天不睡觉，就一定要带妻子去医院做精神障碍检查。社会工作者还介绍了社区下沉党员志愿者中有精神障碍知识的医生给 K 先生认识。

社会工作者评估认为，K 先生已具备自行处理家庭矛盾的能力，对家人和自己工作

的安排非常清晰乐观。K 先生的情绪状态直接影响到整个家庭的和谐度，社会工作者几次跟进下来发现，他没有再对家人使用暴力，是很大的进步。经过几个月线上线下的跟进，社会工作者观察、了解到，虽然 K 先生经常把“离婚”“不指望女儿”“一个人过肯定比现在好”挂在嘴边，但是两次妻子走丢，K 先生都一夜未睡到处寻找。有一次，社会工作者去 K 先生家中时正值夏天，刚好见到 K 先生追着妻子帮助她换鞋，可见 K 先生对妻子有悉心照顾。社会工作者还观察到，K 先生平时自己吃面条、馒头，给女儿买牛奶喝，这也显现出他对女儿的疼惜。

以前，K 先生家的清洁卫生都是他来做，最后两次社会工作者上门时发现，他家里比之前更加干净，物品虽少但归置得非常整齐，沙发和电视柜收拾得非常干净，他说是女儿开始主动帮着打扫卫生，可见自社会工作者跟进 K 先生以来，他的家庭关系已经得到了很大的改善，家庭暴力和家庭照顾危机均已消除。

（六）积极乐观，独立处理问题

目标：观察服务对象的家庭氛围是否切实得到了改善。

过程：社会工作者通过微信了解到 K 先生最近两天在建筑工地做短工（挑沙）。约定见面时间后，社会工作者在再次见到 K 先生的妻子时，与她简单沟通了几句，其表达沟通有些障碍，无法做过多交流。当社会工作者与 K 先生说话时，她一直坐在旁边，偶尔笑笑（之前从未见其笑过），家庭氛围明显好转。

这时，K 先生突然提到要离婚。社会工作者经过询问，了解到以前 K 先生的妻子和女儿各有一份低保，2020 年数据核查以后，女儿的低保不够条件将被取消。另外，K 先生的姐姐在他的银行卡里存过钱，导致妻子的低保审核出现问题，廉租房申请也将受影响，他认为只有离婚才能保住妻子的低保金和廉租房。在社会工作者解释国家政策及分析利弊后，服务对象表示可以接受女儿的低保被取消。目前妻子的低保还在审核中，对于低保审核的困难，服务对象没有之前那么迷茫了，表示即使妻子的低保被取消了，自己也可以再去申请。

K 先生与女儿之间的约定一直还在执行中，他每周还是允许女儿出去跟朋友玩，在规定时间内回家即可，父女之间的关系有所改善。对于女儿毕业后的规划，K 先生表示尊重孩子自己的意愿。

社会工作者帮助 K 先生回顾接案前后其家庭关系的改善和他自己的改变，确定个案服务目标已达成。关于后续 K 先生的女儿是否愿意社会工作者介入的问题，商讨后决定先由 K 先生对女儿进行关注，有需要时再与社会工作者联系，社会工作者会每月保持对 K 先生的跟进。未来如果有服务对象家庭可申请的政策补助、社会救助、帮扶等，社区将及时告知服务对象。

六、成效评估

通过社会工作者的介入，K 先生认识到了自己的非理性信念和负面情绪，能有效控制自己的情绪，改变了与妻子、女儿的沟通方式，不再实施家庭暴力，促进了家庭关系的明显好转。通过联动社区、社区志愿者等力量，社会工作者为 K 先生一家提供了政策、物资帮扶，改善了 K 先生的家庭生活。因为家庭关系、生活的改善，K 先生妻子的精神状态也有所好转，这使 K 先生有精力外出工作，个案服务目标基本上都达成了。

七、专业反思

（一）发挥社会工作者专业优势助力

社会工作者在回应残疾特困家庭的需求中发挥了专业作用，凸显了专业优势。

一是服务对象个体的自我赋能。在本案例中，社会工作者通过微信、电话、上门沟通等多种形式，运用倾听、共情等技术，及时疏导 K 先生的心理压力，运用优势视角给予 K 先生积极的肯定和鼓励，指导 K 先生合理地处理情绪、建立社会支持网络、强化自我赋能，激活 K 先生面对生活的信心和独立解决困难的能力。

二是消除家庭暴力。在本案例中，K 先生的妻子和女儿没有社会支持，也无法自立生存，只能依附 K 先生，忍受他的负面情绪和行为，家庭暴力在这样的环境中产生。社会工作者及时介入，了解家庭暴力的深层次原因，一步步改变 K 先生的认知和行为方式，引导 K 先生与女儿建立约定，遇到问题先冷静下来，采取正面互动的方式与家人沟通；同时，积极帮助 K 先生一家获得政策、物资帮扶，缓解经济压力。通过多次服务，K 先生不再以暴力行为对待家人，能与家人和谐相处，家庭关系得到明显改善。

（二）发挥“五社联动”机制聚力

“五社联动”机制聚力残疾特困家庭服务（见图 3－2－1）。在本案例中，社会工作者鼓励 K 先生强化与社区的沟通，用好妻子的姐姐的支持，与邻居建立联系；同时，发动社区志愿者力量，为 K 先生一家送去米、牛奶、防疫物品等物资，链接社区下沉党员中的医护工作者，咨询、了解精神障碍相关知识及可做检查的医院，并将相关医院及鉴定机构信息提供给 K 先生。社会工作者通过联动多方力量，在物质上提供帮助，在情感上给予支持，建立并强化了 K 先生一家的社会支持网络，有效减轻了其家庭压力。

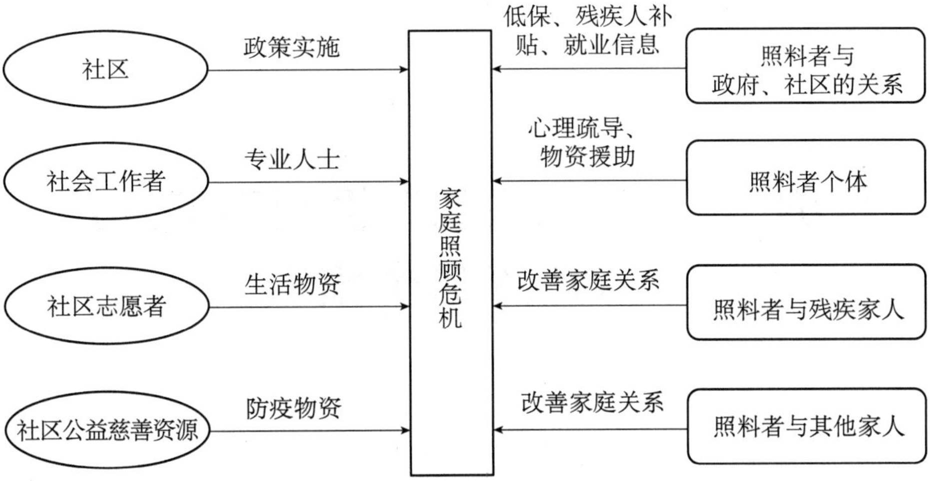

图 3-2-1　“五社联动”机制图

专家点评

家庭暴力的结构性根源之一是经济弱势导致的人际冲突。残疾特困家庭叠加了经济与残障的双重弱势，面临严重的家庭照顾困境和较高的家庭暴力风险，其中的残障女性往往处于最弱势的地位。在这类家庭中既有施暴-受暴的关系，也有照顾-被照顾的关系，社会工作者通过为施暴者提供服务，可以改善受暴者的生存处境。在干预策略上，社会工作者不仅要促使作为家庭照顾者的施暴者进行认知改变，还要提升施暴者的家庭照顾能力与资源。本案例通过应对新冠疫情心理疏导社会工作服务项目，得以接触到残疾特困家庭中的施暴者。社会工作者在发现社区残疾特困家庭的 K 先生对家人有暴力行为之后，采取了理性情绪疗法和加强社会支持网络的微观-宏观干预策略，通过向照顾者-施暴者 K 先生提供心理辅导和社会支持，缓解他的照顾压力，改变其“打骂妻女是为她们好”的错误认知，从而有利于为家庭的被照顾者-受暴者营建无暴力的家庭环境。社会工作者与社区、社区社会组织、社区公益慈善资源、社区志愿者形成“五社联动”关系，为残疾特困家庭提供心理疏导、家庭咨询、政策支持（低保、残疾人补贴、就业等方面）、物资援助（生活物资和防疫物资），从根源上减少了残疾特困家庭的家庭暴力，全方位回应了家庭照顾危机，保障了残疾人的合法权益，改善了残疾特困家庭的家庭处境。有必要指出的是，家庭暴力个案需要具体问题具体分析，涉嫌触犯了《中华人民共和国反家庭暴力法》和其他相关法律的，社会工作者还须与公安、法院、妇联进行多部门联动来应对，而不是停留在家庭调解与支持层面。

陈安娜　华中师范大学社会学院讲师

案例三 “五社联动”机制下的儿童家庭服务个案[①]

马 乐[②]

一、背景介绍

（一）基本资料

姓名：小景（化名）。

性别：男。

年龄：8岁。

接案时间：2021年8月。

（二）个案背景介绍

1. 家庭状况

服务对象从小与父亲、奶奶一起生活。其8个月大时父母离异，随后父亲中风瘫痪在床，家庭经济较困难。父亲由于瘫痪在床多年，基本与社会隔绝。服务对象与其父亲的日常照护由奶奶独自承担。奶奶患有高血压、糖尿病等慢性疾病，需长期服药，且年事已高，身体每况愈下。服务对象有一个叔叔，叔叔偶尔来看望一下。服务对象的家庭结构图如图3-3-1所示。

2. 心理状况

家庭重担压在奶奶一人身上，奶奶对日复一日的生活压力已经麻木，长期压抑的家庭生活环境使服务对象产生自卑心理，且性格内向，不善与人交往。

3. 行为表现

服务对象长期处于封闭压抑的状态，在社会工作者面前表现得非常紧张不安。他希

---

① 本案例入选湖北省“说五社故事，展社工风采”社会工作服务案例。

② 马乐，社会工作师，武汉博雅社会工作服务中心副总干事，曾获评“中国最美社工”。

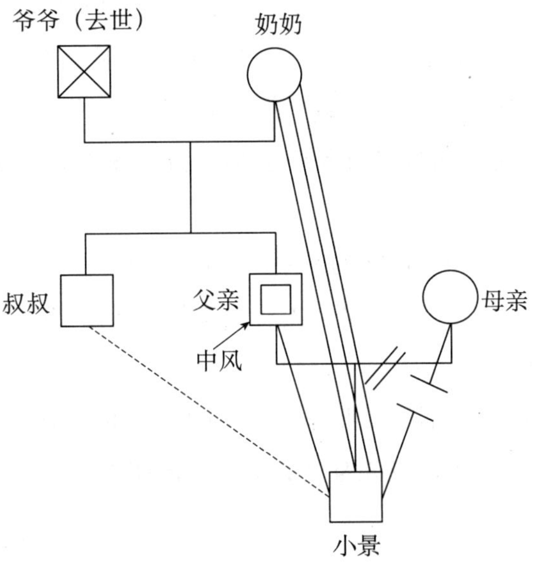

图 3－3－1 服务对象的家庭结构图

望调整自身状态，接纳自己，恢复乐观，但又缺乏引导和帮助，不知应该如何去做。

4. 人际关系

服务对象性格比较内向且自卑，在校与老师和同学沟通较少，学习成绩不好。其与社区联系极少，缺乏社会参与，社会支持系统薄弱。

二、分析预估

（一）主要问题

在建立专业关系的基础上，社会工作者和督导仔细对服务对象及其家庭进行需求分析，与服务对象讨论其需要、困境或问题：（1）服务对象的父亲常年卧床，病情逐渐加重，得不到治疗。（2）服务对象体格偏小，瘦弱，身体发育不良；性格内向、自卑，不善与人交往和沟通，缺乏同伴互动。（3）服务对象的奶奶年纪大，每天负责照顾卧床不能说话、生活无法自理的儿子，不会辅导服务对象做作业，服务对象不能主动做作业，对于不会的题目表示非常无助；（4）服务对象很小的时候父母离异，父亲又卧床瘫痪不能交流，缺乏父母的关爱和亲子时光。

（二）资源、优势与障碍

社会工作者以资源为导向，识别服务对象及其所处环境中的资源、优势与障碍。

1. 资源方面

服务对象所生活的社区中的卫生服务中心，可以提供家庭医生服务，在他父亲的病情监测和日常护理方面给予指导；专业的社会工作者可以为其提供心理支持，设计相关活动，帮助其融入社区生活，增强自信心，建立社会支持网络；社区有“爱心帮帮团”志愿服务队，可以在日常入户探访和生活照料上给予其支持；社会工作者链接大学生志愿者，可以为其提供课程辅导；辖区企业可以参与帮扶行动，为其家庭提供相关资源和帮助。

2. 优势方面

服务对象及其家人具有改变现状的需要，其需要作为一种内在优势，可以被充分发挥和使用；服务对象对外界充满好奇心，对社会交往充满渴望。

3. 障碍方面

服务对象的奶奶年纪大，不但要照顾卧床不能交流的儿子，还要照顾服务对象，对服务对象的学习辅导很难完成；服务对象的父亲不但瘫痪在床，而且不能交流，亲子关系很弱。

三、理论依据

（一）增能理论

增能理论认为能力不是稀缺资源，通过增能，个人在与他人、环境的积极互动过程中，可以获得更大的对生活空间的掌控能力和自信心，以及促进对环境资源和机会的运用，以进一步获得更多能力。增能理论有以下假设：（1）个人的无力感是由于环境的排挤和压迫而产生的，社会中的弱势群体之所以处于弱势地位，并非他们自身有缺陷，而是由他们长期缺乏参与机会所导致。（2）社会环境中存在着直接和间接的障碍，使人无法发挥自己的能力，但是这种障碍是可以改变的。（3）每个人都不缺少能力，个人能力是可以通过社会互动不断增加的。基于此，我们认为，服务对象是有能力、有价值的，为服务对象提供与他人、与环境积极互动的条件，可改变服务对象的无助感、无能感，不断提升服务对象的社会功能。

（二）系统理论

系统理论认为，个人是家庭的组成部分，家庭又是社区、社会的组成部分，每一个系统都是另一个高级系统的子系统，各个系统环环相扣密切相关，任何一个子系统出现问题都会导致整个大系统或其他系统的异常。通过系统理论，社会工作者希望推动服务对象个人和家庭的改变，通过帮助他们与社会加强互动，建立紧密联系，促进服务对象家庭系统的良性运转，家庭系统的良性运转反过来则会对服务对象产生积极的影响。

四、服务计划

（一）介入策略

社会工作者以“五社联动”机制为指导，在街道有关部门的协调和支持下，联动社区、社区卫生服务中心、社区社会组织、社区志愿者、企业党支部、大学生志愿者等力量，成立帮扶小组，在服务对象个人、家庭、社会三个层面，运用个案工作、小组工作、社区工作的工作方法，进行生理、心理、社会全方位介入，形成有效的帮扶机制，让服务对象感受到党和政府、社会对其的关心，帮助服务对象改善家庭困境状况，建立社会支持网络，为服务对象营造良好的成长环境和友爱的社区氛围。

（二）服务目标

1. 改善居家环境

链接社区志愿者定期上门进行帮扶，让服务对象有一个卫生整洁的生活环境，增强身体素质，提升家庭的日常生活质量。

2. 链接医疗资源

链接社区卫生服务中心的家庭医生，每月上门一次，为服务对象的父亲提供身体检查，为服务对象的奶奶提供护理指导及相关保健知识。

3. 链接教育资源

链接大学生志愿者每周上门一次对服务对象进行课后作业辅导，解决服务对象无人辅导课后作业的问题。

4. 提供心理支持

社会工作者和志愿者定期上门探访，为服务对象及其奶奶提供心理支持与关怀。

5. 建立社会支持网络

提供专业服务，增强服务对象的人际交流和社区融入，使其获得同辈支持，建立社会支持网络。

五、服务过程

（一）服务前期

1. 服务目标

建立专业关系，明确服务对象的需求，制订服务计划。

2. 主要内容

与服务对象首次见面时，他对社会工作者有些许的警惕心理，不太愿意表达；在社会工作者对身份进行澄清后，他渐渐信任社会工作者，开始愿意表达想法。通过短暂的沟通，社会工作者开始向服务对象及其奶奶说明开展服务的原则和注意事项，他们表示愿意接受服务。在本次面谈中可知，服务对象的奶奶面对长期的生活压力，存在较强的孤独感和悲观情绪，还几度流下眼泪，社会工作者及时为其提供了心理支持和情绪疏导。在深入了解服务对象家庭情况后，社会工作者与督导开展讨论，确定服务对象目前最急需解决的问题为改善居家环境、链接家庭医生资源、提供课后作业辅导、提供心理支持及社会支持，从而制订服务计划。

3. 社会工作者反思

社会工作者在与服务对象接触时，应做到善于观察、倾听、运用同理心，对服务对象及其家人予以理解、关怀和尊重，了解他们内心的真实想法，并给予鼓励。

（二）服务中期

1. 服务目标

链接社区卫生服务中心、社区社会组织、大学生志愿者、辖区企业党支部等社会资源，同时开展儿童类社区活动、社会工作者持续探访，有效帮助服务对象家庭解决面临的困难和问题，让服务对象及其家人明白目标的达成是多方共同努力的结果，让他们感受到来自党和政府、社会的关心。

2. 主要内容

一是链接医疗资源。社会工作者通过与社区对接，成功链接社区卫生服务中心的医疗资源，与家庭医生达成服务约定，即每月上门一次，为服务对象父亲提供护理和康复训练，为整个家庭的健康提供科学指导，引导服务对象及其家人遵医嘱，加强服务对象一家的家庭康复意识和能力。同时，社会工作者充分发挥医患沟通桥梁作用，及时向社区卫生服务中心反馈服务对象父亲的康复情况，有助于家庭医生及时调整治疗方案。

二是整合志愿者资源。社会工作者将社区网格员、社区社会组织、大学生志愿者和辖区企业党员志愿者整合起来，在经过入户探访技能培训后，组织他们对服务对象进行入户探访，为服务对象及其奶奶提供心理支持与关怀，并帮助服务对象家庭整理家务，让他们有了一个卫生整洁的生活环境，提升了家庭生活质量。辖区企业党员志愿者为服务对象提供了学习用品。大学生志愿者每周五上门对服务对象进行课后作业辅导，解决了无人辅导课后作业的问题。大家的关心，让服务对象的奶奶感叹："太谢谢你们了，社会工作者小马真是辛苦你了，不光关心我们，还给小景送学习用品，鼓励他学习。"

三是加强社区归属感。社会工作者在社区内广泛发动、组织同龄儿童开展“点亮儿童未来”外展宣传活动、“认识自我，扬帆起航”儿童成长小组、“结相处，乐友情”青少年人际交往小组、儿童手绘主题活动、亲子烘焙活动等。服务对象自身有参与社区活动的愿望，想要和朋辈群体接触，只是因为奶奶还需要照顾服务对象的父亲，无法带服务对象参与社区活动，因此社会工作者链接志愿者和医生资源，承担服务对象的奶奶带服务对象参与社区活动时对服务对象父亲的照顾任务，给服务对象搭建起了参与社区活动的平台。服务对象在参与社区儿童手绘主题活动、亲子烘焙活动的过程中发现了自己的兴趣，丰富了课余文化生活，性格逐渐开朗，并与其他参与者建立了良好的朋辈关系，参加活动时还会主动摆造型要求奶奶或者他人帮他拍照。

四是提升自身能力。为了改变服务对象的消极、自卑心理，社会工作者定期对服务对象进行心理疏导，利用理解、共情等技巧，给予服务对象关爱，帮助其建立积极的人生观，促使其敢于直面人生挫折，正确处理情绪困扰，乐观向上地生活。同时，在服务过程中，挖掘服务对象的自我潜能，让这种输入变为输出。社会工作者挖掘、招募并筛选了 8 名儿童，培育成立了“关爱天使”儿童志愿服务小分队，服务对象是这一小分队的成员之一。社会工作者组织小分队开展“文明从我做起 环保小卫士”社区志愿清扫活动，对小区楼道和卫生死角进行全面打扫和清理，清除墙面小广告，为创建美好家园尽一份力；开展“致敬最可爱的人”抗美援朝老兵志愿探访活动，主动询问老兵的身体状况，倾听红色故事，传承红色基因，提高孩子们作为志愿者的责任感；开展“情暖母亲节”探望社区空巢老人活动，传承中华民族尊老、敬老的传统美德。

五是链接救助资源。服务对象的父亲为二级残疾，但由于材料不足及服务对象的奶奶有退休金，未能办理低保。在服务后期，社会工作者帮助服务对象申请了凤凰网 & 志玲姐姐“护童计划”亲子援助中心项目的 1 300 元经济补助，缓解了其家庭经济压力。服务对象的奶奶非常感谢社会工作者为他们提供的补助，真切地说：“现在的社会工作者真好啊，样样都替我们着想。”

3. 社会工作者反思

在本案例中，社会工作者对社区、社区卫生服务中心、社区社会组织、社区志愿者、企业党支部、大学生志愿者进行了有效“联动”，主要角色和功能得到了充分体现。

（三）服务结束

1. 服务目标

在评估与结案阶段，主要通过过程评估和结果评估的方式来评估对服务对象所开展的服务的效果，考察目标的实现情况。

2. 主要内容

目标实现情况包括：一是改善了服务对象的居家环境，提高服务对象及其家人的身体素质。二是服务对象家庭有了家庭医生的健康指导。三是发挥了“社区＋社会工作者＋志愿服务＋下沉党员＋社区公益慈善资源”的联动服务优势，为服务对象家庭提供支持性服务，增强了服务对象的社会支持网络。

服务对象及其奶奶很感激社区志愿者、大学生志愿者、社区医生能免费为其家庭提供服务，服务对象的自卑心理和奶奶的悲观情绪较之前有了很大改善，家庭的抗逆力也初步形成，整个家庭向着积极的方向发展，服务对象开始对生活充满信心，对学习也有了更好的计划。在社会工作者的鼓励下，服务对象还报名参加了为期 21 天的社区暑期公益课堂，在被动培训、主动学习、趣味练习中掌握了知识，提升了学习动力；通过参与兴趣小组，与朋辈群体及志愿者积极互动，主动融入新的社交群体，有效提升了服务对象的社会交往能力，改变了服务对象的自卑心理。

3. 社会工作者反思

个案目标已经基本达成，结合督导和服务对象的意见，社会工作者结案。但是，结束个案并不意味着结束个案服务，社会工作者应继续做好跟进和追踪服务，及时调整介入计划。

六、成效评估

（一）评估方法

访谈法：访谈服务对象以及服务对象周围的人。

（二）评估内容

1. 改善居家环境

社会工作者通过帮助服务对象家庭分担日常家务，让服务对象有了一个卫生整洁的生活环境，提升了整个家庭的日常生活质量。

2. 链接医疗资源

社会工作者通过与社区对接，成功链接社区卫生服务中心的医疗资源，为服务对象家庭提供护理和康复技能训练。社会工作者还充分发挥医患沟通桥梁作用，完善了服务对象父亲的生活照顾网络。

3. 链接教育资源

社会工作者通过链接大学生志愿者每周上门一次对服务对象进行课后作业辅导，解决了服务对象无人辅导课后作业的问题，使服务对象的学习成绩得到了一定提升。

4. 提供心理支持

社会工作者和志愿者定期上门探访，为服务对象及其奶奶提供心理支持与关怀，帮助服务对象发挥内在潜力，有效缓解了服务对象及其奶奶的心理压力，使他们以更积极向上的心态去面对生活。

5. 建立社会支持网络

社会工作者通过专业服务，有效增强了服务对象的人际交流和社区融入，使服务对象改善了人际关系，获得了同辈支持，建立了社会支持网络。

（三）服务对象的感受

通过专业服务，服务对象的自卑心理和奶奶的悲观情绪较之前有了很大改变，家庭的抗逆力也初步形成，整个家庭向着积极的方向在发展，服务对象开始对生活充满信心，对学习也有了更好的计划。大家的关心，让服务对象的奶奶感叹：“太谢谢你们了，真是辛苦大家了，感谢党，感谢政府，感谢大家的关心，谢谢!”

七、专业反思

（一）社会工作在“五社联动”中的功能和作用

在本案例中，社会工作在“五社联动”中的行动策略如图 3－3－2 所示。在“五社联动”机制下，社会工作的主要角色和功能体现为：一是促进多方主体参与协作。社会工作者对社区、社区卫生服务中心、社区社会组织、社区志愿者、企业党支部、大学生志愿者进行有效“联动”，成立了帮扶小组。二是发展社区社会组织和志愿服务。在本项目执行过程中，社会工作者成功培育成立了“爱心帮帮团”志愿服务队和“关爱天使”儿童志愿服务小分队，赋能居民或者服务对象，也在居民间建立起了一种情感纽带。本案例中的服务对象小景就是“关爱天使”儿童志愿服务小分队的一员。

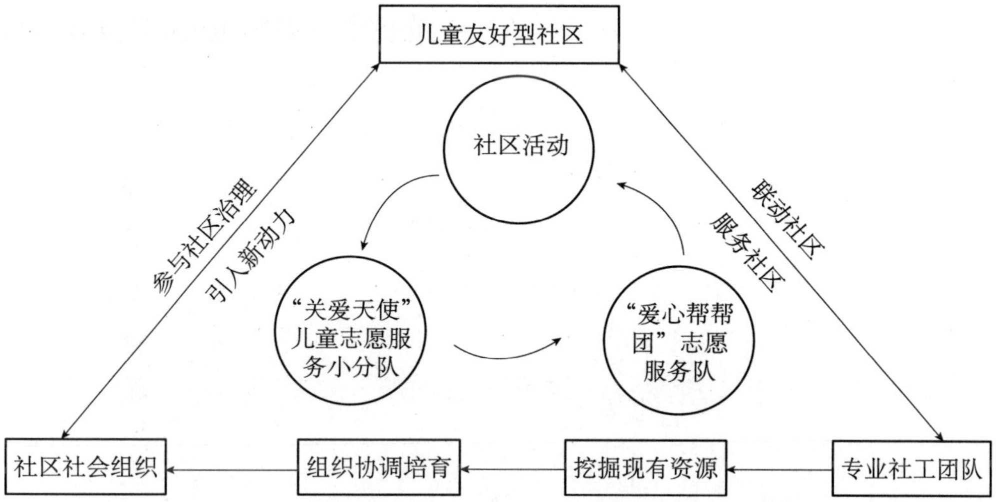

图 3－3－2 本案例中社会工作在“五社联动”中的行动策略

（二）儿童家庭社会工作的主要经验

本案例的主要经验包括：一是精准了解服务对象需求，实行个案管理。社会工作者进驻社区后，积极开展需求调研，通过分析、梳理调研数据，为服务对象提供专业服务，做到一户一档，精准帮扶。在本案例中，社会工作者积极回应服务对象不同阶段的服务需求，从给予物质、心理帮扶的支持者，到促进社会资源整合的管理者和资源链接者，再到协调培育社区社会组织的组织者，充分体现了社会工作的专业技能，实现了社会工作的专业使命。二是创新服务模式。将“三社联动”升级为“五社联动”，为项目推进提供了很好的思路，社会工作者以“五社”为抓手，通过联动社区、社会工作者、社区社会组织、社区志愿者、社区公益慈善资源协同共助建设儿童友好型社区，推动多元化基层社会治理。

专家点评

儿童是祖国的未来、民族的希望。目前，从中央到基层，通过政府强力推动，一个无缝衔接的未成年人保护体系正在形成。自民政部全面推进乡镇（街道）社工站建设以来，儿童关爱保护成为社工站的重点服务领域之一。社会工作者整合资源、人力和专业优势，以“儿童利益最大化”为原则，进行儿童保护专业化尝试。本案例中的社会工作者运用增能理论、系统理论的视角，致力于促进服务对象成长和个人潜能发展，引导服务对象有自信、有能力面对困难。从前期对服务对象的问题分析，到开展专业化服务，实现了服务对象的需求被看见、服务对象的声音被听见、服务对象的成长环境更友好的专业效果。从保护到发展，活跃在基层一线的社会工作者，正助力儿童服务迈向专业化。

顾永红　华中师范大学社会学院副教授

第四篇

青少年社会工作

案例一　叙事疗法介入进食障碍患者康复个案[①]

祁颖菲[②]

一、背景介绍

服务对象桃子（化名，基础资料见表4－1－1）是一名20岁的女大学生，经医生诊断为进食障碍（eating disorder）患者，通过微博这一社交平台向社会工作者寻求帮助。在此之前，她已经遭受由于进食障碍带来的身心双重伤害长达1年零8个月。本案的服务对象类型属于主动求助型。服务对象在某次浏览微博时，看到了社会工作者在微博上发布的若干关于社会工作专业介绍、原理和成功案例分享的信息，对社会工作的价值理念和工作方式产生了强烈兴趣，并通过微博的“私聊”功能与社会工作者取得了联系，询问自己的情况能否请社会工作者进行介入，以帮助她走出目前进食障碍的困境。社会工作者了解到服务对象在确诊为进食障碍后，尝试了西药控制、不定期心理咨询等治疗方式，但都疗效甚微，即便有所好转也较快出现反弹现象。社会工作者通过与本团队的其他成员协商，初步认为可以对其进行社会工作服务介入，并决定通过与桃子会谈来确定下一步的工作进程。

表4－1－1　服务对象基础资料

个人资料	服务对象姓名	桃子
	年龄	20岁
	性别	女
	受教育程度	全日制本科二年级在读

① 本案例获评第二届全国MSW研究生案例大赛一等奖。

② 祁颖菲，华中师范大学社会工作专业硕士研究生。

续表

健康情况	生理状况	(1) 进食障碍； (2) 反流性食管炎； (3) 体内水电解质平衡、酸碱平衡紊乱； (4) 心律不齐； (5) 龋齿； (6) 偶尔四肢、颜面水肿。
	心理状况	(1) 常有抑郁、焦虑情绪； (2) 情绪不稳定，会无缘由地哭泣或狂躁； (3) 偶尔出现强迫行为，如频繁洗手； (4) 自我评价低。
社会环境情况	学习、生活环境	(1) 出生于 W 市，就读于本市的重点小学、初中以及高中，高中毕业后考取了本市的一所重点大学； (2) 目前住校，虽然家和学校在一个城市，但服务对象除了法定长假外，基本不会回家。
	人际关系状况	(1) 服务对象在患上进食障碍后，害怕父母察觉自己的状态，所以刻意减少与父母的联系，目前与父母之间的关系较为疏远和紧张； (2) 无法与室友、朋友建立长期的亲密关系，平时基本独来独往。

二、分析预估

在“以瘦为美”审美观念的影响下，服务对象对自己的身材严重不满，采取了饮食控制的方式进行减肥。服务对象于 2019 年 12 月底出现节食、暴食和催吐等极端饮食行为，2020 年 3 月经临床确诊为进食障碍。确诊后，服务对象深受进食障碍带来的一系列生理和心理问题的困扰，主要包括：故意限制自身能量摄入或发作性大量进食，陷入节食/绝食—暴食—催吐的恶性循环；伴随着各种身体机能的下降，如体内水电解质平衡和酸碱平衡的紊乱；对自己的身材样貌存在着不正确的认识，并常有抑郁、焦虑和强迫等精神症状。因此，本案需要帮助服务对象达到的初步目标如下。

生理层面：停止异常进食行为，走出节食/绝食—暴食—催吐的恶性循环，在临床诊断中恢复身体的各项机能指标。

心理层面：摆脱抑郁、焦虑、暴躁等不稳定情绪，提高自我评价，恢复积极的生活态度。

社会层面：重建良好、可持续发展的社会关系网络。

三、理论依据

社会工作者在进一步收集与分析桃子的相关信息后发现，桃子的进食障碍不能简单被视为个人的问题，而是个体心理和社会双重因素影响的结果，需要被置于更加广阔的社会文化情境中加以分析和解构，故采用深受社会建构论启发的叙事疗法作为本案的实践框架。

目前针对进食障碍的预防和治疗模式大多以心理学和医学学科为基础，现有研究表明此类治疗方法的成效有待提升，且往往将问题的焦点集中在个体心理层面的分析上，关注暴食或厌食带来的焦虑、恐惧等内在情绪，未能充分考虑社会文化因素对进食障碍的影响[①]。有学者在对进食障碍的成因进行分析后认为，除了心理因素，社会环境因素也对进食障碍的成因做出了重要的解释：比如社会文化中“以瘦为美”的观念对年轻人价值观的侵蚀，大众媒体对“节食”“减肥”“塑身”行为的频繁报道，以及家庭功能的失调，等等，都是进食障碍的重要成因[②]。因此，在讨论进食障碍的成因以及干预措施时，不能将进食障碍简化为个人的心理问题，否则容易为服务对象贴上负面的标签，忽视他们潜在的能力[③]。

叙事疗法提供了一个帮助人们在更加广阔的社会和文化环境中理解自我角色的框架，这为专业社会工作介入进食障碍的干预与治疗提供了新的思路。叙事疗法注重问题对人的影响，通过充分挖掘服务对象的潜力、激发服务对象的能动性来解决问题。叙事疗法的整个逻辑框架可以表述为：对现有叙事的抵抗—解构—建构—用全新的叙事代替旧的问题版本。通过这种方式，可以帮助服务对象重新找到个体的自我认同[④]，最后将全新的故事版本真正内化，以巩固叙事疗法的效果，让服务对象彻底摆脱问题的困扰。

四、服务计划

（一）介入目标

本案的介入目标按递进式制定如下（见图 4-1-1）。

---

① SCOTT N, HANSTOCK T L, PATTERSON-KANE L. Using narrative therapy to treat eating disorder not otherwise specified. Clinical case studies. 2013, 12 (4).

② 陈清刚．进食障碍与社会心理因素．中国行为医学科学，2006 (11).

③ MOULDING N T. Gendered intersubjectivities in narratives of recovery from an eating disorder. Affilia, 2016, 31 (1).

④ 周爱华，廖绪．叙事疗法在老年社会工作的应用：以香港慢性病患老年人为例．社会工作，2019 (3).

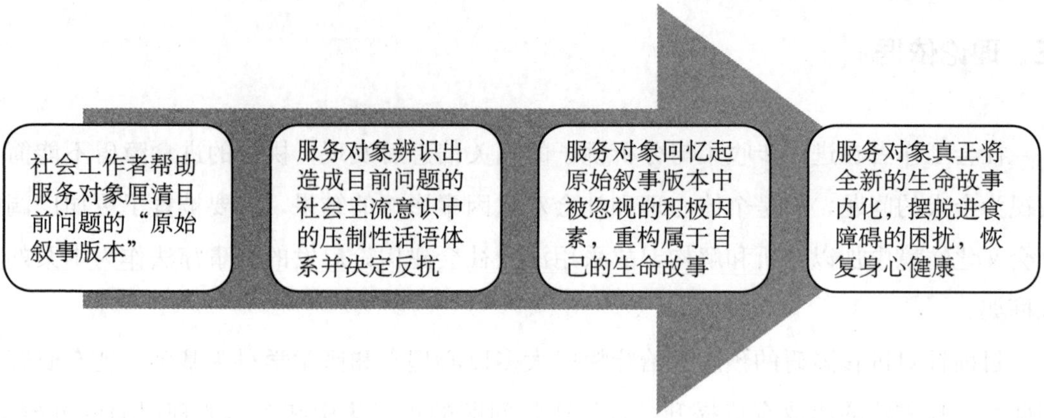

图 4-1-1　个案介入目标

(二) 服务程序

第一阶段是对服务对象进食障碍问题的解构，这一阶段的任务是通过服务对象对进食障碍问题的叙述，得到一个故事的原始版本，再使用外化、解构之策略进行问题的解构；第二阶段是故事的重构，将服务对象的注意力从进食障碍引发的消极自我评价转移至之前被忽视的积极生命故事，并将积极因素加入全新的故事版本中；第三阶段是对全新故事的巩固，使其真正内化成服务对象的一部分（见图 4-1-2）。

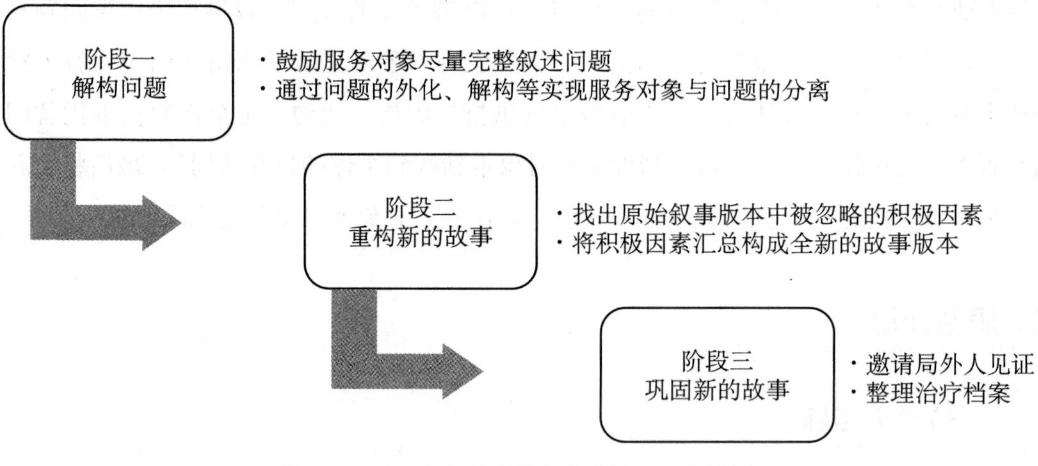

图 4-1-2　本案采用的叙事疗法工作步骤图

(三) 服务技巧

第一，建立平等的服务关系。社会工作者在服务过程中始终与服务对象保持平等的关系，服务中的对话、交流都是在双方地位平等的基础上进行的，不存在权力关系的强弱之分。

第二，接纳服务对象。由于服务对象长期处于进食障碍的困扰之中，在服务中难免会产生悲观、消极的情绪，社会工作者应当接纳服务对象的不良情绪，并对其不良情绪进行疏导。

第三，澄清保密原则。由于在接案过程中服务对象明确表示不希望其他人知道自己的问题，因此本案的社会工作者始终坚持保密原则，并没有向服务对象的家人以及同学透露服务对象存在的问题，取得了服务对象的进一步信任，使得服务过程得以更为顺利地进行。

五、服务过程

（一）第一阶段：解构问题

1. 第一次介入

目的：鼓励服务对象对当前的故事版本进行完整的叙述，得到一个故事的原始叙事版本，为下一步社会工作者与服务对象共同对问题进行外化和解构打下基础。

地点：腾讯会议线上会议室。

参与人：社会工作者、服务对象桃子。

内容：

第一，在社会工作者简单的开场白后，进行一个破冰小游戏——“猎人打兔子”。

第二，观看演讲“Life is Too Short to Weight Your Cornflakes”（该演讲是一名进食障碍患者的自述），并请服务对象简要讲述自己观看演讲之后的感受。

第三，请服务对象讲述自己患上进食障碍的全过程，在这个过程中，社会工作者帮助服务对象澄清表述不清的部分，并针对一些重点问题提问。

第四，布置本次家庭作业：请服务对象收集社交平台上对自己影响最大的关于“身材”的言论或者文章（可以整理成表格或者文档）；请服务对象用几个比喻来形容“节食”“暴食”“催吐”带给自己的感受。

部分服务记录：

在社会工作者的引导下，服务对象针对自己的进食障碍问题进行了较为完整的表述。以下为社会工作者进行的简短总结。

服务对象进入大学之后，受到网络上各种“身材焦虑”话语，以及周围大部分同龄人热衷于“减肥”“塑身”的影响，开始尝试互联网上流行的“哥本哈根 13 天减肥法”。坚持到第五天的时候身体开始本能反抗，导致了第一次暴食，于是服务对象想用节食来消除暴食后产生的罪恶感，但却引发了“节食—暴食”的无限循环。服务对象偶然间在网上看到有人说“把吃的东西吐出来就不会胖了”，便开始了第一次催吐，此后便一发不可收拾。2020 年 3 月服务对象经临床确诊患有进食障碍，并伴有反流性食管炎等健康问题。她尝试了西药控制和心理咨询等方法，但都收效甚微，而且她不敢将自己患有进食障碍的情况告诉父母和朋友，内心的压抑和身体的不适的双重折磨让她感到绝望。

服务对象故事的原始叙事版本如图 4-1-3 所示。

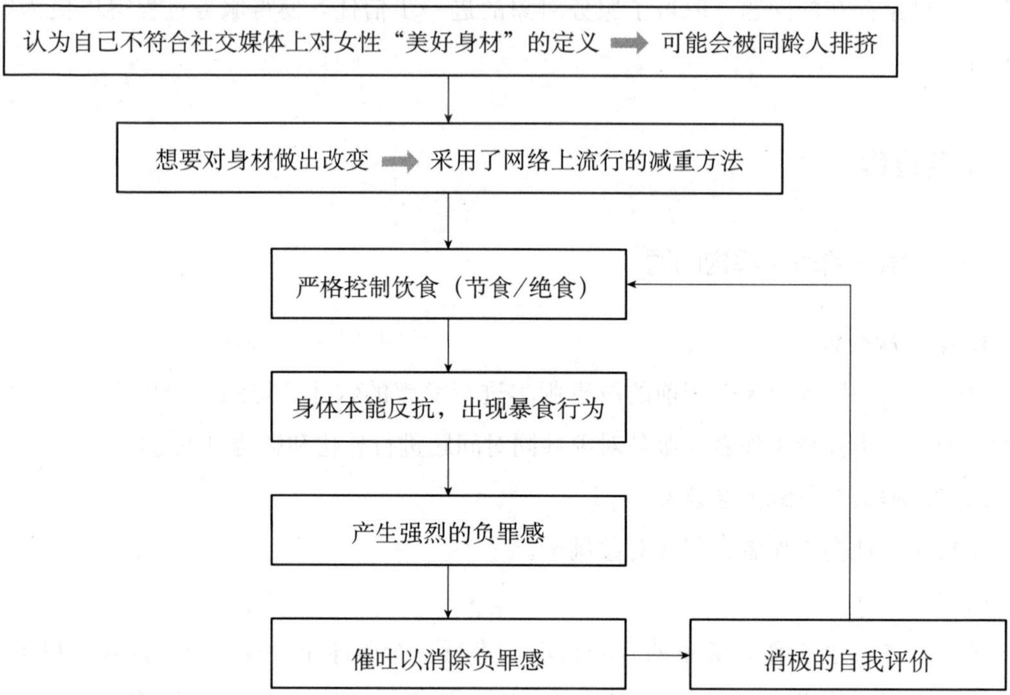

图 4-1-3　服务对象的原始叙事版本

服务过程小结：

这是整个社会工作服务过程的第一次介入。在社会工作者的引导下，服务对象对自己患上进食障碍的全过程进行了重新梳理，使双方对这一过程都有了较为完整的认识。在服务过程中，服务对象也觉察到了许多之前忽略掉的细节，如自己减肥动机的产生最初是受周围同学以及网络媒体的影响，将自己的个人价值与社会标准紧密连接起来。并且，服务对象表示现在“很痛苦”，但“不知道怎么办”。通过服务对象的表述，社会工作者了解到服务对象对自身问题的看法以及目前的处境。针对服务对象不知改变从何处开始的窘境，社会工作者给予了服务对象适当的鼓励，并表示会与服务对象一同努力实现问题的解决，由此拉近了与服务对象的距离，为后续的服务提供了良好的开端。

2. 第二次介入

目的：在服务对象原始叙事版本的基础上，社会工作者和服务对象共同对问题进行外化和解构，旨在让服务对象明白问题不是因她而产生的，而是受到社会中具有霸权意义的话语体系的压制而形成的。

地点：腾讯会议线上会议室。

参与人：社会工作者、服务对象桃子。

内容：

第一，社会工作者简单问候，进行热身游戏“反口令”。

第二，请服务对象分享家庭作业“社交平台上对自己影响最大的关于‘身材’的言论或者文章”，然后与社会工作者一起探讨：这些言论或者文章表达的观点都是正确的吗？它们为什么这样说？有谁从中获利了呢？

第三，角色扮演：请服务对象扮演一名“网红”，社会工作者则扮演“网友 A”，场景为服务对象需要劝说社会工作者购买自己代言的某塑身产品。

第四，请服务对象分享家庭作业“用几个比喻来形容‘节食’‘暴食’‘催吐’带给自己的感受”，并与社会工作者共同讨论：为什么会用这些比喻？

第五，布置本次家庭作业：完成一幅自己的自画像；观看纪录片《健康饮食的真相》，并结合自己查找的资料（任何渠道），制订一份健康饮食计划。

服务过程小结：

在此次介入中，社会工作者参考了叙事疗法中社会建构论的逻辑内涵，引导服务对象针对自己的减肥动机“周围同学以及网络媒体的影响”进行反思与解构。首先，通过一系列询问，让服务对象意识到所谓“理想身材”的话语都是被建构出来的，并不是这个世界本质存在的，如果能挣脱这个束缚，就会生活得更好；其次，通过服务对象将进食障碍带给自己的意义用比喻的形式外化，使个人与问题分离，让服务对象站在“局外”的角度去看待自己所经历的问题，从而获得新的感受和认识。在这一过程中，服务对象渐渐意识到，自身的审美观与价值观，都受网络媒体所塑造的主流叙事影响。这一影响也导致服务对象产生对自己身材的偏见，为了追求所谓的“理想身材”开始饮食控制，最终导致了进食障碍的病症。通过此次介入，服务对象开始觉察到社会主流叙事对个人意义体系的影响，并开始思考主流叙事背后的深层次逻辑，但未上升到寻求个人改变的层面，因此需要在后续服务中促使服务对象产生改变的动力。

（二）第二阶段：重构新的故事

1. 第三次介入

目的：社会工作者帮助服务对象找出问题叙事的原始版本中被忽视的积极因素，并发挥这些积极因素对服务对象的支持与鼓励作用，在这一基础上促使服务对象开始对自己的故事进行重构。

地点：腾讯会议线上会议室。

参与人：社会工作者、服务对象桃子。

内容：

第一，观看詹姆斯·布朗特的歌曲 *You're Beautiful* 的 MV 视频。

第二，请服务对象分享上次家庭作业中的自画像，并与社会工作者探讨：为什么这样描绘自己？

第三，请服务对象通过以下几个问题再次回忆自己原始叙事版本中与进食障碍曾经进行过的抗争：当你确诊进食障碍后做的第一件事是什么？你为克服进食障碍做过哪些努力？有谁在这个过程中帮助过你？

第四，布置本次家庭作业：今天抽时间与父母视频 10 分钟以上，与他们聊一聊最近在学校发生的趣事；周末主动邀请室友外出聚餐一次。

服务过程小结：

在社会工作者的引导下，服务对象开始对确诊后生活中的积极因素进行回顾。通过回顾，服务对象发现，在与进食障碍抗争的道路上，有许多帮助过她的人和令她感动的事件，如父母的关心与朋友的帮助等，这些积极因素曾给过她很大的鼓励，让她能够坚持到现在。另外，社会工作者的介入也给予她很大的信心与勇气去面对困难，让她“不再孤单”。通过对积极因素的发掘，服务对象认为自己有了新的动力去克服进食障碍对自己的影响，并表示“不能辜负帮助过我的人的期望”。经过此次介入，服务对象开始有信心进行后续的改变，也逐渐推翻了原先消极的自我叙事，开始建构新的个人故事。

2. 第四次介入

目的：对原始叙事进行重新审视，并在反思的基础上重新定义自己的进食障碍叙事。

地点：腾讯会议线上会议室。

参与人：社会工作者、服务对象桃子。

内容：

第一，服务对象分享完成上次的家庭作业的感受。

第二，请服务对象重新定义确诊进食障碍的意义，并与社会工作者讨论这样定义的原因。

第三，请服务对象再次描述现在她心中关于进食障碍的“叙事”。

服务过程小结：

在此次介入过程中，服务对象表示自己在关于人际关系的家庭作业的完成过程中感受到了周围人对自己的支持和理解，也有了更多的信心面对困难。服务对象重新定义了关于自身进食障碍的叙事，认为进食障碍并不是不可战胜的，只要有坚定的信念就一定能够克服。另外，服务对象也对社会主流叙事背后的逻辑进行了反思，认为社会主流叙事的长期影响使她形成了对自己不利的审美观念，现在她已经不觉得自己“很胖”“很丑”了。通过此次介入，服务对象的自我叙事已经得到了转变，并开始接纳自己，与自己和解。

（三）第三阶段：巩固新的故事

1. 第五次介入

目的：通过制作治疗档案，便于服务对象与他人分享自己参与叙事治疗的经历，一方面帮助服务对象通过治疗档案回顾治疗结果，另一方面也可以通过对过程的叙述和对成效的展示，让其他人获得感悟，达到互惠互利的效果。

地点：腾讯会议线上会议室。

参与人：社会工作者、服务对象桃子。

内容：

第一，先请服务对象分享上次家庭作业完成后的感想。

第二，写一封给自己的简短的信，截取其中一个段落与社会工作者分享，并交流自己的体会。

第三，布置本次家庭作业：录一支记录生活片段的 vlog；请服务对象在豆瓣、微博、小红书等社交平台上发布自己此次接受个案辅导的全部经历（可匿名），以及自己的心得和感受，并与留言的网友进行交流；请服务对象准备一次个人展示，内容为总结这次服务带给她的改变和感悟等等，并在下次介入中进行个人展示。

服务过程小结：

此次介入运用了制作治疗档案的叙事治疗方法。制作治疗档案是叙事疗法常用的技巧，可以有多种多样的形式，比如录音、录像、书信，甚至是随手的一张小卡片等。制作治疗档案有助于梳理治疗过程，强化或持续故事。在此次介入中，服务对象在制作治疗档案时沉浸其中，并对自己的治疗过程进行了进一步的思考和拓展。

2. 第六次介入

目的：在服务对象完成对新故事的书写，并做好与他人分享自己的人生感悟的心理准备后，邀请局外人见证服务对象的变化。通过分享，可以使服务对象提升对自己生活状况改变的认识，从而带来对自己生命本质和意义的进一步思考。

地点：腾讯会议线上会议室。

参与人：社会工作者、服务对象桃子。

内容：

第一，请服务对象分享上次家庭作业完成后的感受。

第二，请服务对象进行个人展示。

第三，社会工作者和服务对象共同对本次服务进行总结。

服务过程小结：

此次介入运用了邀请局外人见证的叙事治疗技巧。局外人见证是常用于叙事治疗后半段的技巧和手法，其核心内涵是仪式感的体现。仪式感象征着一个里程碑式的事件，是对上一个人生阶段的总结、跨越，寄托着服务对象的情感，巩固着服务对象在叙事治疗过程中所收获的人生感悟。在此次介入中，服务对象表示，自己上次制作的治疗档案在社交平台发布后收到了良好的反响，有许多网友向她表示了鼓励与支持，她自己也对未来充满了信心。在社会工作者的见证下，服务对象表示自己会继续保持积极的生活态度，不再去迎合所谓的社会主流审美观念，要做一个“有主见的人”。之后，社会工作者与服务对象一起回顾了整个服务过程，服务对象也表达了对自身转变过程的感悟，以及对社会工作者的感谢。社会工作者表示服务对象至此已经实现了有效转变，本案在此基础上即将结案；但后续会继续跟进，直到服务对象的问题得到完全解决。

六、成效评估

（一）总结和评估

1. 目标达成情况

第一，在社会工作者的帮助下，服务对象开始对自身问题进行重新审视，并对长期影响自身的社会主流叙事进行了解构与辨析。通过这一过程，服务对象厘清了社会主流审美观念背后的深层叙事逻辑，对这一叙事逻辑展开了批判与反思，意识到了社会主流话语体系对其的压制。

第二，服务对象通过对原始叙事版本中积极因素的把握与运用，实现了新的自我叙事以及意义体系的建构，推翻了主流叙事在原先自我意义体系中的主导地位，完成了生命故事的重构，实现了自我改变的目标，克服了影响进食障碍恢复的心理问题。

第三，通过他人的见证，服务对象将新的生命故事内化于心，实现了新的意义体系的巩固和完善，摆脱了进食障碍带来的困扰，身心健康得到了大幅改善。

2. 服务对象改变情况

首先，服务对象的思维模式发生了改变。经过叙事治疗，服务对象不再盲目地迎合所谓的社会主流审美观念，开始对主流叙事加以审视，思考叙事背后的深层次逻辑，并对此加以判断和选择，形成了独立自主的价值体系与思维逻辑，不再为主流叙事所裹挟。

其次，服务对象在生理和心理方面的问题也得到了有效解决，促进了身心健康发展。在生理方面，服务对象改正了之前不良的饮食习惯，不再一味地追求控制饮食，提高了对健康饮食的重视程度。在饮食恢复正常的基础上，其先前由进食障碍带来的一系列生理疾病也得以痊愈，在物理层面上实现了康复，服务对象的身体机能也得到了提高。在心理方面，服务对象的悲观、消极情绪得到了有效排解，抑郁、焦虑情绪大幅减少，能够很好地实现对自我情绪的控制。通过对自我意义体系的重新建构，服务对象打消了之前对自己身材的偏见，自信心得到了很大提升，并开始追求健康的体态，提高了参与体育锻炼的积极性，形成了乐观的生活态度，人际关系也得到了改善。

最后，在本案中，服务对象通过自身的努力实现了问题的解决，提高了自身的抗逆力与自我效能感，能够使自己在今后面对困难时积极通过自身的努力实现困难的解决，提高了自己解决问题的能力与水平。

（二）澄清本案终结的原因并计划结案

梳理本案每个阶段已经获得的成就，以及任务和目标的回应情况。服务对象如今没有任何暴食、厌食或催吐行为，且对自己的身材有着正确的认知，不再受到社会主流“身材焦虑”价值观念的影响，人际关系问题也得到了较大改善。

经过社会工作者与服务对象的探讨，双方一致认为本案的目标达成，服务对象的状态良好且稳定，可以结案。服务对象在工作微信群中对所有参与的社会工作者表达了感谢。在确认结案后，社会工作者解散了该微信群。

七、专业反思

（一）对本案的整体反思

进食障碍是当今时代困扰人们的一大问题，这一问题在年轻群体中表现得尤为突出，后果也更为严重，成为威胁年轻人生理和心理健康的严重疾病[①]。进食障碍产生的主要原因是患者对自己的身材不满，出于对理想身材的渴望而采取了极端的塑形方式，而这种不满又是社会环境建构的结果，社会的特定叙事使得“以瘦为美”的观念被人们奉为圭臬，导致人们采取各种方法实现对“美”的追求，不惜付出健康的代价。因此，我们在对进食障碍患者进行治疗时，更应反思进食障碍背后深层次的社会原因，对社会所塑造的“美”的概念进行重新审视，树立“健康为本”的生活理念和审美观念，扬弃不利于人们的身体健康的审美观和亚文化，只有这样才能形成有利于身心健康的社会环境，在更大范围内削弱进食障碍对人们造成的不良影响[②]。

---

① 何雪松．叙事治疗：社会工作实践的新范式．华东理工大学学报（社会科学版），2006（3）．

② HOEK H W. Incidence，prevalence and mortality of anorexia nervosa and other eating disorders. Current opinion in psychiatry. 2006，19（4）.

在本案中，桃子最初并没有对自己身材的偏见，直到大学入学之后，受到了周围社会环境中“以瘦为美”的主流叙事的影响，才开始采取各种措施减肥，最后导致了进食障碍的发生。社会工作者介入之后，通过对桃子问题的解构，使其觉察到原有叙事对自己的压制与影响，并意识到自身的进食障碍问题产生的根源。然后，社会工作者通过帮助桃子进行对故事的重构，实现了转变，使其重新定义人生意义与叙事逻辑，并在饮食控制的辅助之下，解决了困扰已久的进食障碍问题。回顾整个服务过程，桃子自始至终都在与自身不断进行对话，从原有的叙事中脱离出来，通过新的叙事实现对故事的重构，实现了最终的转变并达成了最初的工作目标，桃子自身的努力也是此次社会工作服务得以顺利结案的主要因素。

虽然桃子的问题得到了解决，但是社会当下的主流叙事模式仍然影响着众多青年男女，也仍会有人在追求“美”的道路上付出健康的代价。因此，如何树立正确的审美观念，形成值得推崇的社会主流叙事，仍是值得深刻思考的话题。另外，当代年轻人也应培养独立的人格与价值观，在面对所谓的社会主流文化时，形成自身独立的思考与判断。社会工作也应当把推动消极社会主流叙事的变革作为目标，使社会中的更多个人摆脱现有消极主流叙事的束缚，实现健康生活的目标。

（二）叙事疗法运用反思

叙事疗法通过对服务对象叙事模式的重构实现服务对象的转变。在本案中，社会工作者通过叙事治疗，促使服务对象的进食障碍问题得到了解决，但是这一疗法在介入过程中也存在一定的局限性。

首先，叙事疗法是针对服务对象个人的，既无法在更大范围内为服务对象营造有利于转变发生的社会环境，也无法消除不利社会环境对服务对象造成的影响①。本案的服务对象最初是在社会环境的影响之下产生了进食障碍问题，因此不利社会环境的影响可能会导致服务对象的改变受阻乃至问题复发，影响介入效果。同时，叙事疗法是在社会建构主义的视角下开展服务的，认为社会是由特定的叙事建构并得以维持的，没有绝对的真理。这一视角容易忽视具体的物质条件在服务对象转变过程中的作用。在本案介入过程中，社会工作者主要通过与服务对象的对话开展服务，并没有重视对服务对象有利的物质条件的发掘与应用，对服务对象的转变有一定的影响。

其次，过于重视叙事自身的作用也容易使服务对象陷入相对主义的思维模式，否定真理的存在，容易影响服务对象的认知。因此，广大社会工作者在叙事疗法的应用过程

① HEATHERTON T F，BAUMEISTER R F. Binge eating as escape from self-awareness. Psychological bulletin，1991，110（1）.

中，需要注意其局限性带来的影响，对工作进程及时进行反思，避免对服务对象产生不利影响。

专家点评

年轻人在身心发展方面的一些特征，使得他们更加容易受到外界环境的影响，从而面临诸多不同形式的发展性困境。并且很多时候，这些困境往往会外在表现为个人层面的生理、心理或行为问题，比如在本案例中呈现的进食障碍。因而，年轻人在发展过程中存在的这样一些困境通常也会被视作心理疾病或不良行为来加以矫治。本案例中，社会工作者以叙事疗法的理论和方法为指导，识别出服务对象所面临的困境实际上是社会环境建构的结果，深受主流叙事的限制与影响。在做出此理解与专业判断的基础上，社会工作者采用叙事治疗的手法协助服务对象解构原始故事版本中的结构性因素，并意识到其中可能被忽视的积极因素，进而重新书写属于自己的生命故事。案例呈现了社会工作者对服务对象处境的分析和专业判断，以及在相关理论的指导下进行的服务方案设计和实施，体现了有计划、有依据、有反思地提供社会工作服务的专业性。同时，这也是一次线上社会工作服务形式的探索，相关伦理问题值得引起关注和讨论。

洪佩　华中师范大学社会学院讲师

案例二 多方联动参与困境青少年救助个案[①]

翁方坤 马 乐 张志强[②]

一、背景介绍

（一）个案情况

小琪（化名），女，12岁，户籍地Y市，现居住在W市。2015年，因患糖尿病中断学业。同年，母亲离家出走，多年没有音讯。小琪一直与父亲和妹妹居住在棚户区。2019年5月，父亲因违法犯罪被捕，姐妹两人依靠社区工作人员接济生活。

小琪还有一个弟弟，由爷爷奶奶单独抚养，与小琪父女不在一起居住。爷爷患有心脏病，生活主要来源为奶奶打零工的收入（2 000元/月）。社区曾主动找到小琪的爷爷奶奶，但是他们表示无力再抚养两个孙女。后小琪的爷爷突发心脏病，寻求社区帮助，为此社区负责人向社会工作者求助。

（二）性格特征

因生理原因和家庭原因，小琪在社会交往上表现得消极、孤僻、多疑，表示自己不愿读书，不会也不想做任何事情。由于长期接受朋邻的帮助，小琪在思想上对别人的帮助持理所当然的态度。

（三）过往经历

因经济来源不足，小琪的父亲交不起学费，导致小琪和妹妹无学可上，父亲对小琪缺乏管教。自从父亲入狱后，由爷爷为小琪和妹妹提供一日三餐，其他日常生活自行解

---

① 本案例获评2019年度湖北省优秀社会工作案例。

② 翁方坤，助理社会工作师，武汉市武昌区华仁社会工作服务中心社工。马乐，社会工作师，武汉博雅社会工作服务中心副总干事，曾获评“中国最美社工”。张志强，助理社会工作师，黄冈市蕲春县综治中心副主任。

决。小琪和妹妹日常缺少亲人陪伴，大多数时间在棚户区的家中闲坐，或者在家周围闲逛。

二、分析预估

（一）服务对象面临的问题

第一，生理层面。服务对象患糖尿病，未得到充分治疗。

第二，心理层面。服务对象内心封闭，情绪长期处于低落状态，自我认同感低。

第三，经济方面。父亲入狱后家中无经济来源。

第四，家庭关系方面。母亲离家出走，父亲入狱，爷爷奶奶拒绝抚养，服务对象与妹妹相依为命。

第五，社会交往方面。服务对象经常闭门不出，没有朋友和玩伴。

第六，教育方面。服务对象因生理和经济原因学业中断。

（二）服务对象需求分析

第一，在生理层面存在疾病得到及时医治的需求。

第二，在心理层面存在纾解心理压力、提高自我效能感的需求。

第三，在经济方面存在缓解经济压力的需求。

第四，在家庭关系方面存在回归家庭的需求。

第五，在社会交往方面存在增强人际交往动机和沟通交流能力，促进同辈交往的需求。

第六，在教育方面存在继续接受教育的需求。

三、理论依据

（一）马斯洛的需求层次理论

马斯洛将人的需求层次分为五种，按层次逐级递升顺序分别为：生理的需求、安全的需求、归属与爱的需求、尊重的需求、自我实现的需求。这些需求成为激励和指引个体行动的力量。在服务过程中，社会工作者通过逐步满足服务对象的实际需求，从而引导服务对象树立正确的价值取向。

从需求层次理论来看，本案可通过满足服务对象的基本需求来改变其生活状况。主要包括：三餐不继、饮食靠邻里接济的生理需求；无钱就医、居无定所的安全需求；学业中断、无人抚养、社会支持薄弱的社交需求；自尊心很强但缺乏自信的尊重需求。

（二）社会支持理论

社会支持理论包括正式可见和非正式不可见两个不同层面的支持系统，包含家人、朋友和不稳定的社会关系。两个层面的支持，从上到下，彼此相互联系、相互影响。社会支持理论体现了“人在情境中”，从服务对象所处的特定环境来具体分析，整合非正式和正式资源，进行研究与介入，促进良性互动，从而使服务对象得到社会支持与关怀，改变社会处境，获得自我效能感。

服务对象的社会支持的影响因素主要包括：潜在的压力事件、周边邻里朋辈的主观评价、个人主观评价所带来的压力类“冷暴力”，个人行为适应社会后的再评价，精神心理疾病及生理疾病。

四、服务计划

（一）服务目标

总体目标：社会工作者运用个案工作专业方法，建立“社会工作者、社会、政府部门三位一体”专项帮扶小组进行长效帮扶，充分链接各方资源，帮助服务对象解决现阶段面临的经济困难、无人抚养、无钱就医、社交困难等问题，提升服务对象的自信心，重构服务对象的社会支持网络，重新点燃服务对象对未来生活的希望。

具体目标：

第一，解决服务对象的医疗经费问题，使其身体状况得到改善。

第二，缓解服务对象的经济压力，使其生活起居情况得到改善。

第三，帮助服务对象提升对未来生活的期待，提高自信心水平。

第四，帮助服务对象打开心扉，加强交流互动，助力社会融入。

第五，帮助服务对象与爷爷奶奶建立良好关系，回归家庭。

第六，帮助服务对象接受教育。

（二）介入策略

第一，链接各方资源，帮助解决服务对象面临的饮食、安全和就医方面的迫切问题。

第二，加强服务对象与社会工作者的信任关系，社会工作者对其进行心理和情绪疏导。

第三，通过多方协助，促使爷爷奶奶接纳服务对象，帮助服务对象回归家庭。

第四，鼓励服务对象在身体状况允许的情况下，积极参与社区青少年活动。

第五，鼓励服务对象重拾学业，链接大学生教育资源，为服务对象辅导落下的小学功课，为重新入学做准备。

五、服务过程

（一）第一阶段：解决基本生存问题

1. 介入重点

第一阶段是危机介入阶段。在得知服务对象的生活困境后，社会工作者迅速向相关部门进行汇报，并立即采取危机干预措施，帮助满足服务对象的基本吃住安全和就医需求。

2. 介入过程

第一，对接社区。本着生命至上、以人为本的原则，社会工作者迅速链接爱心邻里和民警队资源，轮流照料服务对象及其妹妹的基本吃住，保障服务对象的饮食安全和居家安全。

第二，社会工作者积极与街道民政办、扶贫办协调，向基金会、团区委、区民政有关青少年帮扶救助的部门申请救助帮扶等，共计获得慰问帮扶资金 16 200 元。

第三，社会工作者通过街道办对接人民医院医疗部，沟通减免部分医疗费用，帮助服务对象顺利就医。

第四，社会工作者通过资源链接，协调团省委、团区委、街道办多方联合关注服务对象，结合实际情况开展慰问行动。

（二）第二阶段：开展心理情绪疏导

1. 介入重点

第二阶段是需求评估阶段。社会工作者与服务对象进行非正式单独会谈，运用倾听、宣泄、同理心等技巧切入话题，有效疏导服务对象的消极情绪。

2. 介入过程

（1）情绪疏导。

社会工作者尝试采用“先陪伴，后倾听，再协助解决”的思路开展服务。面谈初期，服务对象的情绪非常激动，一直倾诉个人遭遇，无法走出过去的阴影。服务对象对家人、社会充满怨恨，心态很悲观。社会工作者运用倾听、宣泄、同理心等技巧，与服务对象进行“敞开心扉”“阳光下的你我”等主题会谈，帮助服务对象解决情绪困扰，改善消极情绪；利用同理心、理解等技巧，给予服务对象关爱，帮助其建立积极的人生观；通过对其语言、表情、行为及所述事实等资料的收集、整理、分析，评估其心理问题，与其建立专业关系。

（2）探索服务对象的深层情绪，促进服务对象的情绪疏解。

社会工作者采取支持和鼓励等技巧，赞美服务对象的坚强和自立。经过几次面谈，服务对象的情绪开始平复。社会工作者运用个案面谈技巧，引导服务对象讲出自己的“奢望”：“希望爷爷奶奶能够多关心我一些，想回归家庭生活。”社会工作者鼓励、引导服务对象正视现实，勇敢面对未来。社会工作者与服务对象约定，一起来努力达到目标，并制订出详细的工作计划。

（三）第三阶段：缓解家庭经济压力

1. 介入重点

第三阶段是介入服务与困境帮扶阶段。在了解需求后，社会工作者开始制订计划，链接资源，争取各部门、各单位的支持，帮助服务对象解决生活照料问题；联系社区医院、救助站等，为服务对象安排就医诊治。

2. 介入过程

（1）改善小琪姐妹的生活状况。

区青教办、街道办等部门高度重视，组成专项帮扶小组，探访服务对象的爷爷奶奶，帮助其爷爷奶奶认识到抚养孙女的职责，沟通内心想法，解开疑虑，化解祖孙间的矛盾。同时，社会工作者联系民政局、社会福利院、救助站等机构，以及社会团体、爱心力量、志愿者队伍，开展联合帮教，为服务对象提供生活物资和社会关爱支持，增强服务对象的人生希望和动力。经过努力，团省委帮助协调落实了低保申请，团区委每年专项资助 4 000 元，区检察院每年专项资助 2 000 元，街道办也持续关注服务对象的生活动态，常态化链接资源，定期组织志愿者上门走访慰问，帮扶服务对象解决基本生活需求问题。在多方协调下，人民医院医疗部也同意减免部分医疗费用，帮助服务对象顺利就医。

（2）协助服务对象入院就医。

社会工作者联系民政局、社会福利院、社区医院等机构，为服务对象安排社区医院进行治疗，并定期检查服务对象的身体状况，解决服务对象生病就医的问题。社会工作者鼓励服务对象与爷爷奶奶多联系沟通，以得到家人的支持，减轻亲情缺失造成的不利影响。社会工作者引导服务对象每天至少拿出半小时走出房间去外面看看风景，并鼓励其尝试与其他人聊聊天，提高自己的人际沟通能力。

（四）第四阶段：齐心助力回归家庭

1. 介入重点

第四阶段是回归家庭阶段。社会工作者针对服务对象的家庭进行直接介入，强化家庭关怀，促进情绪管理，加强归属感。

2. 介入过程

（1）直奔主题。

社会工作者和街道工作人员、社区工作人员一同到服务对象的爷爷奶奶家入户走访，建立关系，加强祖孙联系，通过晓之以理、动之以情，针对爷爷奶奶未对服务对象履行抚养义务的情况进行解析，让服务对象的爷爷奶奶理解作为法定监护人履行抚养义务的重要性。

（2）加强沟通。

社会工作者和辖区民警多次走访服务对象的爷爷奶奶家，进行沟通、劝解。在走访的过程中，社会工作者积极告知他们服务对象的生活状况，从而引起他们的共情，开始关注、关心服务对象；让他们了解到社区及政府部门的关心与政策帮扶，减少他们对经济困难的担忧。

（3）社会关注。

社会工作者和社区工作人员一起，积极联系志愿资源，多次为服务对象带去生活物资、帮扶金等，带动社会福利团体、爱心力量共同出力联动帮扶；社会工作者和街道、社区也持续跟进了解服务对象的生活状况，加强关心。

（五）第五阶段：重构社会支持网络

1. 介入重点

第五阶段是社会融入阶段。社会工作者开展服务，构建社会支持网络，帮助服务对象加强归属感，加强情绪管理。

2. 介入过程

（1）朋辈支持，社会参与。

社会工作者在社区内广泛发动、组织同龄青少年开展宣传教育、趣味运动会、生日会等活动，加强服务对象的社区融入，促进其人际互动，增强其人际交往能力。社会工作者组织开展“缘来有你”“难忘瞬间”“快乐瞬间”“团结力量大”“一起欢唱吧”“感谢有你”等主题的专业小组活动，增强同龄青少年间的互动与交流，帮助服务对象慢慢融入朋辈群体，营造良好的人际互动氛围，加强社会参与感。经过努力，服务对象打开心扉，开始与其他青少年交流，敢于直面人生挫折，正确处理情绪困扰，乐观向上地生活。

（2）学业支持，继续教育。

社会工作者链接大学生教育资源以及学习资源，包括电脑和特定学习课件等，以此加强社会工作者与志愿者联动，帮助服务对象重燃学习兴趣。志愿者定期上门进行探访慰问，例如与服务对象聊天、做团体游戏、开展感恩主题活动、为其送学习用品、进行文艺表演、传授才艺与技能等。志愿者的到来为服务对象的生活带来了欢乐。

六、成效评估

（一）总结评估

通过过程评估和结果评估的方式对介入的效果进行评估，帮助社会工作者了解服务成果，总结服务经验，改善服务过程。

1. 过程评估

在服务过程中，社会工作者及时观察记录服务对象的表现，注意服务对象的心理变化。首先，服务对象从介入初期认为生活无意义的悲观心态，转变为好好活着、健康成长的积极心态。其次，社会工作者运用多样化服务技巧，帮助服务对象从社会支持网络中得到了比以往丰富的资源和支持。最后，服务对象也感受到了久违的亲情，暖流涌进心田，心境发生了积极转变，对家庭、社区和社会的归属感明显增强。

2. 结果评估

结果评估是当服务结束后，评估服务对象的满意程度和服务目标的达成情况。从性格角度来说，服务对象从孤僻、话少，转变为现在的积极回应、主动搭话、敞开心扉表达对生活的希望；从社会角度来说，服务对象释放自我，积极参与社区活动，从活动中收获快乐；从基本生活角度来说，服务对象的爷爷将服务对象及其妹妹接回家中抚养，照顾她们的生活起居；从生理角度来说，社区医院定期为服务对象开展疾病治疗，使服务对象的病情得到了有效控制。

（二）服务成效

通过整合资源、心理辅导、家访、联动帮扶等方式，社会工作者近半年的努力取得了明显的效果。在生理疾病的控制上，服务前，服务对象的疾病无法得到治疗，发病次数较多；服务后，服务对象的疾病得到了有效治疗，病情稳定，发病频率明显减少。在心理情绪方面，原有的消极情绪得到改善，服务对象能够敞开心扉与人交流，也会经常带妹妹去社区青少年空间看书或参加活动。在经济上，介入前服务对象没有稳定的经济来源，介入后服务对象与其妹妹获得了多方面的资源支持，获得了长期且稳定的困难帮扶资金。在生活照料上，爷爷奶奶同意照顾服务对象的生活起居，还关心服务对象的病情与学业情况，服务对象与其妹妹成功回归家庭。在学业上，有大学生志愿者定期辅导课程作业，帮助服务对象重燃学习兴趣，积极为复学做准备。整体来看，服务对象的社会支持系统得以重建，个案预期目标全面达成。

七、专业反思

（一）联动帮扶

联动多部门共同参与帮扶，能有效建立困境青少年的社会支持体系。本案例结合青少年社会工作者和街道驻点社会工作者的角色优势，构建起“街道/社区＋青少年权益维护部门＋社会工作者”的跨专业多领域合作团队，积极与当地政府和行业主管部门加强沟通协调，建立形成了“困境青少年—街道及社区—社会工作者—各级团委”的常态化对接帮扶机制，进一步完善了困境青少年帮扶机制。

（二）整合资源

资源整合是困境青少年帮扶过程中的重点工作。社会工作者主要扮演资源链接者、协商者、倡导者、评估者，以及直接服务提供者的角色。但是，在本案例的服务过程中，服务对象面临多重困境，对社会工作者的能力提出了更高的要求。为了挖掘和整合多重资源支持、帮助服务对象达成目标，社会工作者积极学习青少年权益维护、扶贫帮困的相关知识，进一步熟悉司法救助、行政管理和社会福利的相关政策，挖掘和链接到资金、物资、照顾、支持、医疗、教育等多种形式和来源的资源，有效帮助了困境青少年解决面临的多重困境。

（三）专业提升

本次服务对社会工作者的专业知识、实务技能和工作经验提出了较高的要求。在服务过程中，社会工作者不仅仅要改变服务对象的消极心态、不良的人际交往、脆弱的社会支持网络，更要为其能正常生活创造条件。社会工作者在服务过程中进一步提升了专业能力，使用了危机介入的方法和技巧，积极发挥了阵地优势，强化了社会支持网络作用，帮助促进了双向沟通与交流，促进了服务对象融入社会。

（四）宣传倡导

社会工作者在服务之余，也要引导相关部门对同类群体的需求进行关注。建议加强对困境青少年的关注与政策扶持，推动长效帮扶助学以及医疗帮扶，阻断返贫；加强宣传倡导，建立微信公众号、网站等互动平台，多方渠道宣传困境青少年群体的现状与服务，赢得社会关注；整合社会资源，强化社会倡导和朋辈支持，号召大家积极关注困境青少年群体，营造尊重、接纳与关爱的社会环境，协助困境青少年群体的家庭功能恢复。

专家点评

困境家庭青少年的问题往往具有复杂性和多样性，本案例中小琪的问题即具有这两个特点。监护照顾缺失、经济匮乏、患病后失医、社会支持脆弱，叠加服务对象心理自卑与个性疏离，复杂多样的问题给社会工作者带来了巨大的挑战。但令人欣慰的是，社会工作者利用专业知识解决了服务对象的多重问题。

案例中值得学习的实务亮点有三：第一，危机介入模式的紧急启动非常及时。社会工作者在得知服务对象的困境后，迅速向相关部门进行汇报，并立即采取危机干预，动员一切力量来满足小琪姐妹的吃住安全、基本收入和医疗服务等基本需求。青少年的身心特点决定了一旦家庭出现变故，青少年便会处在危机之中，故危机介入模式具有针对性和有效性。第二，心理情绪疏导策略富有成效。社会工作者尝试采用“先陪伴，后倾听，再协助解决”的策略开展心理疏导服务，是社会工作介入“先易后难”原则的具体化。陪伴表明社会工作者与服务对象是同行人，能够增进信任；倾听有助于服务对象宣泄情绪、释放压力；协助解决则是在与服务对象同行的情况下，陪伴服务对象走出情绪的泥沼。第三，社会工作者有主动学习、努力争取的敬业精神。在服务过程中，社会工作者主动学习青少年权益维护、扶贫帮困的知识，进一步熟悉司法救助、行政管理和社会福利的政策，因而能够说服街道办、区青教办、社区等部门成立专项帮扶小组，积极募集民政局、社会福利院、救助站、人民医院等机构的正式资源，同时联动社会团体、爱心力量、志愿者队伍等民间服务，成功为小琪提供生活物资和关爱支持，增强了小琪的人生希望和最终走出困境的保障。

高玉玲　华中师范大学社会学院副教授

案例三　生态系统理论视角下的自闭症孤儿帮扶个案①

李徐佳②

一、背景介绍

基本信息：服务对象刘某，女，散居孤儿，患有自闭症。

家庭背景：服务对象的父母在其幼年时期逝世，服务对象由其奶奶独自抚养成人，祖孙二人相依为命，其间与亲戚没有任何来往（见图 4－3－1）。目前，服务对象的奶奶身体情况较差，独自抚养服务对象已经有些吃力。服务对象一家的家庭经济来源主要是奶奶的退休金及孤儿补助金，收入较少。

个人经历：服务对象由奶奶抚养成人，青春期曾遭受同学排挤、嘲笑，患有自闭症，防备心强，与他人疏远，将全部情感寄托在奶奶身上。大一上半学年，服务对象曾在医院接受过治疗，她十分排斥这段经历，不愿意向任何人提起，并且曾因就医经历产生过自杀情绪。

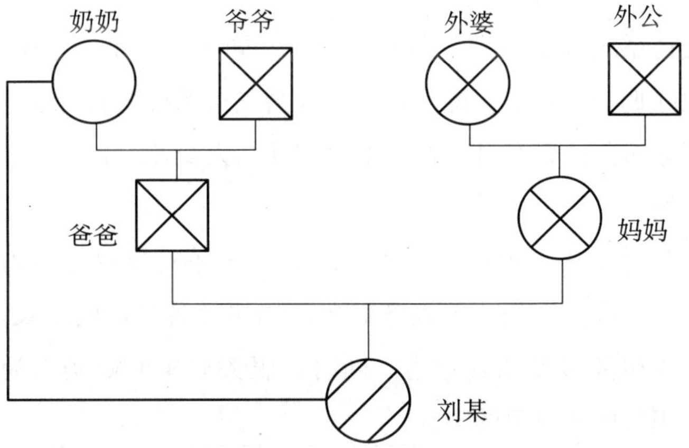

图 4－3－1　服务对象家庭结构图

① 本案例获评湖北省第四届社会工作实务案例大赛一等奖。

② 李徐佳，助理社会工作师，武汉博雅社会工作服务中心社工，曾获评武汉市优秀社会工作者、杰出“乡村社工”。

二、分析预估

通过对服务对象的初步了解，社会工作者从心理、生理、社会三个方面来分析服务对象面临的问题。

（一）心理

服务对象的亲生父母病故，与奶奶相依为命，组成“多病老人＋散居孤儿”形式的家庭。父爱和母爱的缺失，使得服务对象没有安全感，对他人缺乏基本信任，形成敏感、多疑、自卑的性格。与奶奶相依为命使服务对象对奶奶产生了过分依赖的心理。社会工作者通过《症状自评量表 SCL-90》对服务对象的心理健康状况进行了评估，从心理测评结果看，她情绪方面有焦虑、抑郁的症状，躯体方面有失眠的症状。

（二）生理

服务对象的身体状况一直不大稳定，长期患有头痛与失眠。大一上半学年，她曾去医院就医，当时被确诊为自闭症，需要终生依靠服药来调节。此后服务对象越发自闭，不愿向任何人提起就医或生病情况，拒绝再次就医，并且曾因就医经历产生过自杀情绪。

服务对象的奶奶年纪偏大，加之其身体状况不佳，自顾不暇，没有余力照顾服务对象。服务对象家庭的收入来源主要是家中奶奶的退休金和每个月的孤儿补助金，随着养育成本的不断增加，家庭经济状态不稳定，影响服务对象的生存和发展。

（三）社会

一个完备的支持系统包括亲人、朋友、同学、同事、邻里、老师、上下级、合作伙伴等等，服务对象除拥有奶奶的支持外，其他社会支持系统都有待建立。

个人系统：服务对象虽患有自闭症，不愿主动与人交流，但为人真诚、善良、孝顺，懂得感恩与体恤奶奶。

家庭系统：服务对象从小由奶奶抚养，奶奶对服务对象尽心尽力，祖孙关系密切，奶奶是服务对象唯一的精神寄托。但服务对象的奶奶随着年纪的增长，身体状况每况愈下，开始对独自抚养服务对象感到吃力。同时，服务对象的奶奶因为服务对象的经历、性格、病情，十分担忧服务对象的未来。

学校系统：学校系统是重要的朋辈支持来源。服务对象青春期时曾因家中无父无母，被同龄人耻笑与欺负，这导致了她与朋辈群体交往的障碍。为了避免此类事件再次发生，服务对象尽可能地减少与朋辈群体之间的交流，因此其与学校的同学、老师交流甚少，甚至与大部分人从未有过交流。

社区系统：由于特殊的家庭情况，社区工作人员对服务对象及其家庭十分关照，十分愿意为服务对象及其家庭提供帮助，但是由于服务对象及其家庭近期已迁离原社区，原有的社区系统不能像从前一样发挥作用。

三、理论依据

生态系统理论是考察人类行为与社会环境的交互关系的综合性理论，该理论把人类成长的社会环境视为社会性的生态系统，强调生态环境对人类行为的影响，注重个人与环境各系统的相互作用[①]。本案例根据生态系统理论的观点，基于服务对象所处的社会环境，来认识服务对象的问题，分析问题产生的原因，并通过重建服务对象的个人系统、家庭系统、学校系统、社区系统等解决服务对象的问题。

四、服务计划

（一）服务目标

1. 总目标

提升服务对象的抗逆力，改善服务对象的生态系统，使服务对象能够自我认识、自我促进、自我接纳，修复自己的人际支持系统。协助服务对象积极融入社区，参与社区活动，提高自己解决问题和人际交往的能力，最终完善服务对象的人格和社会功能。

2. 具体目标

（1）在与人沟通交流时，能做到正视他人，目光不闪躲。

（2）学会三种排解情绪的方式。

（3）坚持写“成功日记”，树立自信心，增强自我认同感。

（4）结交三个以上新朋友，并与他们建立长期稳定的互助关系。

（5）至少与七名同学成为熟人，即建立见面能相互问好的关系。

（6）每两个月至少参加一次社区活动。

（7）至少与五名社区居民成为熟人，即建立见面能相互问好的关系。

（8）尝试三件从未挑战过的事，制订一份近期学习生活计划。

---

① 许莉娅．个案工作．2版．北京：高等教育出版社，2013：265.

（二）服务计划

通过绘制服务对象的生态系统图，社会工作者发现，除了与奶奶互相支持，服务对象与学校、社区以及朋辈群体等系统的互动几乎为零，服务对象难以从其他系统中获取资源。社会工作者运用生态系统理论干预的六个步骤，建构服务对象的社会支持系统，增强服务对象生态系统间的资源交换，建立服务对象与其生态系统的长期稳定的互惠关系。

1. 进入系统

通过与服务对象及相关人员（奶奶、学校老师、医生）的面谈，收集服务对象及其各个重要系统的情况，掌握服务对象已有的关系和资源。

2. 绘制生态系统图

在确认服务关系后，社会工作者与服务对象共同绘制生态系统图（见图 4－3－2）。生态系统图主要以服务对象系统中的人物和时间为中心，正的和负的行为和情感都包括在内。通过生态系统图，能够更直观地了解服务对象生态系统的现状及优劣势。

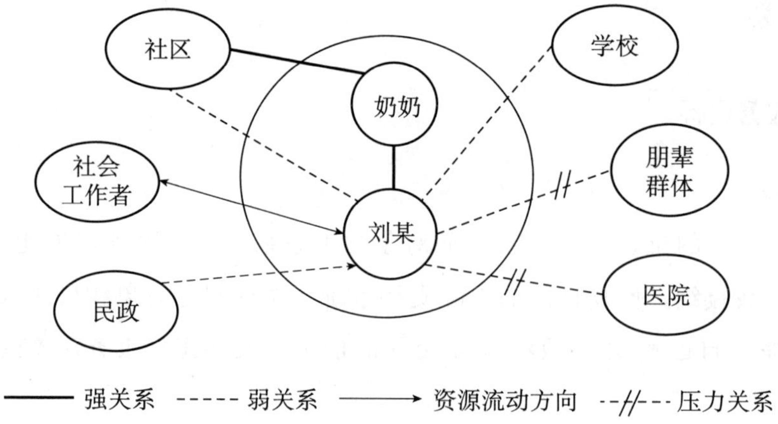

图 4－3－2 服务对象生态系统图

3. 评估生态系统

通过生态系统图，社会工作者发现服务对象只与其奶奶建立了较强的关系，与其他系统的互动较少，且难以从其他系统中获取资源。在找出服务对象与环境不和的来源后，社会工作者进一步挖掘各系统的优势，如奶奶与社区居民关系较好，以奶奶为桥梁可以建构社区与服务对象的支持系统。

4. 创造改变的观点

社会工作者与服务对象讨论最有可能产生改变的生态系统，然后签订协议，促成改变行动；社会工作者通过介入服务对象的微观系统与中观系统，逐渐疏通服务对象现有的生态系统体系，致力于打造一个健康平衡的生态系统。

5. 协调与沟通

通过“空椅子疗法”、情景模拟、“成功日记”等服务，修复服务对象的微观系统，提升服务对象的情绪表达能力，助力服务对象摆脱抑郁困扰。通过参与社区节日活动与学校志愿活动，使服务对象与社区居民、学校师生建立联系，恢复服务对象中观系统的支持性功能。

6. 成效评估

通过过程评估，对服务计划进行调整和优化。使用结构化工具，站在服务对象的角度评估干预的成效，以确立生态系统发挥效用的有效性和干预行动的连贯性。

五、服务过程

（一）面谈与资料搜集

社会工作者通过创造一个温馨、接纳和支持的环境，与服务对象进行面谈，鼓励服务对象“讲述自己的生命故事”。社会工作者与服务对象就问题本身以及各自职责进行讨论和协商，达成一致意见。

社会工作者根据政府部门提供的信息来到服务对象的社区进行走访。据社区工作人员介绍，服务对象的父母都病故了，奶奶一个人将服务对象带大，家庭经济十分困难。服务对象的家庭比较特殊，服务对象的奶奶平常和街坊邻居关系较好。通过社区，社会工作者了解了服务对象的基本情况。

第一次面谈在服务对象家中进行，服务对象的奶奶告诉社会工作者，服务对象目前在学校上学，平常只有周末回家，2017 年 6 月因自闭症在医院接受过治疗，目前情况有所好转，但是随时有复发的可能，需要注意服务对象的情绪和心理，以及药物服用情况。奶奶对服务对象十分关心，并向社会工作者表达了她的担心。社会工作者首先与服务对象的奶奶建立了信任关系。与奶奶面谈结束后，社会工作者与奶奶约定了在周末与服务对象面谈。

社会工作者在与服务对象的前两次面谈过程中，发现服务对象有意识地封闭自己，不愿意表达自己的想法，经常低着头不说话。社会工作者以了解奶奶的身体状况作为话题，才引发了服务对象的回应。社会工作者认真倾听，以肯定的目光鼓励服务对象说出自己的想法。在得到服务对象的回应之后，社会工作者将话题由奶奶逐渐转向服务对象自身，并向服务对象阐述了社会工作者的目的与职责，服务对象对社会工作者也有了一定的了解。社会工作者与服务对象初步建立专业关系。在第四次面谈时，服务对象与社会工作者的交流次数明显增多，双方建立了一定的信任基础。社会工作者与服务对象共同讨论了服务对象现在的问题，设立了服务目标，初步制订了服务计划。

（二）生态系统重建

社会工作者协助服务对象提高能力、改善环境，增强其对环境的适应度。

1. 个人系统重建

（1）与服务对象共同绘制生态系统图。

在制订服务计划阶段，社会工作者与服务对象共同绘制生态系统图，让服务对象清晰认识自己所处的生态系统，与服务对象共同讨论如何建构支持系统，了解服务对象所具有的优势与劣势。

（2）情绪治疗与调节。

采用“空椅子疗法”激发服务对象表达内心对病故父母的情感，从中分析服务对象现在的心理状态，发现服务对象的心理需求。这也为服务对象提供了宣泄悲伤情绪的途径，从而使服务对象内心趋向平和。通过情景模拟，向服务对象传授情绪调节的方法，让服务对象合理发泄情绪，学会控制情绪。

（3）通过“成功日记”树立自信。

社会工作者要求服务对象写“成功日记”，即每天记录自己的微小改变，在每次服务结束阶段与社会工作者分享。由于缺乏他人的认可，服务对象性格内向、忧郁、孤僻，需要借助正面积极的评价来提升自我认同感，日复一日累积的改变冲击着服务对象原有的消极思维方式，服务对象的自信心逐渐树立。

（4）认知自我，合理规划。

当服务对象的自我认知逐步提升后，社会工作者与服务对象共同制订大学的学习生活计划。在制订计划的过程中，服务对象也对自己的未来进行了设想。社会工作者通过阶段目标激励服务对象，巩固已经取得的服务成效，从而使服务对象以积极乐观的态度面对生活，逐步适应社会，恢复社会功能，实现自我发展。

2. 家庭系统重建

（1）欢度团圆年。

新春临近，社会工作者召集散居孤儿家庭和社区志愿者家庭共同参与活动，服务对象与其奶奶也在受邀请之列，活动主要内容有剪纸、写对联、包饺子、煮汤圆、为社区居民送祝福等。服务对象的奶奶是服务对象最依赖的人，但是由于年龄产生的代沟，祖孙之间沟通甚少。社会工作者举办此次活动的主要目的是引导服务对象参与社区活动，促进其与奶奶之间的交流。通过活动，服务对象不仅增强了与奶奶的有效沟通，还初步结交了一些散居孤儿和志愿者。

（2）我已老去，你未长大。

服务对象自幼失去父母，家庭结构不健全，其生活的全部支持来源于奶奶，家庭养护结构较为脆弱。为了使服务对象与奶奶之间有更健康的交流与相处方式，帮助服务对象将其对奶奶的过分依赖降低，缓冲家庭再次解散的风险可能对服务对象产生的打击，社会工作者邀请服务对象与其奶奶共同参加了“我已老去，你未长大”活动。该活动分为两个环节。第一个环节将家长与孩子分为两组。在家长组，以散居孤儿的教育为主题，让家长们相互分享教育心得；在孩子组，通过绘制生命树，让孩子们了解生命的意义，引导孩子们正确理解生与死。第二个环节将两组合并，由家长与孩子合作共同完成游戏，再将各个组合打乱，重新排列，让不熟识的人合作共同完成游戏。活动结束后与服务对象单独会谈，引导服务对象反思与奶奶过分依赖的关系，重新审视祖孙关系，正视生命的历程，完成转变角色的任务。

3. 学校系统重建

（1）担任迎接新生志愿者。

服务对象的朋辈支持网络缺失。服务对象的青春期经历，导致其在与同龄人交往的过程中害怕受到同伴嘲笑、否认，害怕同伴议论自己，不敢与同龄人打交道。

正值新生开学季，社会工作者鼓励服务对象参与学校的迎接新生志愿活动。作为志愿者，服务对象需要与其他志愿者合作，主动与新生接触，为新生讲解校园生活注意事项等。这对服务对象来说是一个挑战，激发服务对象学会主动与人交流，转变其主动与人交流就会受挫的认知。

（2）与同学合作表演小品。

服务对象与同学之间的交往甚至连“泛泛之交”都称不上。社会工作者为了了解服务对象的学校系统，与校方取得联系，从班主任、同学入手，了解服务对象的日常生活、行为习惯，以及大家对服务对象的看法、态度及建议。社会工作者通过与老师、同学沟通，试图为服务对象创建一个平等、温馨的校园环境。

社会工作者了解到班级本学期有一次心理班会，需要表演节目。在社会工作者的陪同与鼓励下，服务对象与同学共同为心理班会表演小品。在参与此次活动的过程中，她不仅获得了周围人的认同、接纳，还缓解了对朋辈群体的恐惧，结交了新的朋友，打造了新的社交网络。

4. 社区系统重建

（1）雷锋伴我行。

正值3月学雷锋月，社区开展了争当志愿者活动，社会工作者邀请服务对象成为学雷锋月的志愿者之一，在学雷锋月参与为社区出板报、维护社区清洁、为社区居民讲解社区团结的重要性等活动。此次活动不仅让更多的社区居民熟识了服务对象，也让服务对象感受到了社区居民对她的关心。

（2）情浓五月天。

环境的改变，令社会工作者需要帮助服务对象及其家庭在新社区也建立起有力的支持网络。搬家前，服务对象受原居住社区邻里的帮助较多，但搬家后原社区工作人员的帮助力度减弱，只能通过电话关怀服务对象一家。端午节时，社会工作者邀请服务对象作为“情浓五月天”活动的志愿者，与活动参与者共同包粽子，并且与社会工作者共同筹备端午节诗歌比赛。

通过这两个活动以及“欢度团圆年”“我已老去，你未长大”等活动，服务对象在社区中逐渐被居民熟知。因有礼貌、懂事，服务对象受到了许多社区居民的关照和喜爱。在服务的过程中，服务对象逐渐产生了对社会的认同，体会到了来自其他网络的支持、关爱，逐渐意识到自己是能够被社会接纳的个体。

5. 医疗资源链接

自闭症病因复杂，仅靠社会工作者的力量不足以提供专业的治疗，需要借助专业力量。虽然服务对象曾对就医及病症感到十分排斥，试图通过逃避的方式解决问题，但经过社会工作者几个月的交流、陪伴，服务对象有所成长，逐渐有勇气去面对生病的事实。在社会工作者的陪同下，服务对象到医院进行复查，复查结果显示病情大有改善。

（三）结案与效果巩固

社会工作者只是服务对象人生一小段路的同行者，在同行的过程中帮助服务对象成长、实现目标、走上正轨，当目标逐个达成后，社会工作者需要开展结案工作。经过为期 7 个月的介入，服务对象已经达成了最初制定的目标，性格逐渐变得开朗，能够勇于面对现实。服务对象去医院复查的结果显示，其自闭程度大幅降低。学校的老师和同学们与服务对象建立了良好的关系。通过做社区志愿者，服务对象也在社区中受到了欢迎。

考虑到服务对象的心理特殊性，结案的步骤要更为审慎，避免对服务对象造成二次伤害。为了顺利结案并巩固服务对象的改变成果，在准备结案的前一个月，社会工作者提前告知服务对象结案时间，使其有充分的时间接受分离，并将会面频率降为每月一次。在最后一次活动中，社会工作者为服务对象准备了欢送会，邀请了服务对象在服务期间结交到的朋友共同参与，放映服务对象在服务期间的某些特殊时刻的小视频，让朋友们发表对服务对象的寄语，使服务对象能够回顾在服务期间的成长、进步与改变，让她相信她有能力、有勇气、有毅力走好人生这段旅程，感受到自己并不是孤身一人。

结案并不意味着服务结束，在结案后的一段时间里，社会工作者仍然定期通过电话对服务对象进行回访与追踪，及时了解服务对象的需求，以及检验服务成效的持续性。

六、成效评估

（一）过程评估

回顾整个个案，服务持续的时间有 7 个月，为服务对象提供了 15 次服务，主要围绕对服务对象支持系统的建构展开，沟通和协调服务对象的生态系统。社会工作者认真做好每次服务记录，并及时进行总结与反思，做好下次服务的准备工作，根据目标的实现情况及发现的新问题对计划做进一步修改。

1. 关系建立阶段的评估

在介入开展初期，服务对象对社会工作者有所顾虑，社会工作者以服务对象的奶奶为桥梁，与服务对象建立了联系。对介入环境的合理把握，让服务对象感受到放松和支持，也进一步消除了服务对象对社会工作者的防备和恐惧心理。随着介入服务的开展和访谈次数的增加，服务对象与社会工作者建立了信任关系，在分析问题与制订计划时，服务对象表达了自己希望改变的意愿，这也反映出初期专业关系的必要性。

2. 服务实施阶段的评估

社会工作者在服务开展的过程中，一方面在面谈中观察服务对象的变化，另一方面深入服务对象的家庭、学校、社区，观察服务对象与外部环境的互动情况。经过几次面谈，服务对象的状态由拘谨，逐渐转变为能与社会工作者进行简单的交流，抬头与社会工作者眼神交流的次数增多。随着服务活动开展次数的增加，在社会工作者的积极鼓励和引导下，服务对象从最初与奶奶寸步不离，到愿意参加社区的志愿活动，社会融入水平有了较为明显的提升。

（二）结果评估

1. 目标完成度评估

为了促使服务对象的成长与改变，在介入初期，社会工作者与服务对象共同制定了具体目标、中间目标与总目标，三类目标层层递进，以保证达到服务效果。在服务结束后，社会工作者邀请服务对象填写任务完成情况测量表，服务对象的任务完成度是 93%，任务完成情况优秀。

2. 服务对象满意度评估

在服务结束后，社会工作者邀请服务对象及其奶奶进行面谈，请她们以口述的方式阐述对此次介入的看法。服务对象及其奶奶表示此次服务使她们发生了一定的改变。服务对象表示介入期间她逐渐学会面对问题、学会与他人交往，逐渐拥有自信，感受到自己是受到尊重与接纳的。服务对象说："我可以有很多新朋友，我也可以帮到别人，我不再是孤独的。"奶奶对服务对象的改变更是赞不绝口，没想到搬离了之前居住的社区，能得到新社区邻里的支持。

七、专业反思

（一）对介入过程的反思

服务对象的问题较为复杂，经济支持、社会网络支持等资源十分缺失，这使得她较难获得资源来解决人生问题。在开展服务时，社会工作者尽可能陪伴服务对象制定具备可操作性的目标，关注能实际得到改变的问题，致力于帮助服务对象重建自信、搭建生态系统网络，并最终取得了良好的成效。但是也有短期内无法改变的情况，比如服务对象的自闭症。在开展服务时，社会工作者只能尽可能帮助服务对象走出自己所设置的"圈"，纠正服务对象对自闭症的错误看法，以及对医院的过度排斥。想要对自闭症进行治疗，仍然需要服务对象与医生建立长期的合作关系。

（二）助人自助原则的困境与对策

授人以鱼不如授人以渔，社会工作注重助人自助。以"人"为本的助人方法，将"人"作为核心，激发服务对象个人的潜力。社会工作者运用服务对象自身的资源，协助服务对象在人际关系、心理情绪、行为习惯等方面获得改变，走出困境，达到"以人为本，助人自助"的目的。

但在助人自助的过程中，难免遇到一些困境，比如服务对象移情。由于服务对象的服务周期长，服务对象家庭及成长经历的特殊性，以及在介入过程中社会工作者采取的陪同、鼓励、接纳、关怀等以人为本的服务手段，服务对象后期对社会工作者产生移情，将信任与希望寄托在社会工作者身上。

为了解决移情问题，社会工作者切不可将服务对象所有的处境都看作必须解决的"问题"，更不可将解决"问题"的压力强加在自己身上。在服务对象的"问题"面前，他们自己才是解决"问题"的专家。在本案例中，服务对象只有自己走出来，对自己有自信，敞开封闭的心，才能融入社会，融入学校，健康快乐地生活。

专家点评

社会环境对青少年的成长产生无形的影响，青少年常常因为无法处理好个人系统与环境系统之间的互动关系而产生各种成长的困惑。个体与环境系统之间的良性互动对于青少年的成长具有重要意义，可以消除青少年成长过程中的情绪困扰，塑造健康人格，促进社会融入。在本案例中，社会工作者以生态系统理论为指导，从服务对象与社会各系统之间的互动关系中分析问题，探讨社会生态系统对服务对象行为的影响因素，并通过重构个人系统与家庭系统、学校系统和社区系统等各系统之间的互动关系来解决服务对象的问题。社会工作者的服务，促进了服务对象的自我认知，增强了服务对象适应环境的能力，修复了服务对象的社会支持系统，消除了环境对服务对象成长的阻碍因素，最终使服务对象有能力面对自身的问题。本案例个案服务的理论运用较为恰当，服务计划较为合理，效果比较明显。

陈琦　华中师范大学社会学院副教授

第五篇

老年及医务社会工作

案例一　基于行为改变轮理论的老年退役军人社区参与项目[①]

路忻昀　陈玉晗　许梦颖[②]

一、背景介绍

中国梦引领强军梦，强军梦支撑中国梦。党的十九大报告首次提出："组建退役军人管理保障机构，维护军人军属合法权益，让军人成为全社会尊崇的职业。"2022 年政府工作报告指出："做好退役军人安置和就业保障""做好军人军属、退役军人和其他优抚对象优待抚恤工作"。党的二十大报告再次强调："做好退役军人服务保障工作。巩固发展军政军民团结。"国家在新时代对军人群体给予了高度重视，并在专业机构设立、法律体系建立、多元支持完善等方面取得了许多阶段性成果，保障在役军人以及退役军人的各项权益[③]。

其中，老年退役军人群体是退役军人群体中更应受到重视和关爱的群体。该群体普遍年龄偏大，时代性的参军经历塑造了其独特的军人特质，其生命历程也具有鲜明的阶段性。他们经历了从入伍到退役、从工作到退休的重要阶段，生活环境也从军队回归地方。在这一过程中，社区扮演着越来越重要的角色。但同时，老年退役军人群体在继续社会化的适应过程中，出现了融入社会方面的困难。[④]

D 社区地处市中心，近年来，在上级政府指导和支持下，社区"两委"作为党和政府联系群众的桥梁和纽带，以建设管理有序、服务完善、环境优美、治安良好、人际关系和谐的文明社区为目标。D 社区有数量较多的老年退役军人，他们平时在社区内自行

---

① 本文获评第十四届中国社会工作大学生论坛暨第七届研究生论坛本科组一等奖。

② 路忻昀，华中师范大学社会工作专业本科生。陈玉晗，华中师范大学社会学专业本科生。许梦颖，华中师范大学社会工作专业本科生。

③ 罗平飞．当代中国军人退役安置制度实践过程分析．社会主义研究，2006（5）.

④ 周一菲．康娱小组介入城市老年退役军人自尊重塑的研究：基于 L 社区老年退伍军人的小组工作．武汉：华中科技大学，2018.

开展一些娱乐活动，部分老年退役军人较少出门。为更好地服务这一特殊群体，让他们受到应有的尊重和关心，社会工作者设计开展了老年退役军人社区参与项目。

二、分析预估

（一）现实层面

城市老年退役军人年轻时从部队转业后与其他从业人员可自主择业不同，大部分被分配到国有企业担任管理工作。21世纪以来，这些曾经参加过抗美援朝、对越自卫反击战等战役的老年退役军人先后退休。由于退役转业分配的单位不同，他们退休后的养老金有所差异。国家的政策支持也存在不足之处，主要表现为退役军人档案管理欠缺，看病难问题较为突出，优抚保障水平与国民经济增长速度不相适应，优抚保障政策与其他制度改革不相适应，现有政策难以满足多样化需求，等等。这些因曾经的特殊政策引发的后续问题在老年退役军人群体中较为突出，使得部分老年退役军人的基本生活水平较低。加上因军人曾经的军旅生活训练及战争经历，部分老年退役军人相较于正常老年人群体身体状况较差，需要改善基本生活条件和生活照料。

（二）心理层面

老年退役军人相较于其他老年人群体具有政治参与积极性高、自我意识较强、文化需求较多、小团体内凝聚性较强等特点。一方面，年轻时的军旅生活、中年时的领导干部工作以及浓厚的“拥军”社会氛围，使这些老年退役军人拥有较强的自我认同和社会责任感。但随着身体机能的退化，他们不得不承认自己已不能像年轻时一样骁勇善战，从而产生落差感，影响身心健康。而且老年退役军人所受到的社会尊重有所降低，社会地位下降，而退休后的养老金又有所差异，使其相对剥夺感增强。另一方面，部分老年退役军人对军旅生活和战争经历记忆深刻，渴望与老战友重聚共叙，愿意与他人分享往事，对政治参与也仍持有极高的热情。但其社会交往圈狭窄，这些需求时常得不到满足，甚至日常人际交往只能局限于身边的家人，导致自我认同降低，情绪低落，孤独自闭。

三、理论依据

行为改变轮（behavior change wheel，BCW）理论在2011年被提出。该理论在全面干预行为、综合19个相关行为改变的理论框架的基础上发展而来，旨在帮助干预方案设计者从行为入手分析问题，从能力、机会及动机三方面综合干预，系统选择最佳干预功能，最大限度地利用个体对行为改变的理解和可用资源来设计干预方案。该理论分为三层，由内到外分别是：内层是行为来源（能力、机会、动机），中间层是九大干预功能，外层是七大政策类别。该理论的三层相互关联：内层使用能力、机会和动机模型帮助识别潜在干预目标的行为来源；中间层的干预功能帮助识别干预选项，选择最佳干预功能应用于干预方案，以解决利用 COM-B（capability，opportunity，motivation-behavior）模型分析出的潜在行为障碍；外层的政策用于辅助干预功能的实施。[①]

社会工作者在对老年退役军人群体进行需求分析后，决定重点考察这一群体的心理需求。通过分析，社会工作者将干预措施与潜在的行为目标联系起来，将行为改变轮理论与小组工作方法结合，运用到老年退役军人群体中，针对老年退役军人不同于普通的老年人的特点，从而总结出一套有效针对老年退役军人群体心理调适的服务模式，并在社区内进行老年退役军人社团孵化，促进老年退役军人社会组织工作的开展，做到对现行相关退役军人政策的补充。

四、服务计划

（一）服务目标

1. 社区空间层面

在地理空间上，完善社区基础设施建设，为老年退役军人的社区活动提供良好的环境条件；在人际空间上，充分利用熟人社会的人力资源，激发社区参与热情，扩展老年退役军人的人际圈，满足其交流、倾诉的需求。

2. 社区观念层面

营造良好氛围，杜绝“吃低保待遇”“无儿无女”等群体歧视观念，传扬发展、积极的优抚理念。引导社区居民认同老年退役军人对国家、对社会的贡献，关怀老年退役军人的晚年生活。

3. 社区体制层面

积极培育社区社会组织，引导老年退役军人参与社区治理。加强队伍建设，招募老年退役军人作为志愿者，吸纳有专长、有热情、爱奉献的老年退役军人服务社区。定期召开座谈会，听取老年退役军人的自身诉求，不断畅通沟通和交流渠道，从而更好地推进老年退役军人服务工作。

---

① 蔡利，单岩，杜理平，等．国外行为改变轮理论的概述与实践．解放军护理杂志，2019，36（7）．

（二）服务计划

1. 入户调查，搜集信息

在了解有关老年退役军人的相关政策文件后，走访老年退役军人及其亲友、社区工作人员、社区志愿者、退役军人事务局等，通过线上访谈或面对面访谈的形式，了解当前老年退役军人的生活现状以及他们现阶段的需求。

2. 召开会议，筹备服务

将前阶段收集到的所有信息进行整合，做好经验总结与提炼，并撰写小组工作方案等各类服务方案，为后续工作奠定基础。

3. 开展工作，为民服务

通过前期的分析以及活动方案的撰写，有针对性地开展活动，成立老年退役军人社团及社区社会组织，培养老年退役军人的社区参与意识。

五、服务过程

（一）骨干招募

老年退役军人作为一个特殊的群体，自身有着对政治参与的积极性、寻求自我意识的主动性、追求文化需求的迫切性等内在发展动力，有着“发挥余热”的积极性，参与志愿服务活动是这一群体实现自我价值的主要形式。同时，老年退役军人志愿服务队能够为社区居民提供社会支持平台，实现社区本土的服务性、公益性、互助性志愿服务队发展。

社会工作者通过社区走访、社区推荐、居民举荐等方式，发掘老年退役军人志愿者，并与其建立联系，对其进行访谈，与其积极沟通，最终确定了老年退役军人志愿服务队的核心骨干。

（二）组织培育

1. 认识你我，宣传党史

社会工作者引导社区的老年退役军人参加小组活动，讲述自己与社区的志愿服务故事，并介绍自己从军的经历。在此过程中，社会工作者注重引导老年退役军人主动分享活动感悟，圆满完成了破冰任务。此次活动作为在社区进行老年退役军人志愿服务队孵化的预热，有利于社区内的老年退役军人之间建立初步的联系，减少后续在社区开展志愿服务活动的阻力。

2. 峥嵘岁月，坚守初心

通过引导老年退役军人回顾往昔峥嵘岁月，社会工作者进一步建立了与老年退役军人之间的信任关系，加强了老年退役军人之间的情感联结，增进了老年退役军人对志愿服务活动和志愿服务队的了解。社会工作者通过讲解，引导老年退役军人树立正向的老年观念，让老年退役军人认识到自己现有的能力。此次活动不仅帮助老年退役军人树立了正确的老年观念，也让社会工作者了解了老年退役军人的能力和需求，以便后续组建志愿服务队和安排志愿服务活动。

3. 社区漫步，发掘需求

在小组活动中，了解老年退役军人对于社区建设和发展的意见与建议，商定社区走访的时间与路线。在实地走访过程中，社会工作者引导老年退役军人观察社区空间地理特征及其设施，与社区居民进行亲切交谈，初步提高其对社区各项事务和社区居民的熟悉度。在社区走访完成之后，社会工作者带领老年退役军人回顾走访过程中的发现，进一步加深老年退役军人对社区需求的理解。

4. 居民访谈，匹配服务

在前期初步走访社区的基础上，由志愿服务队骨干成员牵头，对社区居民进行访谈，了解其真实需求。在访谈后，由队员进行汇总，共同商定后期服务的具体内容。经过讨论，队员一致同意提供理发、磨刀、量血压等服务。在交流过程中，社区居民对于老年退役军人志愿服务队也有了更深入的了解，进一步加深了社区居民的信任感和双方之间的互动关系。这一过程，不但满足了老年退役军人的心理需求，而且有利于多方力量参与社区治理，逐步形成了团结一致、欣欣向荣的局面。

5. 完善制度，建立组织

社会工作者组织开展志愿服务队骨干成员的评选，并对后续志愿服务活动的具体事项内容进行商定。社会工作者初步建立老年退役军人志愿服务队的服务流程、人员管理、队员守则等规章制度，规范志愿服务活动，为之后的服务实践做准备。在每次志愿服务活动结束后，社会工作者引导队员询问与聆听居民对相关活动的意见，从而提升社区志愿服务质量。

（三）开展服务

从退役初期融入社区困难，到复转时期得到社区的帮助，再到退休之后主动发挥余热、贡献社区、服务人民，社区为老年退役军人的再社会化、自我认同感和幸福感的提升提供了坚实的平台。而这些老年退役军人在志愿服务过程中感受到了社区的积极影响，进而从接受社区的帮助渐渐转向主动为社区、社会提供服务。

疫情期间，社区老年退役军人挺身而出，发挥党员的先锋模范作用，为社区居民送菜，参加社区卡点值守。之后，他们又参与社区大小活动，为社区居民提供志愿帮助和日常服务，收获了居民的众多好评和积极响应，吸引了越来越多的社区居民争做志愿者，参与到基层社会治理的过程中来。

老年退役军人志愿服务队还受邀参与座谈会、主题实践等活动，通过各项宣讲活动，将军人特质与志愿精神传递到每一名社区居民的心中，将满腔热情由“保家卫国”投向“服务人民”，实现行为改变轮理论外层、中间层、内层的和谐互动和相互补充，起到了社区志愿服务组织带动居民参与基层社会治理的作用。

六、成效评估

老年退役军人群体具有较强的爱国主义精神和社会责任感，发挥余热从事社区事务的主观动机较为强烈。同时，因为身份的特殊性，其社会影响力也比较广泛，具有带领社区居民参与基层社会治理的潜能。社区作为承载老年退役军人主要生活范围的公共空间，需要为老年退役军人精神力量的激发与传播提供平台，消除老年退役军人的社区融入困境，并利用老年退役军人自身的榜样力量，带动身边的居民群众共同参与社区治理。

社区的发展以政策的引领为背景。在机会层面，国家政策从社会认同、老年保障、社区服务三个领域入手，为老年退役军人的社区融入提供了机会；在能力层面，D社区将国家政策落到实处，在七大政策、九大功能的干预下做出了众多努力，形成了诸多成果，夯实了老年退役军人社区参与的客观条件；在动机层面，军人精神和志愿精神为动力源泉，最终带动了社区居民参与社区建设，实现了社区多方力量共同参与治理的强大合力。

（一）政策引领：构筑老年退役军人的参与平台

近年来，关于老年退役军人群体的利好政策陆续出台，从政策环境、社区建设等方面激发了老年退役军人投身志愿服务的动力，给予了他们社区参与的机会，增强了他们融入社区的能力。

1. 社会认同增强

国家强调拥军爱军，针对退役军人的政策支持更加多元。国家对于退役军人的优抚安置高度重视，成立了作为国务院组成部门的中华人民共和国退役军人事务部，同时退役军人专门机构逐级下沉设立，进一步完善了机构布局，推动了我国退役军人服务保障迈上新台阶。此外，国家在退役军人管理、就业、救助、医疗、人才培养等具体领域的政策也逐渐完善。退役优抚安置政策的出台给予了老年退役军人进行社区参与的机会。[①]

2. 老年保障优化

2021年5月，民政部、退役军人事务部联合下发《关于做好新时代民政领域退役军

---

① 叶慧，粟文杰．社会支持对老年退役军人主观幸福感的影响研究．西北人口，2022，43（3）.

人服务保障工作的意见》，进一步完善制度机制，细化落实举措，积极做好民政领域退役军人工作，切实履行好民政部门在退役军人救助帮扶、社区服务、养老服务以及引导社会力量参与退役军人保障工作等方面的职责，扎实推进困难退役军人脱困解困，不断增强广大退役军人的荣誉感、获得感和幸福感。老年退役军人作为按年龄划分标准下的老年人群体，近年来也在家庭赡养与抚养、社会优待、宜居环境、参与社会发展等各个方面被纳入老龄工作。老年退役军人社会保障进一步得到重视，也为这一群体参与社区建设提供了机会。

3. 社区服务支持

老年退役军人拥有良好的宏观政策支持，发挥余热的外部政策环境得到了很好的改善，社区融入的能力也明显得到了提高，身份认同和投身志愿服务的动力进一步加强，参与社区建设的机会增多，这些都为老年退役军人的社区融入、发挥余热、带动更多群众参与社区治理奠定了坚实的基础。

（二）社区融入：夯实老年退役军人能力发挥的客观条件

1. 外层政策保障：七大政策干预，建立社区平台

在行为改变轮理论的七大干预政策视角下，从国家政策到社区落实，都通过“财政措施”保障老年退役军人及其亲属的正常生活，利用“法律”完善相关政策体系，利用“社会或环境规划”和“提供服务”等干预政策塑造拥军爱国的良好社会氛围，为老年退役军人这一群体的行动提供良好的现实环境，为促进老年退役军人融入社区提供外层政策保障。

2. 中层平台保障：九大功能干预，社区工作介入

在行政事务层面，D 社区针对社区老年退役军人加强档案资料的收集与管理，并与组织部门、民政部门、街道等加强协调沟通，为保障老年退役军人发挥余热提供了积极的环境。

在社区地理空间层面，D 社区完善基础设施建设，为老年退役军人的社区活动提供良好的环境条件。

在社区人际空间层面，社会工作者充分利用熟人社会的人力资源，激发社区参与热情，扩展老年退役军人的人际圈，满足其交流、倾诉需求。

在社区观念层面，社会工作者引导社区居民发展积极的理念，让社区居民认同老年退役军人对国家、对社会的贡献，从而进一步促进老年退役军人融入社区。

在社区社会组织层面，社会工作者在社区内组织了退役军人服务站和老年退役军人志愿服务队，充分调动社区志愿者、社会资源、社区工作人员、社会组织等多方主体，为老年退役军人发挥余热搭建平台。

（三）精神引领：实现老年退役军人社区参与的动力激发与传播

老年退役军人群体特殊的生活经历与鲜明的时代环境塑造了其特质。将这一特殊的老年群体与新时代紧密联结，从而让他们度过有意义的晚年，是社会工作者服务的重点之一。社会工作者在服务过程中发现，军人精神是连接老年退役军人与志愿服务的良好“精神纽带”，在这一动力源泉的激发下，老年退役军人不但可以发挥自身特质建设社区，而且可以用自己的榜样力量，带动身边的群众共同参与基层社会治理，形成五社联动良性循环。

1. 动力来源：军人特质与志愿精神

军人特质与志愿精神具有极强的关联性。老年退役军人群体拥有鲜明的军人特质与志愿潜质，同时部分老年退役军人有继续为社会服务的心理需求，因此可利用其军人特质和志愿精神带动整个社区的志愿服务和社区参与，从“社区为其服务”到“其为社区贡献”。

2. 动力激发：精神为指引，社区为平台

对国家和人民的热爱，一直植根于每位军人心中。进入老年时期后，他们更加渴望得到社会的认同。因此，他们愿意通过参与志愿服务来获得与外界的联系，提高社会认可度，缓解内心的焦虑，减少心理落差。

3. 动力传播：老年退役军人做代表，居民齐参与

老年退役军人群体存在表达自我的情感意愿，并能教育年轻群体。在新时代找寻军人特质与志愿精神，让老年退役军人群体在社会层面发挥余热，具有强大、积极的社会示范作用。老年退役军人的行为、精神往往能够影响其他人，引领越来越多的社区居民从事奉献社会的志愿活动。

七、专业反思

社会工作者基于老年退役军人生命历程中退役、退休这两个重要转折点，从行为改变轮理论视角切入，带动老年退役军人主动服务居民、建设社区，进而培育社区的志愿服务氛围。行为改变轮理论可以作为分析老年退役军人、社区与志愿服务良性互动和相互促进的工具，实现多方合力建设社区。在行为改变轮理论视角下，社会工作者探索“老年退役军人＋社区＋志愿服务”的多主体运行模式（见图 5－1－1）。社区中的志愿服务可以作为满足老年退役军人心理需求的有效方式，老年退役军人群体也能够在志愿服务中为其他居民树立榜样，从而形成军人特质与志愿精神的良好转化；社区是志愿服务的活动平台载体，老年退役军人在促进志愿服务的同时，也进一步促进社区居民的社会参与，从而满足老年退役军人回馈社会的心理需求，老年退役军人、社区与志愿服务三者之间形成高效、良性的连接与互动。

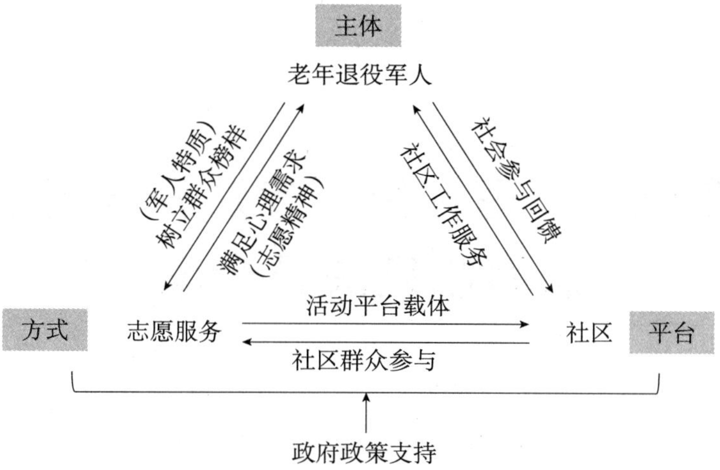

图 5-1-1　“老年退役军人＋社区＋志愿服务”服务模式

根据行为改变轮理论的能力、机会、动机三个层次，社会工作者在培育社区社会组织方面具有专业优势，通过在社区开展社区志愿服务活动，带动志愿型社会组织的发展；宣传老年退役军人的典型事例，让军人特质和志愿精神成为源源不断的精神动力，营造共建共治共享的良好社会氛围。

专家点评

由于独特的人生经历和贡献，党和国家对退役军人的关爱已经上升到国家战略层面。随着中华人民共和国退役军人事务部正式挂牌成立，退役军人工作迈入新的发展阶段，《中华人民共和国退役军人保障法》的出台，更好地从移交安置、教育培训、就业创业、抚恤优待、褒扬等方面进一步加强退役军人工作，维护退役军人的合法权益，让军人成为全社会尊崇的职业。老年退役军人是退役军人群体中更需要受到重视和关爱的群体，由于年龄等现实条件的影响，他们往往面临着更困难的社会问题。本案例基于老年退役军人生命历程中退役、退休这两个重要转折点，采用定性研究法，从行为改变轮理论视角切入，分析其从初期社区融入困难、得到社区帮助，到最终主动服务居民、建设社区，并带动更多居民参与到基层社会治理与社区建设中，发现在国家政策的保障和老年退役军人的支持下，老年退役军人、社区与志愿服务三者的良性互动可以实现多方合力建设社区。本案例充分展示了老年退役军人退伍不褪色、退休不退志，坚持发挥自身优势，为社会发展增光添彩，为国家建设添砖加瓦，于奉献中不断实现人生价值，绘就了一幅幅夕阳正红、风景独好的美好画卷。

刘杰　华中师范大学社会学院副教授

案例二　理性情绪疗法介入癌症患者临终关怀个案[①]

刘圆圆　史瑞华　刘雅琪[②]

一、背景介绍

（一）中国临终关怀服务现状

随着社会发展步伐的加快，人民生活水平的提高，人们对生命质量有了更多的追求。如何克服对死亡的恐惧，在老人逝世前后如何妥善安抚家属的情绪，都成为人们热议的焦点问题。临终关怀在我国起步较晚，到目前为止，我国已经建立了100多家临终关怀和姑息治疗机构。临终关怀不仅仅需要缓解患者的疼痛，更重要的是需要对患者进行心理疏导，缓解其消极情绪，提高其临终的幸福感。专业社会工作者可以通过照顾、陪伴对患者进行心理疏导，同时为患者家属提供心理支持与哀伤辅导，帮助他们从容地面对死亡。

（二）Y医院宁养院简介

Y医院宁养院成立于2001年10月，一直秉承“造福患者，造福社会”的服务理念，采取以家居服务为特色的医疗服务模式。为满足患者及家属的需要，自2005年开始，该院组建了第一支经过专业培训的宁养义工大学生服务团队，吸引了众多高校志愿服务团队参与。临终关怀个案工作以减轻患者身、心、灵的痛苦为核心，让患者及其家属接受死亡并适应转变，尽最大努力提升患者的生活质量。

---

① 本案例获评湖北省第三届社会工作实务案例大赛二等奖。

② 刘圆圆，华中师范大学社会工作专业本科生，北京大学社会工作专业硕士研究生。史瑞华，华中师范大学社会工作专业本科生。刘雅琪，华中师范大学社会工作专业本科生。

（三）服务对象基本情况介绍

服务对象D，55岁，患有胃癌，离异，独自抚养两个女儿长大成人。服务对象患病期间伴随腿部水肿、食欲不振、睡眠质量严重下降等生理问题，主要依靠宁养院医生开具的止痛药来缓解身体不适。在服务对象患病期间，女儿们因工作繁忙，每天早出晚归，很难抽出时间陪伴、照顾服务对象。服务对象为初中文化程度，家庭经济收入较少，享有政府补助。

二、分析预估

（一）需求分析方法

1. 个案访谈

社会工作者与服务对象及其家属进行结构式访谈，初步了解服务对象的生活状况、需求以及现有资源状况。

2. 标准化测量：评估量表

以访谈形式与服务对象共同完成《生活质量量表（MQOL-HK）》的调查，进一步了解服务对象的身体情况、心理状况、生存质量及生态系统。该量表率先在中国台湾、香港两地进行文化调试，大大提高了其本土适应性。华中科技大学同济医学院通过2014年的实证研究，证明其结构效度和内部一致性均达到良好水平，适用于中国内地癌症患者的相关测量。2015年，宁养院将该量表用于需求评估，再度证明了其实践性和应用价值。

3. 观察法

观察法是指社会工作者对服务对象及其周围环境进行观察，从而获知信息的工作方法。在活动开展前，社会工作者在征得宁养院及服务对象同意后，进行了一周的家访，充分了解了服务对象的基本状况。

4. 档案法

社会工作者在征得医院同意后，对服务对象的病历进行查阅，以便对服务对象的病因、病史、病情发展趋势及心理健康状况等有更直观、更充分的了解。

（二）服务对象所面临的困惑与需求

通过结合量表数据、服务对象的病历及访谈录音等资料，社会工作者对服务对象所面临的困惑与需求分析如下。

依据《生活质量量表（MQOL-HK）》的测量，服务对象的测量结果见表 5-2-1。

表 5-2-1　整体生存质量及各维度、各条目得分情况

项目	总体得分	服务对象得分	项目	总体得分	服务对象得分
整体生存质量	3.98±2.15	3	个人存在维度	31.56±12.98	24
生理维度	20.12±8.85	23	自身存在意义	5.67±2.98	3
症状一：肚胀	5.91±2.27	7	达到人生目标	5.93±1.19	7
症状二：水肿	5.31±1.71	7	生命价值	5.41±2.08	4
症状三：疼痛	4.31±2.03	6	对自己的满意度	4.01±1.92	3
体力状况	3.11±1.82	3	感觉过得很好	4.81±1.76	4
心理维度	22.61±10.78	23	每天是福气/拖累	4.61±1.81	3
抑郁	5.31±1.91	5	社会支持维度	13.91±6.97	13
忧虑/烦恼	6.98±2.43	7	对世界的感受	5.31±1.93	7
悲伤	5.92±1.75	5	被支持感	8.42±2.37	7
对未来的恐惧	4.09±2.12	6	补充：饮食享受		2

注：各维度得分为所含条目的得分总和，4 个维度的得分越高分别说明患者的生理功能越差、抑郁等心理障碍越严重、个人价值感越强、社会支持感越强。整体生存质量条目的得分越高说明生存质量越好。最后的饮食享受部分是基于问卷问题的扩充，得分越高，说明该项目得到满足的程度越好。

结果表明：胃肠道恶性肿瘤患者临终阶段主要经受腹痛、缺乏食欲、疲乏以及恶心呕吐四大主要症状的困扰；整体生存质量低于中间值；生理维度、心理维度高于中间值，个人存在维度、社会支持维度低于中间值。总体而言，服务对象临终阶段的整体生存质量、生理和心理功能较差，对生命的意义和价值的体验及被支持的感觉较弱。

根据对量表的分析可知，服务对象目前在生理、心理、家庭及社会层面存在如下问题。

1. 生理层面

服务对象患有胃癌，病史两年左右，预计临终期只有 4 个月。服务对象患病期间伴随胃部阵痛、腿部水肿、食欲不振、手脚无力、睡眠质量严重下降等显著生理不适问题，主要依靠宁养院医生开具的止痛药麻痹神经，才得以缓解身体不适。

2. 心理层面

根据前测数据，服务对象心理维度的总体得分为 23 分，显示其确实存在一定的心理障碍。从分条目得分情况来看，服务对象有较为强烈的忧虑、烦恼情绪，且对未来充满恐惧。

数据显示服务对象有自我封闭趋向。社会工作者从与服务对象家属的交流中了解到，服务对象不愿与他人交流，拒绝与他人交往，态度冷淡。从与服务对象的交流中可以发现，服务对象由于疾病影响，自身的外貌发生变化，自身的自理能力逐渐降低，需要女儿照顾衍生出愧疚感，这些都导致服务对象产生自卑感。此外，据主治医生反映，服务对象信任宁养院，经常向宁养院工作人员倾诉，这为后续社会工作者提供服务提供了便利。

通过分析量表可知，服务对象还存在自我效能感严重缺失的问题。通过与服务对象的交流，可以了解到，服务对象原来有广泛的兴趣爱好，但是由于患病，服务对象丧失了对生活的兴趣，内心只渴求自身的疾病痊愈。据服务对象所述，他现在已经对所有事情都丧失了兴趣，只想把病养好。比如，在谈到服务对象过去的爱好时，服务对象说他擅长唱歌，但生病后嗓子损坏无法继续；服务对象也提到自己擅长打牌，但是现在记忆减退，记牌能力下降，怕输也就不打了。而据其家属叙述，服务对象认为自己现在什么都做不好，甚至认为自己做了也只是添乱，所以干脆放弃。社会工作者认为，一方面，服务对象的病痛使他精力不济，被迫放弃很多爱好，对自身的存在意义、生命价值均持否定态度；不过另一方面，服务对象对自己女儿的骄傲情感可以作为突破口，通过促进女儿与他的沟通，引导女儿多对父亲进行鼓励，可能会取得更好的效果。此外，社会工作者也发现服务对象擅长手工，可以以手工这一病前病后都能进行的活动逐渐恢复服务对象的自信，从而提高其自我效能感。

3. 家庭层面

首先，社会工作者对服务对象的家庭关系开展调查，并绘制家庭结构图（见图 5－2－1）。

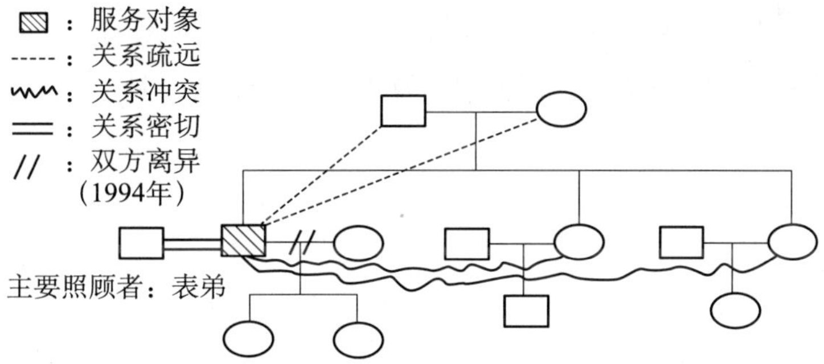

图 5－2－1　家庭结构图

通过对实地走访与咨询医生所得到的信息进行分析，社会工作者认为服务对象家庭层面的困惑与需求主要有：

服务对象对家人的信任感与理解缺失。根据前测数据，服务对象所获得的被支持感的得分为 7 分，低于平均值 8.42 分。但服务对象对世界的感受的得分为 7 分，趋近该项最大值 7.24 分。据服务对象所述，现在照顾他的表弟不够成熟，甚至可以说心理趋向幼稚。而且表弟常在家中外放音乐的习惯严重干扰了服务对象的休息。而对于他的女儿，服务对象在认可其优秀的同时也认为其不够孝顺，不够关心自己的病情，比如，女儿为他购买了营养品而不是药品。对于前妻，服务对象拒绝提起。而对于服务对象的父母，服务对象对他们隐瞒了癌症病情，只说是重病。社会工作者认为服务对象对目前的照顾者缺乏信任感，与此同时也可能缺乏对女儿的理解，与家人的沟通有待加强。而关于服务对象父母的不知情，社会工作者认为这可能是日后的隐患——考虑到服务对象离世的问题，其可能会因为隐瞒而失去与父母道别的机会。

服务对象与家属之间存在沟通理解上的问题。服务对象与家属缺乏必要的沟通，导致服务对象自身情绪一直低迷，服务对象的家属也存在消极情绪，无法得到有效排解。

4. 社会层面

服务对象及其家庭链接社会资源的能力不足。在量表的“这个世界是个残酷和没有人情味的地方”一项中，服务对象在10点计分中得分为2，大幅偏向“我的需要已有回应且受关注”的回答。但是在面谈中，服务对象表示自己虽然得到了来自社会各方面的帮助，但是自身还存在经济困难——表明服务对象的经济问题没有得到有效解决。

综上所述，服务对象在心理层面的需求是社会工作者提供服务的重点。社会工作者需要帮助服务对象打开心理枷锁，提高自我效能感，认可现阶段的自我价值。同时，社会工作者需要鼓励服务对象与家属之间积极进行沟通，增进彼此之间的理解。关于生理层面，社会工作者在专业人士的指导下提供舒缓疼痛的相关服务。此外，虽然服务对象享有来自社会各方面的资助，但是其还存在经济困难的问题，需要社会工作者帮助链接资源，进一步缓解服务对象及其家庭的经济压力。目前服务对象的受社会支持程度较高，且其享受低保及慈善组织的资助，但如果后期服务对象需要，社会工作者仍可以通过多种形式发起募捐，为其链接资源。

三、理论依据

（一）理性情绪理论

理性情绪理论即ABC理论。它在理性情绪治疗模式中被提出，对人心理失调的原因和机制进行了深入的分析。它认为诱发事件（A）只是引发情绪和行为结果（C）的间接原因，而引起该结果的直接原因则是个体对诱发事件的认知和评价而产生的信念（B），即人的消极情绪和行为障碍结果（C），不是由某一诱发事件（A）直接引发的，而是由经受这一事件的个体对它不正确的认知和评价所产生的某种信念（B）直接引起的。这种信念也被称为非理性信念。

本案例的社会工作者以理性情绪理论为支撑，在与服务对象交流的过程中多关注服务对象的认知、情绪和行为的表现。有时，服务对象并不是为事物本身所困扰，而是为他对事物的看法所困扰。理性情绪理论可以用来更深入地了解服务对象患病前后的心理变化，有利于社会工作者准确找到服务对象问题产生的原因，找到合适的切入点，为服务对象提供有效的服务。

（二）增能赋权理论

增能赋权，即增强自我效能感并赋予自己应有的权力感。增能赋权理论中的权力，综合各种社会工作文献，是指个人、团体或社区在其所处的社会环境中获取、控制所需资源，影响、改变他人或环境的能力，以及在获得资源、影响他人的过程中通过内化形成的某种肯定的主观感受，如自我肯定、自尊、尊严感等。而和权力相对应的无权，不仅是指人们缺乏能力或资源的一种状态，同时也指人们会通过一种内化过程，形成一种无权感。正是这种无权感的存在，使得人们产生消极情绪，指责或贬低自己，进而陷入无权的罪恶循环。而增能赋权就是一个使服务对象从有一种无权感到有一种有权感的过程。

在本案例中，社会工作者通过对服务对象的访谈，发现服务对象正是由于疾病缠身而使得内心产生一种无权感，致使服务对象看不见自身价值，消极看待周围环境，逐渐遗失自我概念、自尊、尊严感及重要感。基于增能赋权理论，社会工作者强调关注服务对象的优势，发掘服务对象的潜能，增强服务对象的信心，协助服务对象获得其对自身资源及周围资源的分配控制能力。增能赋权理论相信，每一个服务对象都有自身的潜能，通过社会工作者的帮助，都可以从“无权感”跨越到“有权感”。

四、服务计划

社会工作者依据目标制定的层次性、渐进性以及与能力相匹配等一系列原则，制定了如下三级目标。

（一）服务目标

直接目标：缓解服务对象当前的悲观厌世情绪。

中间目标：纠正服务对象的非理性信念，促进服务对象与其家属沟通。

终极目标：帮助服务对象及其家属克服对死亡的恐惧，坦然从容地面对死亡，并协助服务对象在生命的末尾进行自我价值的实现。

（二）工作计划

社会工作者根据服务对象的需求，制订了如下工作计划（见表 5-2-2）。

表 5-2-2 工作计划表

阶段	目标	内容	备注
第一阶段	与服务对象建立专业关系，并协助其宣泄不良情绪。	详细收集服务对象的资料，为其营造倾诉环境。	意外情况预案：若服务对象在个案工作过程中突发意外情况，社会工作者要在处理好自己情绪的前提下，积极向督导、专业资深社会工作者及宁养院医生寻求帮助和建议。
第二阶段	矫正服务对象的非理性信念，了解其与家庭成员的关系状况。	与服务对象进行深层次沟通，并与其共同探讨家庭问题的原因及对策。	
第三阶段	促进服务对象与家属进行沟通，缓解紧张的家庭关系。	引导服务对象及其家属执行倾诉计划，探讨执行过程中的困难，互相沟通，寻求理解。	
第四阶段	服务对象离世，进入结案阶段，部署下一步工作安排。	处理社会工作者和服务对象家属的悲伤情绪，征询家属的意见，看其是否接受陪伴和哀伤辅导。	
第五阶段	完成结案工作，制订后续回访工作计划。	处理离别情绪，协助服务对象家属认识到社会工作者离开后自己的处境，做好思想准备。	

五、服务过程

（一）第一次服务

时间：2017 年 8 月 22—29 日。

目标：详细收集服务对象的相关资料，从服务对象本身、其家属、宁养院专业医护人员处了解服务对象的家庭情况、病情进展及社会关系，增进对服务对象的了解，并与其订立专业关系。

形式：家访面谈、结构性访谈。

主要服务内容：服务对象身患重疾，生理和心理都极度敏感，鉴于此，在正式进行个案服务前，社会工作者与宁养院科室主任一起，对服务对象进行家访，查看服务对象的病历，及时了解服务对象的病情进展状况。与此同时，为有效应对突发状况，保证服务过程的顺利进行，社会工作者在宁养院接受专业培训，掌握临终关怀专业实务技巧。在做好充分准备后，社会工作者主动约见服务对象，并采用结构性问卷与服务对象及其家属进行面谈，辅以录音设备进行真实记录。社会工作者通过强调服务过程中的保密原则，初步获得服务对象的信任，化解其戒备心理。社会工作者通过交流，采用倾听、共情等工作技巧，理解服务对象的感受，帮助服务对象增强面对困难的勇气和信心。社会工作者进一步了解服务对象的病情进展、家庭状况以及社会关系等，完善服务对象的相关资料，增强服务对象对社会工作者的信任感，促进双方建立起稳定的联系。

（二）第二次服务

时间：2017 年 9 月 1—7 日。

目标：营造一个安全舒适的倾诉环境，鼓励服务对象向社会工作者表达自己对自身病情、亲人照料、社会交往的看法，帮助服务对象宣泄消极情绪，厘清自身的非理性信念，获得积极感受。与此同时，了解其兴趣爱好并以此为突破口判断服务对象目前能完成的兴趣活动，引导其初步意识到自己的非理性信念。与服务对象做好约定，从而提高其生存期待，缓解其厌世情绪。

形式：家访面谈。

主要服务内容：社会工作者以服务对象的兴趣为切入点，与服务对象进行交流，激发服务对象的交流兴趣。在进入室内时，社会工作者发现茶几上的扑克，于是询问服务对象是否爱打牌，通过这一问题暖场成功，服务对象打开话匣子，告诉社会工作者他擅长打牌，并主动向社会工作者传授诀窍。通过进一步了解，社会工作者发现服务对象病前热爱打牌、唱歌、亲手制作手工制品，兴趣甚为广泛。而且在谈到过去的种种“辉煌”时，服务对象的情绪积极良好；但很快，当服务对象聊到病后记牌能力退化、唱歌气息供应不足这些问题时，情绪迅速转向低落。社会工作者在交流过程中发现，服务对象由于自身疾病较难参与兴趣活动，出现情绪低落的现象。社会工作者及时给予服务对象鼓励和安慰，肯定服务对象过去的经历，有效舒缓了服务对象的低落情绪。随着与服务对象交流的深入，社会工作者发现服务对象自身也向往积极的生活。

社会工作者运用同理心、鼓励支持、正确归因等技巧，引导服务对象积极看待问题，积极面对生活，从关注“目前唱歌、打牌都不如从前”到发现“仍能以手工娱己”，引导服务对象迈出悦纳自我的第一步。在面谈的最后，社会工作者提供手指操的相关信息，帮助服务对象锻炼病后无力的手指；社会工作者成功与服务对象约定下次面谈时一起做手工。在本阶段，服务对象的消极情绪得到了有效宣泄，社会工作者成功帮助服务对象认识到了自己的非理性信念。

（三）第三次服务

时间：2017 年 9 月 8—14 日。

目标：与服务对象进行深层次的沟通，矫正服务对象的非理性信念，并与服务对象一起探讨自身问题的成因以及解决自身困境的方法。

形式：家访面谈。

主要服务内容：社会工作者以服务对象的兴趣爱好为出发点，运用相关专业技巧，纠正服务对象的非理性信念。在面谈开始前，社会工作者就运用澄清技巧，引领服务对象回顾上一阶段同社会工作者一起探索自身潜能的过程。在回顾过程中，社会工作者鼓励服务对象勇敢表达自己对自身能力的看法，促进社会工作者对服务对象的了解。

社会工作者向服务对象介绍本次面谈的主题。服务对象与社会工作者一起进行手工制作，在指导社会工作者进行手工制作的过程中，服务对象提高了自我效能感。社会工作者扮演使能者的角色，激发服务对象积极改变的潜能，促使服务对象自身发生改变。在手工制作的过程中，社会工作者引导服务对象进行更深层次的生命回顾，帮助服务对象重新认识自己，协助服务对象意识到自身存在的价值，不因疾病而全盘否定自己。

通过此次服务过程，社会工作者成功纠正服务对象的非理性信念；促进服务对象理解家庭成员，帮助缓和服务对象与其表弟和女儿的关系。

本次服务使社会工作者与服务对象的关系继续深化，有助于社会工作者就服务对象家庭关系的调节制订下一步工作计划。

（四）第四次服务

时间：2017 年 9 月 15—22 日。

目标：深入服务对象家庭内部，了解服务对象与家庭成员之间的关系情况，找出家庭关系紧张与家庭矛盾激化的症结所在，并与服务对象及其家属共同探讨问题的深层次的原因及问题解决的对策，为服务对象创造和谐的家庭环境。

形式：家访面谈。

主要服务内容：在社会工作者进行家访时，服务对象身体不适，需要静养，社会工作者不便打扰，便与服务对象的照料者——表弟进行交流。在交流的过程中社会工作者了解到，照料者因喜爱音乐而经常播放音乐，并已影响到服务对象的日常休养。照料者看护能力较差，不能给予服务对象及时的照顾，而服务对象的女儿经常忙于工作无法看护服务对象。

经服务对象的邀请，社会工作者与服务对象进行交流。社会工作者通过交流发现，服务对象首先对其表弟的照料表示不满，尤其是其表弟经常播放摇滚音乐导致服务对象不能静养。其次，由于女儿经常忙于工作，服务对象认为女儿不孝顺。最后，服务对象向父母以及兄弟姐妹隐瞒自己患病的事实，家人对服务对象的性情变化表示不理解，彼此之间产生了隔阂，服务对象为此感到纠结和苦恼。

通过详细分析后，首先，社会工作者与其照料者进行协商，说明照料者播放音乐给服务对象休养所带来的不利影响，促使该照料者及时修正自身行为，为服务对象创造良好的休养环境。其次，社会工作者与服务对象的女儿进行交流，帮助服务对象向女儿澄清服务对象需要陪伴和交流，并建议女儿尽量多抽出时间陪陪自己的父亲，增加与父亲的交流。

在本次服务中，社会工作者通过与服务对象及其家属的深入交流，找到了服务对象家庭关系紧张的症结所在，并对症下药，解决问题，改善了服务对象紧张的家庭关系，缓解了家庭矛盾。

（五）第五次服务

时间：2017 年 9 月 23—30 日。

目标：进一步鼓励服务对象积极与照料者、家属、朋友进行交流，并保持联系。及时了解服务对象的状况，继续引导服务对象的家属，及时解决服务对象在接受服务过程中遇到的困难，促进家庭紧张关系进一步改善。

形式：家访面谈。

主要服务内容：在这次家访中，服务对象的家庭氛围融洽，与之前相比发生了较大改变。服务对象的女儿也开始经常陪伴服务对象，服务对象反映女儿开始经常陪伴自己、照顾自己；自己的心情比之前有很大的改善，情绪也变得稳定。服务对象开始走出家门，进行简单的社会交往；开始和女儿分享自己的想法和感受。

服务对象在女儿走后，情绪明显变得低落。于是，社会工作者邀请服务对象折叠星星，借此机会让服务对象在星星上写出自己想表达的话，为服务对象提供倾诉的机会，为服务对象与家属的沟通架起一座桥梁，增进服务对象与其家属的相互理解。

在本次服务中，社会工作者及时了解服务对象的状况，把握服务对象家庭的动态，并鼓励和支持服务对象保持现有的积极状态，帮助服务对象解决在服务过程中遇到的困难；协助服务对象及其家属为服务对象休养创造一个良好的家庭环境，鼓励服务对象继续进步。

（六）第六次服务

时间：2017 年 10 月 1—7 日。

目标：得知服务对象突然离世，进行提前结案工作。在征得其家属同意的前提下对其家属进行陪伴和哀伤辅导。

形式：电话访谈、家访面谈。

主要服务内容：首先，社会工作者着手处理突发情况和了解具体经过。2017 年 9 月 26 日，服务对象的女儿曾与社会工作者联系，提出希望住院治疗。社会工作者在与宁养院沟通后，建议于第二天前往医院面诊。9 月 27 日，社会工作者接到服务对象女儿的电话，得知服务对象于当天下午突然离世，具体原因暂时不明。经了解，服务对象离世前一周疼痛难忍，心情暴躁无常，原本渐渐开朗的性格又还原到一开始的自我闭锁状态，甚至更为严重。

社会工作者协助服务对象的女儿将服务对象的生物药盒送往宁养院。社会工作者将第五次服务中服务对象的心愿瓶交给服务对象的女儿，并提供情感支持。经服务对象的女儿同意后，社会工作者针对服务对象去世后的相关事宜提供协助。

在个案第五次服务的“折星星”活动中，服务对象将心愿告知社会工作者，由社会工作者代写后，折成星星放入心愿瓶内。社会工作者将心愿瓶亲自转交到服务对象的女儿手里，并告知女儿里面有服务对象对她们未来的祝福与期望。等到女儿将一颗颗饱含服务对象期望的星星拆开，并因对服务对象的思念与感恩而痛哭流涕时，社会工作者走出屋门，给予这对相依为命的姐妹一片私人空间来发泄情感。

待姐妹俩的情绪平复后，社会工作者进入屋内，安慰她们并表示理解她们此时此刻的心情。社会工作者提出结案在即，询问两位家属还有没有什么困惑和需要帮助的地方。服务对象的女儿提出，由于服务对象一直对其父母隐瞒病情，葬礼也因服务对象的父母俱在人世而没有大办，服务对象的父母更不知道儿子已然离世。社会工作者在与服务对象的女儿进行讨论后，认为目前突然告诉老人，对他们可能是很大的打击，决定采取以下策略：

（1）先告知其父母，服务对象病情突然加重。若父母提出看望，就说由于病情和院方规定暂不方便。

（2）于一周后告知其父母，因病情突然恶化，服务对象已经离世。这是为了缩短时间战线，避免穿帮的风险。

（3）一周内，社会工作者对服务对象的女儿进行回访，根据其反馈，服务对象的父母对服务对象的突然离世十分悲伤。与此同时，服务对象的女儿表达对社会工作者的感激，感谢社会工作者的陪伴与建议。此前，社会工作者主要处理家属的悲伤情绪，并且由于服务对象事前对其父母隐瞒实际病情，也为现在的状况埋下了隐患。面对服务对象女儿的求助，社会工作者积极同宁养院联系，为其想出一条折中的办法，最大限度地缓解服务对象家属的悲痛情绪，将损失降低到最小。

（七）第七次服务

时间：2017年10月8—15日。

目标：确定结案的大致时间，并告知服务对象的家属；协助服务对象的家属深刻认识到结案之后面对的境况，增强他们对未来的信心。处理好服务对象的家属与社会工作者的分离情绪，制订后续回访工作的计划。

形式：电话访谈、家访面谈。

主要服务内容：首先，社会工作者引领服务对象的家属回顾前六次服务的内容。其次，社会工作者向服务对象的家属澄清结案时间，关注服务对象家属的情绪变化，给予服务对象家属及时的安慰。再次，引导服务对象的家属走出悲伤情绪，鼓励其重拾生活希望，积极面对生活。运用鼓励支持、澄清的技巧，引领服务对象的家属重点回顾在上一次服务中习得的处理悲伤情绪的能力，增强结案后服务对象的家属面对自己问题的信心。最后，帮助服务对象的家属表达结案情绪，做好结案记录。

社会工作者在处理服务对象家属的分离情绪时，不仅要与其一起回顾整个服务的过程，同时还要与其讨论结案以后的生活安排以及结案后的跟进计划，让其理解后续的工作安排，从而逐渐降低其对社会工作者的依赖程度，鼓励其发展独立处理问题的能力。

六、成效评估

（一）评估方法

本个案的评估主要采用过程评估和结果评估相结合的方式进行。

1. 过程评估

（1）对社会工作者及督导在个案操作过程中观察和分析服务对象的表现进行评估；（2）通过与服务对象及其家属的交谈了解他们对个案服务的感受及意见；（3）对服务对象接受服务的积极性、谈话投入程度进行评估；（4）对每次服务的目标达成情况进行评估。

2. 结果评估

（1）社会工作者原本计划在最后一次服务的面谈结束后，利用《生活质量量表（MQOL-HK）》同服务对象一起完成前测与后测的对比，但由于服务对象突然离世，本个案的后测未能实现；（2）社会工作者收集专业人士（督导及宁养院）的反馈；（3）社会工作者收集服务对象及其家属的反馈；（4）评估个案服务的总体目标达成情况、服务效果的可持续性和后续反馈。

（二）评估内容

1. 过程评估

首先，社会工作者根据每次服务结束时服务对象对服务的建议和服务对象的家属对服务效果的评价，将内容整理如表 5－2－3 所示。

表 5－2－3　过程评估：服务对象及其家属反馈

	服务对象反馈	家属反馈的服务对象变化
第一次服务	能与社会工作者交流关于自己的信息，并表示愿意由社会工作者继续提供相关服务。 欢迎社会工作者以后常来，但是要和自己或其表弟提前打电话联系。	心理状态：社会工作者离开后一段时间内保持了良好的心情，但有所反复，易怒。 家庭沟通：暂无明显变化。 社交娱乐：暂无明显变化。但在第二次服务开始前，主动提醒家属与社会工作者联系。

续表

	服务对象反馈	家属反馈的服务对象变化
第二次服务	与社会工作者讨论了自己的兴趣爱好，并约定了下次的活动。 鼓励社会工作者好好练习牌技，邀请社会工作者下次继续一起打牌。	心理状态：心情较佳，期待社会工作者的下次到来。 家庭沟通：暂无明显变化。 社交娱乐：拿出纸牌并练习洗牌。 意见：希望社会工作者多留一些时间，社会工作者表示愿意等服务对象精力恢复后继续谈话。
第三次服务	学会了手指操，与社会工作者打了牌，在结束前还折了一只千纸鹤送给了社会工作者。同时，还与社会工作者聊到了彼此的家人，认为社会工作者很坦诚。 认为这次面谈很愉快，希望下次与社会工作者继续一起做手工、做手指操。	心理状态：疼痛发作时十分暴躁，很难控制自己的脾气。平时心情多变，难以捉摸。 家庭沟通：叫表弟与他一起练习手指操。 社交娱乐：朋友来看望，同意朋友推他出门，但中途又要求折返。 意见：希望社会工作者可以帮服务对象疏导内心的愤怒情绪，也希望服务对象有心事能多和他们沟通。
第四次服务	向社会工作者倾诉了对自己家属和照料者的意见；由于病情恶化，约定的小游戏未能进行。 服务对象的身体变差了，在社会工作者的安抚下心情转晴。	心理状态：情绪仍有波动，但较从前已有改善。 家庭沟通：愿意与女儿交流，而大女儿刚好休假陪在服务对象身边。 社交娱乐：同意由表弟推着自己出门买菜，表弟很开心。 意见：向社会工作者反映疼痛缓解的问题，希望找到更具疗效的药物。
第五次服务	与社会工作者讨论了关于与家属更好地交流、控制负面情绪的困惑。 非常感激社会工作者的折星星纸，表示愿意自己书写心愿并折叠星星。	心理状态：第五次服务后，积极情绪保持了2～3天。但很快因病情迅速恶化，负面情绪难以控制。 家庭沟通：逐渐拒绝与任何人交流，也不想让别人进入自己的房间。 社交娱乐：因身体条件限制，活动困难。 意见：希望服务对象尽快入院，减轻痛苦。
第六次服务	服务对象突然离世。	离世前，对社会工作者多次表示感激，并拜托女儿传达。

同时，社会工作者也与督导和院方进行了及时沟通，将反馈内容整理如表5-2-4所示。

表5-2-4 过程评估：督导与院方反馈

	督导反馈	院方反馈
第一次服务	长处：社会工作者成功与服务对象建立专业关系，并从多角度了解服务对象的相关信息；社会工作者救场暖场工作做得较好，缓和了严肃的气氛；基本达成了本次面谈的目标。 不足：社会工作者太过正式。一开始的身份强调拉远了双方的距离。在谈话中社会工作者较为紧张，语言不够流畅。而且，对服务对象的消极反馈没有充足的心理准备，导致表现出一定程度的手足无措。社会工作者的语言技巧仍需加强。虽然起到了暖场作用，但社会工作者的话题容易与主题脱节，难以承上启下。	宁养院社会工作者： 及时向宁养院反馈了服务对象需要更换药物的情况，并积极向宁养院的多名社会工作者请教，学习了按摩等技巧，得到了宁养院工作人员的一致认同。

续表

<table>
<tr><th></th><th>督导反馈</th><th>院方反馈</th></tr>
<tr><td>第二次服务</td><td>长处：有明显进步。本次对归因的使用虽然有风险，但得到了服务对象认同，初步完成了优势视角的转变。而且，兴趣爱好是一个较好的突破口，一方面能够改善第一次服务过程中形成的严肃氛围，另一方面能够为后续面谈做好铺垫。
不足：将重点放在了兴趣上，向亲属关系的拓展遭到服务对象排斥，社会工作者的处理方式仍不够成熟，不过在面谈初期这是不可避免的。希望随着活动的深入能够逐渐深入服务对象的内心世界，以便更好地达成总体目标。</td><td rowspan="2">宁养院主任：
前期与服务对象的沟通较好，服务对象与宁养院社会工作者的反馈较佳。
院方愿意给予年轻社会工作者充分的鼓励与支持，期待新生力量能够在医务社会工作的道路上坚持下去。</td></tr>
<tr><td>第三次服务</td><td>长处：本次面谈气氛轻松，有效拉近了与服务对象的距离，并成功引起了服务对象的兴趣。在小游戏中穿插的关于服务对象亲属的谈话较为深入。服务对象向社会工作者提出了对照料者的一些意见，社会工作者耐心倾听。当结束时社会工作者与服务对象的家属交流，发现家属与服务对象之间存在误会，为下次面谈确立了目标。
不足：一方面，社会工作者由于年龄限制很难同理服务对象的感受；另一方面，服务对象在潜意识中可能以社会工作者的长辈自居，不愿意在社会工作者面前进行负面的自我披露。这可能影响个案工作的深度和效果。</td></tr>
<tr><td>第四次服务</td><td>长处：社会工作者通过向服务对象、其家属双方求证，总结出家庭矛盾的症结所在。对待服务对象及其家属都表现出尊重、鼓励与接纳，较好地运用了相关技巧。
不足：站在服务对象的角度看问题，没有充分考虑家属的感受，探讨问题仍需深入。家属长期作为“出气筒”，难免有怨气。只有疏导双方内心的负面情绪，才能真正促进家庭内部的和谐。</td><td rowspan="3">宁养院社会工作者：
遇到意外情况处理机动灵活。服务对象首先联系年轻社会工作者说明其对年轻社会工作者的信任。同时，年轻社会工作者能够及时与院方沟通，并在紧急情况下当机立断前往服务对象家中探明情况，都是负有责任感和应变能力的表现。
宁养院主任：
首次提供个案服务就遇见服务对象离世是较为罕见的。从处理自己的情绪，到对服务对象家属的哀伤辅导，年轻社会工作者都能及时与宁养院沟通，回归到对服务对象及其家庭本身的责任与关注上来，这是非常难能可贵的。</td></tr>
<tr><td>第五次服务</td><td>长处：前期服务的效果开始显现，服务对象正尝试控制情绪，并与家属就矛盾进行沟通。而心愿瓶富有创意和诗意，是一个未雨绸缪且适合国人内敛个性的表达方式。
不足：本次面谈时间较长，不过气氛较为舒缓。考虑到服务对象的特殊性，面谈时间不可控是可以理解的。</td></tr>
<tr><td>第六次服务</td><td>长处：面对突发情况，社会工作者能够勇敢地自我剖析，迅速从自己的悲伤情绪中走出来，并继续跟进对服务对象家属的哀伤辅导。与此同时，及时与相关专家沟通，有效减少因缺乏经验、贸然安抚对服务对象家属造成的二次伤害。
不足：社会工作者需要完成服务对象的转变——从服务对象到其家属，从死者到生者，这就要求社会工作者具有大量的经验积累。日后需要考虑的是如何更不留痕迹地将技巧与语言相融合。</td></tr>
</table>

2. 结果评估

（1）生存质量评估。

在原计划中，生存质量评估应由服务对象在服务结束时再次完成《生活质量量表

(MQOL-HK)》，从而通过前后测的对比探讨本次个案工作的有效性。由于服务对象的突然离世，此次前后测对比未能实现。社会工作者通过对服务对象的家属以及宁养院社会工作者的访谈发现，癌症晚期的病人缓解疼痛，药物才是最直接、有效的选择；针对心理疏导，社会工作者的陪伴与引导得到了服务对象的家属与宁养院社会工作者的一致认可；针对家庭关系的调节，服务对象离世前社会工作者作为桥梁解开了其与家属之间的误会，使得双方需求共通，家庭关系趋于缓和。服务对象的生存质量得到了一定的提升。

(2) 成效维持。

首先，针对服务对象个人心理层面的成效维持，社会工作者根据其家属的反馈发现，服务对象离世前一星期情绪剧烈波动，说明社会工作者对服务对象的心理干预有一定的作用，但并不稳定。

其次，针对服务对象家属哀伤辅导的成效维持，社会工作者通过电话访谈发现，家属渐渐适应了新的生活，姐妹相处和谐。随着时间推移，社会工作者也将逐渐减少打电话的次数、时长，从而达成为她们增能、赋权的目标。

最后，通过本次与宁养院的个案工作合作，宁养院更加了解社会工作者在临终关怀服务过程中发挥的积极作用，为后续的合作奠定了良好的基础。

(3) 个案工作总体目标达成效果评估。

从直接目标、中间目标和终极目标三个层次来看，目标达成情况如下。

直接目标为缓解服务对象悲观厌世的消极情绪。在本案例中，社会工作者有效促进了服务对象进行情绪宣泄，改善了服务对象与其家属之间的关系。

中间目标为找到家庭矛盾症结所在，缓解家庭紧张关系，促进家庭沟通。社会工作者在家访过程中，深入发掘服务对象家庭存在的问题，经过仔细分析和思考，为服务对象及其家属提供针对性服务，帮助服务对象改善了家庭关系，缓和了家庭矛盾。

终极目标为帮助服务对象及其家属克服对死亡的恐惧，坦然从容地面对死亡。在本案例中，由于服务对象离世突然，社会工作者未能与服务对象探讨同生死相关的话题。但在服务对象离世后，社会工作者以前期服务为基础，为服务对象的女儿提供帮助，及时舒缓其悲伤情绪，协助其处理服务对象逝世后的相关事宜，鼓励其重新面对现实，积极生活。

七、专业反思

通过对整个个案服务过程的回顾，有以下问题需要反思。

（一）移情与反移情

在个案工作中，移情表现为服务对象没有将社会工作者视为帮助其解决问题的专业人员，而是把早年情感生活经验中对某特定人（尤其是父母）的特殊感受或反应投射到社会工作者身上，把社会工作者当作自己早年情感生活经验中的某种特定人看待。精神动力学认为，每个人的行为都有其内在的潜意识层面的意义，一个成年人当前对别人的态度和反应常受到其早年生活经历的影响。

在临终关怀案例中尤其要处理好移情与反移情，这对社会工作者与服务对象良好关系的保持具有至关重要的作用。社会工作者在工作的过程中，要时刻保持足够的敏感度，一旦察觉服务对象有移情倾向，就要注意观察和分析移情背后的深层意义。社会工作者必须给予及时的澄清，帮助服务对象认识到其感情的非现实性。

移情与反移情的出现会严重影响专业关系的性质以及对服务对象问题的判断。为了防止移情的出现，社会工作者应自觉排除任何不切实际、不正确的个人动机、主观愿望与感情色彩，以助人者的身份全力协助服务对象解决问题，一切以服务对象的利益为中心，不带任何个人的心理需求。一旦出现反移情，那么督导应帮助解决此问题。如果无法得到有效解决，那么必须及时更换社会工作者，但是这会阻碍服务的顺利开展。

（二）服务对象突然离世

在临终关怀服务中，服务对象突然离世的状况时有发生，面对这种情况，社会工作者要灵活机动，将临终关怀服务转变为哀伤辅导，并且要选准合适时机进行结案。这就要求社会工作者不但要掌握临终关怀的服务技巧，也要掌握哀伤辅导的服务技巧，并且灵活地将两者有效衔接。

（三）突发状况处理分享

首先，面对服务对象的突然离世，社会工作者要优先为服务对象的家属提供哀伤辅导，帮助服务对象的家属宣泄悲伤情绪，稳定服务对象家属的极端情绪。其次，尝试与服务对象的家属进行交流，确定当前急需解决的问题，询问服务对象的家属是否需要帮助。再次，根据服务对象家属的需要提供必要帮助。最后，帮助服务对象的家属重获希望，积极面对生活，减少悲伤。寻找恰当时机进行结案或者建立新个案，将服务对象的家属转变为服务对象，为其提供服务。在这一过程中，哀伤辅导贯穿始终。在结案以后也要十分注意对此种类型服务对象的跟踪，确保服务效果长存。

专家点评

认识和面对死亡是个体生命历程临近终点时的重要话题。20 世纪 60 年代，英国率先创办了现代意义上的临终关怀机构，此后的数十年间，全球有 60 多个国家和地区将临终关怀纳入医疗健康服务体系。如何维护生命最后阶段的质量和尊严，如何保持心理状态、社会关系的平和与安宁，是临终关怀的基本问题。在临终关怀服务的传递体系中，社会工作者扮演着重要的角色，并且已经逐渐形成较为成熟的知识和实务体系。

本案例以作者在Y医院宁养院的专业实践为基础，较为完整地展现了社会工作的专业理论方法如何应用于临终关怀服务。任何社会工作服务的起点都是对需求的准确把握，以及对困境成因的系统分析，临终关怀服务所面对的服务对象需求的异质性强，社会工作者面对着迥异的实务议题。作者运用专业的理论方法，面向服务对象的需求与困扰，聚合院方、家属、服务对象等多元主体的共同努力，协商服务方案，在提升服务对象的生存质量、促进社会关系、推动心灵和解诸方面起到了积极作用。并且，在遇到服务对象突然离世的事件后，作者能够及时调整服务方案，回应各方新的需求，展现出良好的专业素养。其中呈现出的专业方法和专业素养，或许可以为其他临终关怀服务提供借鉴。

吕方　华中师范大学社会学院教授

案例三　个案管理模式下的肿瘤患者安宁疗护个案[①]

李豫鄂[②]

一、背景介绍

（一）案例背景

安宁疗护是指为疾病终末期或老年患者在临终前提供身体、心理、精神等方面的照料和人文关怀等方面的服务，包括控制痛苦和不适症状，提高生命质量，帮助患者舒适、安详、有尊严地离世。

2020 年，D 医院成为安宁疗护试点医院，中西医结合科被选为安宁疗护的试点科室。自安宁疗护试点工作开展以来，D 医院成立了安宁疗护 MDT 团队，其中社会工作者是团队中的重要成员，主要承担着心理社会评估、医患沟通、情绪疏导、患者权利维护、社会支持系统维护、死亡教育和哀伤辅导六部分心理和人文关怀服务。

（二）案例简介

本案例中的服务对象 Y，64 岁，女性，肝癌晚期。2021 年 8 月因“肝恶性肿瘤”进入 D 医院中西医结合科治疗，预期生存期约 6 个月，其本人及家属均放弃积极治疗。2021 年 11 月社会工作者探访后，服务对象开始接受安宁疗护服务，其基本情况如下。

1. 生理状况

接案时，由于营养不良、双下肢水肿和肌肉萎缩等原因，服务对象大多数时间只能卧床，病情恶化引发的一系列症状使服务对象的躯体功能逐渐衰退。

2. 心理状况

长时间住院，病情恶化、持续性疼痛带来的容貌的变化，使服务对象时常丧失兴趣、

---

① 本案例获评医务社工体系建设（湖北省）项目首届医务社工优秀案例大赛特等奖。

② 李豫鄂，社会工作师，武汉博雅社会工作服务中心社工。

提不起精神，表现出空虚感、强烈的丧失感和负罪感，甚至出现希望能“早点结束生命”的想法。其曾表达过不希望亲人以外的人来看望她，觉得自己已经不成个人样了。

3. 社会支持状况

服务对象为某单位退休领导，社会交往面较宽，朋友同事较多，原单位同事经常到医院来看望她。其丈夫为某医院退休医生，每天都会到医院陪伴她；其儿子为某院校教师，已婚，育有一女，由于工作繁忙不能每日陪伴，但每周末均会到医院陪伴她（服务对象的家谱图如图 5－3－1 所示）。同时，服务对象与医生、护士、护工及社会工作者的关系均较为融洽。

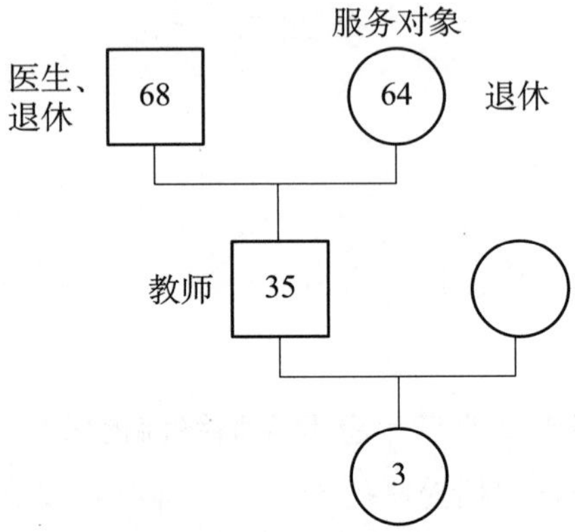

图 5－3－1　家谱图

二、分析预估

（一）问题分析

1. 疼痛问题

心理痛苦温度计评分（DT）：7 分（较为严重）。由于病情的持续加重，肿瘤侵犯其他组织器官、神经及周围组织使服务对象出现爆发性疼痛，同时营养不良、吸收障碍、长期卧床引发的恶心、呕吐、肌肉痉挛、关节疼痛等也在持续折磨着服务对象。虽然医生已使用芬太尼为服务对象止痛，并具有一定效果，但是服务对象的疼痛症状仍在持续。

2. 睡眠问题

长时间、持续的病痛导致服务对象的精神状态越来越差，在近两周时间内，入睡困难、总是醒着，或睡得太多、嗜睡等问题困扰着服务对象。睡眠障碍反过来影响了服务对象的身体健康状况。

3. 情绪问题

《广泛性焦虑量表（GAD-7）》得分：5 分（较轻）。《抑郁自评量表（PHQ-9）》得分：10 分（中度）。疾病的发展导致服务对象的外貌、行动能力、认知功能均出现不可逆的损伤。躯体控制感的丧失、对死亡和未来的焦虑导致服务对象的情绪压力较大。

4. 应对哀伤

预期死亡的到来，让服务对象及其家属均出现一定程度的不适，如不知如何表达对彼此的关心，不知如何应对失去彼此的感受，等等。

（二）优势资源

1. 智力水平和语言功能良好

服务对象教育水平高，智力水平和语言功能良好，能够与社会工作者进行有效沟通。

2. 家庭经济状况良好

服务对象家庭经济收入稳定，家庭经济条件良好，家庭成员愿意尽可能为服务对象提供舒适的医疗和护理服务。

3. 社会支持系统完善

服务对象家庭结构稳定、家庭关系和睦，亲友关系稳固，能为其提供持续、稳定、高质量的生活照料和情感支持。

三、理论依据

（一）社会适应观

个体在一生中不断面对新的情境，个体必须充分发挥自己的潜能，主动解决情境中出现的问题。成功的社会适应使个人在家庭、社会、人际关系以及工作中不断发挥作用，并体验到舒适和满足感。但是某些人在面对新情境时，常伴有难以承受的压力，产生生理和心理上的功能障碍，这就是不适应。

在本案例中，服务对象所面临的癌症晚期的情境，挑战了她惯有的应对策略，她必须找到新的适应方式来适应变化的处境以获得控制权。服务对象解决癌症相关特殊问题、找到新的应对方式的动态过程，就是服务对象的疾病适应过程。

（二） 优势视角理论

每个人都有自己解决问题的力量与资源，并具有在困难环境中生存下来的抗逆力。即便是处在困境中备受压迫和折磨的个体，也具有他们自己从来都不曾知道的与生俱来的潜在优势。

在本案例中，服务对象处于生命末期，癌症引发的生理、心理及社会层面的问题折磨着她。通过发掘和利用其个人、家庭及社会支持层面的优势资源，能够帮助她适应癌症晚期的各种问题和状况。

四、服务计划

（一）服务目标

1. 总体目标

帮助服务对象提升应对疾病的能力，降低服务对象的精神压力，协助服务对象及其家属共同面对死亡，应对哀伤。

2. 具体目标

（1）协助服务对象进行疼痛管理，提升服务对象对疼痛的耐受力。

（2）帮助服务对象提升睡眠质量，降低疲惫感。

（3）缓解服务对象的焦虑、抑郁症状，促进其情绪稳定。

（4）协助服务对象及其家属应对哀伤。

（二）服务策略

在本案例中，面对服务对象的综合需求，社会工作者运用个案管理的工作方法，以社会适应观和优势视角理论为基础，建构服务框架，设定服务目标；运用叙事、音乐放松、正念、按摩等技术帮助服务对象适应“身-心-社”的变化，应对哀伤。

（三）服务程序

第一阶段：了解服务对象及其家庭的基本情况、对疾病信息的认知情况，确认后续治疗方案，并在此基础上评估服务对象的需求，建立专业关系。

第二阶段：运用音乐放松及叙事方式帮助服务对象缓解情绪压力，认识疾病带来的“丧失感”。

第三阶段：运用音乐放松及叙事方式帮助服务对象缓解情绪压力，引导服务对象思考“死亡”。指导服务对象进行正念冥想练习，改善服务对象的疼痛症状及睡眠障碍。

第四阶段：运用音乐放松及叙事方式帮助服务对象缓解情绪压力，回顾生命中的重要时刻，促进服务对象的自我接纳。指导服务对象进行正念冥想练习，改善服务对象的疼痛症状及睡眠障碍。

第五阶段：运用音乐放松及叙事方式帮助服务对象缓解情绪压力，回顾生命中的重要关系，促进社会关系的和谐。指导服务对象进行正念冥想练习，改善服务对象的疼痛症状及睡眠障碍。

第六阶段：社会工作者与服务对象道别。引导服务对象的家属与服务对象道别。安抚服务对象家属的情绪，为其提供出院指导、丧事建议。

五、服务过程

（一）服务过程概述

第一阶段（关系建立阶段）：社会工作者在查房过程中发现服务对象，在征得服务对象同意后，社会工作者通过查阅病历、与其主治医生和家属沟通的形式全面收集和了解了服务对象个人、家庭、社会关系、疾病、治疗方案等信息，并借助社会心理评估量表收集了服务对象的心理状态信息。在了解以上信息的同时，社会工作者采用倾听技巧（鼓励、重复、澄清、释义等）与服务对象建立了信任关系，并共同确定了后期的服务目标及计划，围绕服务对象的抑郁情绪、疼痛、丧失感、死亡观念及家属哀伤等方面的困扰展开工作。

第二阶段（应对丧失阶段）：社会工作者与服务对象在良好的信任关系基础上开始运用音乐和叙事疗法，共同探讨由疾病引起的“丧失感”，包括躯体功能不可逆的丧失、容貌的衰老、社会角色的失调（角色中断）等问题。社会工作者帮助服务对象重新审视自身的角色定位，以适应新的角色与环境。

第三阶段（探讨死亡阶段）：社会工作者继续通过音乐帮助服务对象进行放松，随后通过叙事的方式与服务对象一同回顾了其年轻时的过往，并开始讨论彼此对“死亡”的看法。通过突发的坠楼事件，社会工作者评估了服务对象的精神状态。其家属表示服务对象曾经表达过“……我也想快点走，少受些罪，就是不敢……”。因此，社会工作者借由坠楼事件与服务对象进一步讨论了“死亡”，服务对象表示这件事对她的影响不是很大，她偶尔会想“如果是自己会怎么样”，但也能理解这类人的做法，死其实不可怕，现在身体上的痛才是最要命的……随后，社会工作者引导服务对象进行了正念冥想练习，帮助服务对象缓解躯体疼痛。

第四阶段（回顾价值阶段）：社会工作者先引导服务对象进行了音乐放松，随后服务对象在社会工作者的引导下开始回顾生命中的重要时刻。服务对象回想起年轻时的恋爱经历、工作时期领导对自己的认可、自己最爱看的书、儿子看书的习惯、调皮的孙女……这些回忆串在一起，帮助服务对象找回了久违的价值感。社会工作者引导服务对象总结了自己这几十年的人生，服务对象表示“这一辈子没有遗憾”。最后，在社会工作者的引导下，服务对象再次进行了正念冥想练习。

第五阶段（应对哀伤阶段）：服务对象的身体状况每况愈下，已由接案时可以自行下床发展到卧床不起，腹部积液愈加严重，四肢无力、头发稀疏、面色发白，表现出嗜睡的症状。社会工作者在服务对象状态稳定时来到病房与她和她的儿子进行了沟通，此次沟通仍旧以音乐放松开始。随后，社会工作者与服务对象一同回顾了与身边人的幸福时刻。接着，社会工作者通过转述的方式，将服务对象对儿子及丈夫的不舍、感恩、关心传递给了服务对象的儿子。服务对象的儿子在病房紧紧握着服务对象的手久久未松。最后，社会工作者引导服务对象再次进行了正念冥想练习。

第六阶段（处理离别阶段）：服务对象进入弥留之际，社会工作者为服务对象播放了一首她最喜爱的歌曲，用蘸着温水的纸巾为服务对象抹去了眼角的眼眵，最后一次为服务对象进行了头部和手臂的按摩。随后，社会工作者安抚服务对象家属的情绪，告知服务对象的家属弥留之际道别的注意事项，同时为其提供出院指导、丧事建议。

（二）个案服务过程记录

社会工作者提供个案服务的过程如表 5-3-1 所示。

表 5-3-1 个案服务过程记录

阶段	时间	主要内容
第一阶段	2021 年 11 月 29 日 下午	地点：中西医病区 会谈对象：服务对象 会谈次数：第一次会面 一、目标 介绍医务社会工作者的服务内容。 二、会谈过程 社会工作者介绍医务社会工作者工作室与服务对象建立的联系，服务对象曾经参加过社会工作者与科室联合组织的中秋节活动。 社会工作者：“阿姨您好，我是科室的社会工作者小李，您认识我吗?” 服务对象：“有点印象，经常看到你在科室里走动。” 社会工作者：“是的，我对您印象还蛮深的，您参加过我们中秋节组织的活动，您还记得吗?” 服务对象：“记得，我做了两个月饼，还没做好。”（服务对象笑了） 社会工作者：“您做的还蛮好的，我这还有您参加活动的照片，我给您看看。”（社会工作者拿出手机给服务对象看） 服务对象：“我看看。”（服务对象显得很感兴趣） 社会工作者：“阿姨住院有一段时间了吧?” 服务对象：“快四个月了。病也好不了，一直就住在这里。”（有些无奈） 社会工作者：“治疗效果不太理想是吗?” 服务对象：“没法治了。过一天算一天了，只想少点痛苦。” ………… 社会工作者：“阿姨，您平时有什么兴趣或爱好吗?”

续表

阶段	时间	主要内容
第一阶段	2021 年 11 月 29 日 下午	服务对象："年轻的时候参过军，差点上了对越自卫反击战的战场，记得当时最喜欢听的歌是《血染的风采》。" 社会工作者："很有年代感的一首歌，我现在帮您找找。" 服务对象："好，不过不太好找。" （5 分钟后） 社会工作者："没有找到，我回去的时候再帮您找找。下次来再跟您一起听。" 服务对象："好，跟你说说话感觉还蛮好。" 社会工作者："很高兴能跟您聊天，我们下次再见。" 服务对象："好的。" （社会工作者微笑着离开了） 三、介入小结 服务对象的情况：此次沟通为首次沟通，社会工作者借由往期的服务活动与服务对象建立了基本的联系，并借由歌曲建立了下次沟通的基础。服务对象对社会工作者的到来表示欢迎，同时也表现出对自己状态的绝望。 社会工作者的思考：服务对象长时间住院，疾病治疗不见好转，疼痛状况导致服务对象心力交瘁。社会工作者将全面了解服务对象的情况，在征求服务对象及其家属同意的情况下，持续跟进此个案。 四、介入计划与建议 （1）与服务对象的家属、主治医生进行沟通，了解服务对象的状况，争取广泛支持。 （2）通过心理痛苦温度计、《广泛性焦虑量表（GAD-7）》、《抑郁自评量表（PHQ-9）》进一步评估服务对象的心理状况。 （3）进一步沟通确定服务目标及内容。 （4）明确服务频次。
	2021 年 12 月 2 日	地点：中西医病区 会谈对象：服务对象、服务对象的丈夫及主治医生（分别沟通） 会谈次数：第二次会面 一、目标 进一步了解服务对象的需求，为个案预估提供信息支持。 二、会谈过程 首先，社会工作者与服务对象的主治医生在医生办公室进行了沟通，了解了服务对象疾病的治疗状况。医生反馈：服务对象罹患肝癌晚期，症状有消化不良、食欲下降、恶心、腹胀、消瘦乏力、下肢水肿、腹腔积液、疼痛。目前无法进行抗癌治疗，处在姑息治疗阶段，只能在减轻服务对象的病痛上做出努力。同时，医生也希望社会工作者能够从心理和社会层面上给予服务对象一定的关怀。 随后，社会工作者去往病房，与服务对象的丈夫在病区走廊进行沟通。服务对象将社会工作者与她沟通的事情向其丈夫提起过，因此其丈夫在见到社会工作者时首先对社会工作者提供的人文关怀表示了感谢，并主动表达希望社会工作者能够多与其妻子进行交流，帮助做些开导工作。同时其表示，"如果需要做些什么会积极协助"。 接下来，社会工作者进入服务对象所在的单人病房，与服务对象进行了第二次交流。 社会工作者："阿姨您好。" 服务对象："小李你好，你来了啊。"

续表

阶段	时间	主要内容
第一阶段	2021年 12月2日	社会工作者："您还记得我的名字啊。" 服务对象："记得。你的名字很特殊，叫李什么鄂。脑子不太好了。" 社会工作者："我叫李豫鄂，您还记得我，我真开心。上次您说的歌我找到了，这次专门带了个小音箱来放给您听。" 服务对象："这歌不好找的，你真有心。" 社会工作者："我现在放给您听。" ………… 服务对象："一听到这首歌就想起以前参军的那段经历，那段经历真是令人难忘。那时候都是年轻人，听说前线开战了，我们这批年轻人都响应国家的号召，在部队里时刻准备着，每天都会唱一些军旅题材的歌……"服务对象小声哼唱起来，虽然气息很弱，但是充满了感情。 社会工作者："您唱得真好，我好像看到了您穿着军装的画面。" （服务对象笑了） ………… 社会工作者："刚才跟医生还有叔叔也沟通过您的情况，他们都很关心您的状态。我也知道了您现在的状态不太好……" 服务对象：（服务对象打断了社会工作者的讲话）"是的，病是治不好了，我也不怕死，就是希望死的时候有尊严点。现在太痛苦了，有时候真不想过了，太难受。"（服务对象有些绝望） 社会工作者："虽然我感受不到您现在的痛苦，但我能看出您现在的难受。我希望能为您做些什么。" 服务对象："谢谢你，这两天你过来陪我这个老婆子说话我就感觉很开心。" 社会工作者："那是我的荣幸……" 社会工作者再一次介绍了服务的内容，并提出希望通过心理痛苦温度计、《广泛性焦虑量表（GAD-7）》、《抑郁自评量表（PHQ-9）》来了解服务对象的情绪状况。 服务对象："可以的。（服务对象反应如此快让社会工作者有些意外）我以前在单位也做过类似工作。如果能减轻痛苦，那么试试也不要紧。" 社会工作者："好的，下次我们继续听歌。" ………… 三、介入小结 服务对象的情况：在整个交流过程中，服务对象及其丈夫、医生达成了一致——希望缓解服务对象的疼痛及心理压力。服务对象开放的心态是支持社会工作者开展服务和改变现状的积极因素。 社会工作者的思考：建立彼此的信任关系是开展工作的前提。借助音乐建立的沟通关系很好地做到了这一点。 四、介入计划与建议 （1）通过心理痛苦温度计、《广泛性焦虑量表（GAD-7）》、《抑郁自评量表（PHQ-9）》进一步评估服务对象的情绪状况。 （2）明确需求，确定服务目标及内容等。
	2021年 12月8日	地点：中西医病房 会谈对象：服务对象 会谈次数：第三次会面 一、目标 （1）通过心理痛苦温度计、《广泛性焦虑量表（GAD-7）》、《抑郁自评量表（PHQ-9）》进一步评估服务对象的情绪状况。 （2）与服务对象共同确定服务目标、内容、频次等。

续表

阶段	时间	主要内容
第一阶段	2021年12月8日	二、会谈过程 社会工作者来到病房，服务对象静卧在床上，眼睛微闭，护工小声地说，Y老师正在休息。此时，服务对象睁开了眼睛，望向社会工作者。 服务对象：“小李你来了。” 社会工作者：“嗯，没打扰您休息吧?” 服务对象：“没有，见到你很高兴，我还想着你肯定很忙，不知道什么时候能来。” 社会工作者：“抱歉啊，最近在忙其他的事情，来晚了些。我给您放首歌听，您看怎么样?” 服务对象：“好啊。” 社会工作者为服务对象播放了一首《再见吧，妈妈》。 当这首歌的旋律响起的时候，服务对象本能地将头偏向了歌声传来的方向。 ………… 社会工作者：“看您的反应，这首歌您应该很熟悉吧?” 服务对象：“这也是我当年经常听的一首歌，听到它感觉回到了从前。(服务对象眼睛望向天花板）那时候的感觉很好，跟现在没法比，现在活得不像人样，活得毫无价值。于我自己而言，现在死了我也能接受，不过身边的亲人、朋友都鼓励我，让我坚持住。但这种坚持真的很痛苦，没有意义。” 社会工作者：“您一定想体面地离去。长时间的卧床、疼痛让您感觉太难受了。” (服务对象点点头) 社会工作者：“您还记得上次跟您提到的心理测试吗?” 服务对象：“记得，你读给我听，我来做。” ………… (服务对象完成了测试) 服务对象：“测试结果怎么样?” 社会工作者：“测试显示您有轻度的焦虑和中度的抑郁。” 服务对象：“也很正常，谁像我一样估计也会这样。太痛苦了。” 社会工作者：“确实很痛苦，您太不容易了。但是我也看到了您对身边人的付出。此时此刻，身边人也愿意为您做一些事情。” 服务对象：“身边人对我都很好。”(服务对象点点头) ………… 随后，社会工作者与服务对象共同制定了服务目标、计划。 三、介入小结 服务对象的情况：向死而生。服务对象开始尝试接纳现在的自己并努力尝试让自己舒服一些，而不是沉浸在痛苦的思绪中。 社会工作者的思考：服务对象自知力好，悟性高，是一个合格的“服务对象”。但要想体面地走完生命最后的旅程，需要服务对象及其家属、医护人员、社会工作者共同的努力。 四、介入计划与建议 (1）继续以“音乐＋叙事”的沟通方式，缓解服务对象的焦虑。 (2）鼓励服务对象及其家属调整病房环境，营造舒适的病房环境。
第二阶段	2021年12月22日	地点：中西医病房 会谈对象：服务对象 会谈次数：第四次会面

续表

阶段	时间	主要内容
第二阶段	2021 年 12 月 22 日	一、目标 (1) 继续以“音乐+叙事”的沟通方式，缓解服务对象的焦虑。 (2) 鼓励服务对象及其家属调整病房环境，营造舒适的病房环境。 二、会谈过程 按照约定，社会工作者来到病房。服务对象躺在床上，看着手机，服务对象的丈夫也在，今天她的状况看起来还不错。 今天播放的音乐是《九九艳阳天》，一首服务对象出生那年创作的歌曲。 ………… 服务对象：“这首歌好像是一部电影里的歌。” 社会工作者：“电影《柳堡的故事》对吧？” 服务对象：“好像是的，1957 年的电影，那年我出生。” 社会工作者：“对啊。” ………… 社会工作者与服务对象聊到了她的青年期，聊到了对死亡的看法。 正在此时，窗外传来一声闷响——“砰”。病区突然变得嘈杂起来…… 服务对象：“有人跳楼了吧。”(服务对象眉头紧锁，轻声地说了出来) 社会工作者：“外面动静有点大，您别乱想，我去了解下。叔叔您陪一下阿姨。” ………… (一名患者从病区四楼坠下) 片刻之后，社会工作者回到了病房，发现服务对象的丈夫正在和服务对象还有护工聊刚才人员“坠楼”的情况。 服务对象：“……也不能怪他，他可能太累了，跳下去也痛快，我是做不到的，太难看了，影响不好。” 社会工作者：“现在还不确定是什么情况，您可以先和叔叔聊聊天，我上去帮忙。” ………… 此次交流因为突发状况而中断。 三、介入小结 服务对象的情况：服务对象的心理状况因突发情况受到了一定程度的影响，需要进行危机干预。 社会工作者的思考：因为突发状况，社会工作者中断了此次交流，去处理突发状况。 四、介入计划与建议 72 小时内对服务对象进行心理危机干预。
第三阶段	2021 年 12 月 24 日	地点：中西医病房 会谈对象：服务对象及其家属 会谈次数：第五次会面 一、目标 (1) 72 小时内对服务对象进行心理危机干预。 (2) 介绍正念冥想。 二、会谈过程 按照心理危机干预黄金 72 小时原则，社会工作者于危机发生后 48 小时内去到病房与服务对象进行了交流，评估了服务对象的心理状态。社会工作者来到病房时，服务对象正闭着眼睛在休息，护工在一旁坐着。当

续表

阶段	时间	主要内容
第三阶段	2021 年 12 月 24 日	社会工作者正打算离开时，服务对象缓缓地睁开眼睛，发现了社会工作者。社会工作者礼貌性地询问了服务对象目前的状况及是否愿意与社会工作者沟通。 服务对象：“我现在没事，你来了我感觉好一点，有个人可以说说话。” 社会工作者：“那是我的荣幸。老样子，给您先放首歌听听怎么样?” 服务对象：“今天不用，咱聊聊天就好。” 社会工作者：“嗯，好。” 服务对象：“你说前天跳下来的人会痛苦吗?” 社会工作者：“从生命体征上来看，应该是不会痛苦的。但这件事可能对身边的人有影响。” 服务对象：“我也想能少些痛苦。你说为什么中国不能安乐死，能够安乐死多好啊。” 社会工作者：“我遇到过很多与您想法一样的人。不过目前的政治环境、法治环境还没有到达那一个程度。现在我们只能用其他方法尽量缓解痛苦，安宁疗护工作也是一种方式。” 服务对象：“你现在给我做的事情就是，对吧?” 社会工作者：“嗯，我和您的家属、医生、护士、朋友一样都希望能减轻您的痛苦。” 服务对象：“谢谢你们，有时候我在想，现在的我其实是在为身边的人而活，而忍受痛苦。……不过这也算一种价值吧。” 社会工作者：“您真通透。” 服务对象：“（笑了笑）也没什么想不开的，不过还是太难受了。我心里想得清楚，就是太难受了。”(她强调了几遍) 社会工作者：“是的，太难受了。我给您按一按胳膊，您看怎么样?” 服务对象：“你不嫌弃我这将死之人啊?” (社会工作者也笑了笑) 社会工作者：“我的到来能给您减轻哪怕一丁点的痛苦，也会让我觉得我的工作是有意义的。更何况您这不也是给我练手的机会吗? 我得感谢您的包容。” 服务对象看着社会工作者又笑了一下。随后，社会工作者为服务对象揉了揉肩膀，按了按太阳穴。 ………… 社会工作者向服务对象介绍了正念冥想技术，并约定好下次引导服务对象进行一次正念冥想。随后，社会工作者根据服务对象反馈的情况告知了服务对象的家属如何调整病房布局。比如：在病房摆放鲜花（最好是有一点清新淡雅香味的），整理床头，摆放服务对象喜欢的图画、照片或者小物件，偶尔播放服务对象喜欢的音乐，等等。 三、介入小结 服务对象的情况：服务对象对即将到来的死亡持接纳态度，突发状况并未引起服务对象的严重不适，同时服务对象自身的状况也让其无暇顾及其他事情。 社会工作者的思考：能面对如此通透的服务对象是社会工作者的幸运。服务对象在接受社会工作者的服务的同时也是在为社会工作者上一堂难得的“生命教育课”。 四、介入计划与建议 （1）叙事治疗：生命故事回顾。 （2）引导服务对象进行正念冥想练习。

续表

阶段	时间	主要内容
第四阶段	2022年 1月4日	地点：中西医病房 会谈对象：服务对象 会谈次数：第六次会面 一、目标 （1）叙事治疗：生命故事回顾。 （2）引导服务对象进行正念冥想练习。 二、会谈过程 社会工作者如约再次来到服务对象所在的病房，这次服务对象的状况有些糟糕，胸腔腹腔积液使服务对象的疼痛程度更加严重，服务对象的饮食状况越来越差，胃口不佳，并出现了低烧的情况。服务对象越来越靠近生命的终点。同时，社会工作者发现，病房内多了些鲜花，床头多了一本书。服务对象的丈夫守在服务对象身旁。 ………… 社会工作者："阿姨，我感觉您今天的状态不太好。" 服务对象停顿了片刻后说，她一直吃不下去，吃了就吐，晚上也睡不好，越是到晚上越是难受。 社会工作者："多吃几次，每次少吃点也许会好些，胃口不好可以在嘴中含一块陈皮，改善味觉。您现在是感觉晚上的疼痛感更强烈了吗？" 服务对象："可以试一试。现在就是……太难受了。" 社会工作者一边握着服务对象的手，一边揉了揉服务对象的肩膀，帮助她缓解长期卧床的不适感。 社会工作者："阿姨，您还记得前些天我跟您说过，有个方法也许能够帮您缓解下晚上睡眠不好的情况，您愿意试一试吗？" 服务对象："嗯，记得，那就试一试吧。" 随后，社会工作者带领服务对象进行了正念冥想练习。 ………… 社会工作者："感觉怎么样？" 服务对象："刚才感觉舒服了些。" 社会工作者："那就好，不过这个需要多试一试。您的悟性高，效果肯定会更好。" 服务对象："你老夸我。有时候脑袋不清醒还好一些。像我这样还难受些。什么都明白、什么都懂，疼的感觉都严重些。"（服务对象有些苦恼） 社会工作者："也许真的像您说的那样，不过像您这样冰雪聪明的人肯定也比其他人有更多的方法让自己舒服一些，您说是不？" 服务对象："你真会说话。（服务对象笑了笑）我的领导对我还是蛮好的，我以前的一个老书记知道我病了，马上说要来看我。我是不想让他们知道的，更不想让他们看到我现在的样子……" 社会工作者："您到现在还在想着别人，想着家里人、朋友、同事，现在大家才会想着您，想来看望您。" 服务对象："也是，没白活一场……" 社会工作者："您的一生是精彩无比的，我听到您的过往，就好像回到了您所在的那个年代，特别有画面感。您年轻的时候肯定是个文艺青年。" 服务对象："可能因为我喜欢看书，所以别的女生谈朋友的时候我都没有朋友。"（服务对象开心地笑了） 社会工作者："看叔叔的样子，您还是遇到了一个好的。" 服务对象："还行吧。" ………… 社会工作者："您现在写字怎么样啊？"

续表

阶段	时间	主要内容
第四阶段	2022年 1月4日	服务对象："没有力气，写不好，平时经常在家里看书练字，现在不行了。" 社会工作者："我这儿有笔有纸，您试一试。" 服务对象："写不好不要笑我啊。" 服务对象在白纸上写下了"希望明天会更好"。 服务对象再次回顾了过往，婉拒了社会工作者提出的"写写每天的思想"的提议。 三、介入小结 服务对象的情况：服务对象体验了正念冥想，回顾了过往工作中的一些经历。 社会工作者的思考：疼痛是癌症晚期最严重的症状，也是导致癌症晚期患者出现各种心理症状的重要原因，如何通过非药物治疗缓解疼痛，提高癌症晚期患者对疼痛的耐受度是非常值得社会工作者思考的问题。 四、介入计划与建议 (1) 继续以"音乐＋叙事"治疗，缓解服务对象的痛苦症状。 (2) 检查正念冥想的效果。继续指导服务对象进行正念冥想练习。
第五阶段	2022年 1月18日	地点：中西医病房 会谈对象：服务对象的丈夫、儿子 会谈次数：第七次会面 一、目标 (1) 继续以"音乐＋叙事"治疗，缓解服务对象的痛苦症状，帮助服务对象的家属应对哀伤。 (2) 检查正念冥想的效果。 二、会谈过程 社会工作者通过与服务对象的主治医生沟通了解到，服务对象的健康状况持续恶化，目前连下床对她而言都已经变得很困难。其意识状况也越来越差。 在与主治医生沟通后，社会工作者有种不祥的预感。当来到病房时，社会工作者发现有一名年轻人在服务对象床前。他就是服务对象曾提到的儿子，和她一样爱看书的儿子。服务对象闭着眼睛躺在床上休息。 在给服务对象播放一段音乐后，社会工作者把服务对象的儿子叫到病房外进行了沟通。 …… 社会工作者："你好。" 服务对象的儿子："你好。" 社会工作者："你是阿姨的儿子吧？常听阿姨提到你。" 服务对象的儿子："是的，你是李社会工作者吧？" 社会工作者："是的，阿姨现在怎么样？" 服务对象的儿子："估计不行了，这几天一直半昏迷，病危也下过一次。" 社会工作者："你也不容易，工作放下在这里守着。" 服务对象的儿子："还好（服务对象的儿子客气地回答），我妈妈把该安排、该交代的事情都早就安排、交代完了。她也受了不少苦，早点走也许是解脱。"（他看向别处，叹了口气） 社会工作者拍了拍他的肩膀。 社会工作者："你也不容易，现在除了做一些治疗外，你也可以为阿姨做一些事情。这可能会让你好受些。" （服务对象的儿子看向社会工作者）

续表

阶段	时间	主要内容
第五阶段	2022 年 1 月 18 日	社会工作者："比如说给阿姨搓搓手，梳梳头。阿姨是个体面人，她躺着的时候可以给她擦擦脸，揉揉脚，让她舒服点。另外，还可以跟她说说以前的事情。" 服务对象的儿子："嗯，好。谢谢你，听我妈提到你好几次，这些天谢谢你照顾我妈。" 社会工作者："这是我应该做的，你也要照顾好自己和叔叔。你俩是阿姨最心疼、最亲的人。你女儿谁在带呢？" 服务对象的儿子："我们爷俩还好，女儿的妈妈在带她。谢谢你。" 社会工作者："没事，在医院遇到问题随时可以跟我说，医院手续办理、出院的事情或是简单的聊天都行。" 服务对象的儿子："好。"（他频频点头） ………… 随后，社会工作者回到病房，向服务对象打了声招呼，并询问服务对象是否需要做一次正念冥想，服务对象点头示意可以。社会工作者引导服务对象进行了几分钟的正念冥想，服务对象睡了过去，其儿子全程握着服务对象的手。 最后，社会工作者将社会工作者的放假通知告知了服务对象的儿子，同时提示他，有任何问题都可以与社会工作者联系，如果无法联系到，那么可以通过护士站找到其他社会工作者寻求帮助。 三、介入小结 服务对象的情况：服务对象的状况越来越糟糕，社会工作者与服务对象的儿子进行了沟通。服务对象与儿子的亲子关系很和谐。 社会工作者的思考：做好服务对象家属的工作也是极其重要的。 四、介入计划与建议 （1）做好与服务对象的告别。 （2）哀伤辅导。
第六阶段	2022 年 2 月 8 日	地点：中西医病房 会谈对象：服务对象 会谈次数：第八次会面 一、目标 （1）做好与服务对象的告别。 （2）哀伤辅导。 二、会谈过程 服务对象的主治医生反馈，服务对象撑过了春节，但目前已处于病危状态，随时可能离世。 社会工作者来到病房时，服务对象的丈夫和儿子都在，狭小的病房显得有些拥挤。 社会工作者在征得服务对象家属的同意后，为服务对象播放了她最熟悉的歌《血染的风采》，随后为服务对象擦拭了眼角的污物，为她按了按头。社会工作者握着服务对象的手向她表达了感谢，与她做了最后的告别。 最后，社会工作者对服务对象的家属就接下来可以做的事情做了提醒：保持病房的安静、空气的流通（可以适当有些香味），帮助服务对象擦拭身体、按摩、梳头，与服务对象聊天（道别）。另外，社会工作者告知了服务对象的家属接下来可能发生的程序上的事情：病危，家属放弃抢救，告别，联系殡葬服务，办理出院手续（可延后）。

续表

阶段	时间	主要内容
第六阶段	2022 年 2 月 8 日	三、介入小结 服务对象的情况：虽然服务对象无法通过言语表达，但是其内心可能仍然活跃。 社会工作者的思考：通过示范能更快地告知服务对象的家属如何做好最后的告别。 四、介入计划与建议 跟进哀伤辅导。

六、成效评估

在本案例中，社会工作者与服务对象于病房会谈、多场景与服务对象的家属保持沟通与互动。社会工作者在个案服务过程中以社会适应观、优势视角理论为指导，通过音乐放松、叙事治疗、正念冥想等，为服务对象提供了专业服务，使服务对象在疼痛、抑郁情绪等方面均获得了不同程度的改善，其价值感、生命意义感得以提升。具体评估方法及目标达成情况如下。

（一）观察法

在个案服务过程中，社会工作者认真观察了服务对象及其家属的表现，包括服务对象的身体状况、对社会工作者的接纳程度、与社会工作者的互动情况，以及服务对象家属的情绪状况、依从程度、与服务对象的沟通情况等。

在本案例中，社会工作者作为服务提供者、观察者，对每一次个案探访、服务过程均进行了自我反思与评估，并从中观察、感受服务对象状况的改善。同时，在服务对象有特殊情况（如医生治疗、朋友探访）时，社会工作者会及时调整探望时间。

（二）访谈法

可以通过与服务对象本人及其家属、医护人员、护工进行沟通，从社会工作者提供服务的时长和频次、服务专业性、服务必要性、服务有效性等几个维度评估社会工作者个案工作的开展情况。

在本案例中，以上人员对社会工作者的工作均给予了满意的评价。服务对象表示“见到你心情就会好些”，服务对象的家属表示“感谢你关心她”，护工表示“她有时候盼着你来”，医护人员表示“她虽然身体状况越来越差，但是情绪状况比以前好很多”。

（三）目标检视法

通过对比个案服务前后服务对象行为表现的变化情况，可以了解服务的有效性（见

表 5-3-2）。

表 5-3-2 个案服务前后服务对象的改变

干预指标	服务前	服务后
疼痛	使用芬太尼止痛	芬太尼使用剂量未上升，并开始运用正念冥想应对疼痛
睡眠状况	两周内一半以上时间入睡困难、总是醒着，或睡得太多，嗜睡	随着病情发展，嗜睡、意识不清的状况逐渐增多
情绪状况	常感到心情低落、抑郁、疲惫	会通过听音乐的方式调节情绪，在病房里增添了自己喜欢的绿植，会通过口含陈皮改善胃口。在与社会工作者沟通时表示情绪状态比“之前”（接案前）好很多，对自己的变化、即将到来的死亡都已看开，并开始学着适应每日的“生活”
哀伤应对	不知如何与家属谈论自己的担忧、表达关心	愿意通过社会工作者与家属沟通自己的感受和想法，并做好了后事安排

七、专业反思

大多数癌症晚期患者在生命到达极限时，不得不面对死亡。在即将到来的死亡面前，尽可能地减轻癌症带来的生理、心理、社会层面上的痛苦是安宁疗护团队对生命的敬意。在安宁疗护的多学科团队里，医务社会工作者担任着重要的人文关怀角色。在安宁疗护服务过程中，医务社会工作者需要具备较好的问题解决能力，要能够对出现的突发事件及时做出正确的反应；更需要走近、理解服务对象身体、心理、社会关系层面上遭受的巨变。面对复杂多样的问题情境，从事安宁疗护的医务社会工作者，需要具备较强的心理抗压能力、协调能力、专业技术能力和资源链接能力。

（一）心理抗压能力

安宁疗护的服务对象是濒临死亡的患者，他们身体的各项机能逐渐衰退，容貌、体态变化往往给人强烈的冲击感。疾病及治疗导致的情绪情感的不稳定往往让普通人难以接受。疾病教育、心理疏导、医患沟通、经济援助、社会关系协调等问题叠加出现是常态。这就要求从事安宁疗护的社会工作者具备较强的心理调节能力和抗压能力。

（二）协调能力

在安宁疗护服务过程中，社会工作者不仅是安宁疗护团队中各成员（医生、护士、营养师、心理咨询师、志愿者）之间沟通的桥梁，还是服务对象与其家属、服务对象家庭与安宁疗护团队之间沟通的桥梁和润滑剂。医务社会工作者通过专业服务准确了解服务对象需求，并传递给安宁疗护团队，能够避免缺乏信任关系、信息差和理解偏差导致的医护人员与服务对象家庭之间的矛盾。

（三）专业技术能力

安宁疗护工作面对的问题复杂多样，涉及政策、经济、医学、心理、社会等方方面面，同时，安宁疗护工作还具有很高的技术门槛和执行标准。医务社会工作者需要付出很多的时间去学习和掌握多学科（如政治学、法学、医学、心理学、社会学等）的知识和技能。

（四）资源链接能力

安宁疗护工作的场域大多数时候是超越医院场域的。当服务对象面临经济问题时，社会工作者需要链接社保、社会救助资源。当服务对象面临复杂的家庭关系问题时，社会工作者需要链接民政、妇联、司法、社区资源。当服务对象面临心理问题时，社会工作者往往需要链接心理咨询资源。为此，社会工作者需要具备较好的资源整合和协调能力。

专家点评

本案例以临终关怀为切入点，采用了个案管理的方式，对患者及其家属开展高度个性化的社会工作服务。本案例的亮点主要体现在三个方面：在个案管理模式上，准确地定位了服务对象的需求，并创新运用音乐作为安宁疗护服务全程的介入技术；在专业价值观上，充分体现了社会工作者接纳认同、悲天悯人的情怀；同时，对安宁疗护制度建设做出了实质性的探索。案例运用优势视角理论贯穿整个服务过程，做到了理论与实际相结合，帮助服务对象认识到了自身的价值，整个服务过程记录清晰、完整，后期的评价和复盘也有很强的参考意义。案例内容条理清晰，脉络完整，满足了服务对象多方面、多层次、多维度的需求。

对此案例有以下建议：首先，医务社会工作者服务的形式有待丰富，在安宁疗护服务中可以通过小组工作、个案工作等多种服务形式为服务对象提供服务。其次，安宁疗护服务可以更好地利用团队的力量，针对入院适应、在院服务、问题的跟进，以及患者离世后亲属的哀伤辅导等开展服务。

杨生勇　华中师范大学社会学院教授

案例四　全病程管理模式下的重病儿童帮扶个案[①]

张骥曦　马　乐[②]

一、背景介绍

2017 年 12 月，《卫生计生委 中医药局关于印发进一步改善医疗服务行动计划（2018—2020 年）的通知》（国卫医发〔2017〕73 号）发布，规定自 2018 年起，医疗机构要建立医务社工和志愿者制度，这标志着医务社会工作的发展有了明确的政策文件依据。目前，中国医务社会工作实务多种多样、蓬勃发展，但尚处于起步阶段。医务社会工作有显著的人文关怀特点，在为患者缓解心理与情绪困扰、加强支持网络、提供社会资源、协调医患关系等方面发挥着重要作用，有效推动了医院管理理念从“生物-医学模式”向“生物-心理-社会医学模式”转变。

为减轻患者的就医压力，营造和谐有爱的就医环境，改善医患关系，增强患者的自助能力，Y 儿童医院以《关于印发进一步改善医疗服务行动计划（2018—2020 年）的通知》为指导，从医院的实际需求出发，结合医院特色，整合医疗资源，开展“专职医务社会工作者＋医务社会工作助理＋志愿者”三方联动的医务社会工作服务项目，积极探索和开拓儿童医务社会工作服务经验。社会工作者在开展项目服务期间，每日例行查房，接触到服务对象，并对其开展个案服务。

（一）基本信息

小超（化名），男，4 岁，因患有神经母细胞瘤，在 Y 儿童医院住院治疗，由父母在医院全职陪护。

---

① 本案例获评武汉市2020 年度优秀社会工作案例。

② 张骥曦，武汉博雅社会工作服务中心社工，曾获评“全国最美医务社会工作者”。马乐，社会工作师，武汉博雅社会工作服务中心副总干事，曾获评“中国最美社工”。

（二）家庭背景

小超有一个哥哥和一个姐姐，均在老家上网课，由于小超生病住院，父母要在医院陪护，小超的哥哥姐姐主要由奶奶照顾。

（三）健康状况

小超2020年1月因发烧在当地医院输液治疗无效后，于1月21日来到Y儿童医院检查，一周后确诊为神经母细胞瘤。小超在Y儿童医院的治疗经历了三个阶段。第一阶段：住院4个多月，其间完成了5个化疗周期。第二阶段：进行了外科手术，切除了腹腔肿瘤，手术耗时30多个小时，术后在ICU观察6天后返回普通病房。第三阶段：在普通病房完成后续4个化疗周期，视恢复情况决定是否移植，此阶段小超的身体较为虚弱，进食困难，腹部插有引流管，医师建议多下床活动，促进胃肠功能恢复。

（四）经济状况

小超的父母长期背负外债，近期才还清因结婚和建房所借外债。小超1月份确诊后，其父母由于要长期在医院看护，丧失经济来源。目前小超的治疗费用主要靠亲属借款解决；另经科室医生推荐，申请了1+1实体瘤救助项目。现在，家中亲属正在帮助其家庭申请低保。尽管小超获得了多渠道救助，但是医保报销比例仅为百分之五十，许多治疗药物需要自费购买，并且术后恢复阶段还要接受长期化疗，小超的父母在陪护期间无工作收入，无积蓄，因此要支出的医疗费用对小超的家庭来说依然是一个沉重的负担。

二、分析预估

（一）问题分析

在小超手术完返回普通病房后，社会工作者在每日例行查房过程中见到他和他的父母，后经与小超父母、医师团队交谈了解到，小超及其父母当前面临以下问题。

服务对象：

（1）术后恢复较差。一直无法拆除引流管，难以下床活动，化疗计划难以继续进行。

（2）情绪变化较大。小超手术前后性格反差极大，术前特别开朗乐观，积极配合医护人员完成治疗，术后一直沉默不语，对外界事物漠不关心，精神较差。

（3）存在分离焦虑。小超对与父亲分离有一定的焦虑反应，希望父母可以一起在院陪护，但因疫情原因，只能有一名家属在院陪护，目前是其母亲陪护，父亲在院外做后勤保障及申请各项救助。

服务对象父母：

（1）精神压力大。由于小超长期住院，母亲精神压力较大，外界支持力量不足，缺乏情绪发泄渠道，每次社会工作者来到病房探望他们，母亲都有强烈的倾诉欲望，并不断哭泣。

（2）经济压力大。面对小超高昂的治疗费用，父母感到家庭经济压力巨大，绝望中看不到未来。

（3）不熟悉救助流程。小超父亲在院外提供后勤保障，每天送饭，并积极申报各项救助基金项目，但是其对相关申报流程和要求不甚清楚，做了很多工作，却收效甚微。

（4）亲子关系紧张。由于长期陪护小超，父母与其他两个孩子缺乏亲子交流和陪伴，亲子关系紧张，长期的分离使两个孩子不想念父母，也不愿意接听父母打过去的电话。

（二）需求分析

通过问题分析，社会工作者认为服务对象及其父母和家庭应该作为一个整体来接受服务。父母作为监护人，是服务对象最重要的他人，父母的行为、心理、情绪会极大地影响服务对象的治疗效果、心理状态和情绪反应。而家庭问题比如经济问题、亲子关系问题的解决，会显著影响服务对象的父母。因此，需求分析包括了服务对象及其父母和家庭，综合来看，其需求主要包括以下方面。

（1）病情治疗。小超的术后恢复是首要关注焦点，所有的服务都要以此为中心开展，如果术后恢复顺利，各项工作就容易推进。这需要社会工作者与医师密切配合，了解当前小超的病情进展和治疗计划，做好医师与小超父母之间的沟通协调工作，帮助医师为小超提供适合的医疗服务，促进小超的身体尽快恢复。

（2）发泄情绪，缓解心理压力。经过手术，小超的情绪变化大，其父母也背负着沉重的心理负担，他们都需要一个机会或者平台，将心里的情绪发泄出来，使心灵得到放松。

（3）缓解经济压力。协助小超的父亲梳理基金救助信息和申报要求，指导其按要求准备各项资料，以顺利申请到救助资金，缓解经济压力。

（4）缓和亲子关系。帮助小超的父母学习亲子沟通方法，协助小超的父母与老家的两个孩子沟通联系，使他们之间以及小超与哥哥姐姐之间有交流，亲子关系得到缓和及改善，这对于小超的身体恢复及其父母减轻心理压力有一定帮助。

三、理论依据

本个案是社会工作者在Y儿童医院开展的一个重要个案，社会工作者希望在沟通医患关系、提供心理抚慰、争取经济援助、全程跟踪服务等方面展示医务社会工作的专业性和“人本温度”，以积极有为的服务为小超及其父母提供帮助，使他们能战胜病魔，顺利回归家庭和社会。通过与项目督导多次讨论和分析，本个案以全人健康、全病程管理、社会支持理论和增权理论为服务的理论基础。

（一）全人健康

根据世界卫生组织对“健康”的定义，全人健康指人在生理、心理、社会及精神层面的全面健康状态。医务社会工作推动医院管理理念从“生物-医学模式”向“生物-心理-社会医学模式”转变，让患者在接受身体治疗的同时，得到心理支持、协调人际关系、了解医疗信息、申请经济援助，甚至回归社会及就业支持等服务，减少治疗疾病的后顾之忧，在生理、心理、社会及精神层面达到和谐。在这种状态下，不仅患者及其家属更容易回归家庭及社会，也能减少医患之间的矛盾，促进社会和谐。在本个案中，社会工作者希望能使小超及其父母达致全人健康状态，不仅仅是为了治好小超的身体疾病，更是为了小超能在以后健康快乐成长。

（二）全病程管理

全病程管理以跨区域、跨团队（医师、护士、个案管理师、社会工作者、营养师、康复师、药师、管理人员）全程协作管理方式，在从院前准备、出院准备、双向转诊、出院追踪随访到远程健康管理等环节，为患者提供连续性整合照护的全程闭环管理模式。当社会工作者见到小超时，他已经做完手术回到了普通病房。虽然入院及前期治疗过程未能参与，但恢复及出院过程可以参与，因此社会工作者仍然以全病程管理模式提供服务，希望能提供全面、有效及完整的服务，这对小超及其家庭来说更有意义。

（三）社会支持理论

社会支持理论认为，社会支持网络是由个人之间的接触所构成的关系网，通过这些接触（关系网），个人得以维持其身份，并获得情绪、服务、信息等支持。一个人所拥有的社会支持网络越强大，就能够越好地应对各种来自环境的挑战。在医务社会工作实践中，社会支持网络通常能够在三个方面发挥作用，即预防、治疗和康复。由于患者暂时处于弱势地位，因而如能挖掘社会支持网络，对其疾病的康复将具有十分重要的意义。[①]在这方面，小超及其父母十分需要得到支持，他们现有的模式已经不足以处理身心俱疲、压力巨大的局面，社会工作者的出现既是一种显著的支持，也为给他们创造新的社会支

---

① 张青，任小平．论社会工作理论在医务社会工作实务中的应用．医学与哲学（A），2014，35（2）.

持提供了可能。在个案服务中，社会工作者既提供表达性支持，比如心理支持、情感支持，又提供工具性支持，比如引导、协助小超的父亲申请基金救助。

（四）增权理论

增权是指增强人的权力与能力，社会工作者的任务就是帮助人们通过增权的过程，从无权变成有权。无力感并不是个人没有能力，而是由社会环境造成的，权能不是稀缺资源，经过人们的有效互动，权能是可以被激发出来并不断衍生的。为了增强小超及其父母的权能，社会工作者可以在三个方面开展工作：一是与小超及其父母建立专业关系，让他们感受到尊重和支持，从人际互动交往中得到力量；二是教育并引导他们参与外部互动，比如参加儿童游戏，学会通过游戏促进身体康复，在游戏互动中建立信心；三是协助小超的父亲申请各种基金救助，通过外部资源增强他们解决问题的能力。

四、服务计划

基于以上分析，对服务对象的服务目标包括以下方面。

（1）身体康复。协助小超及其父母掌握医疗计划，积极配合治疗，争取早日康复。

（2）心理压力缓解。消除小超及其父母的焦虑心理，以平和的心态面对目前的情况，积极努力地治疗和生活。

（3）经济压力缓解。协助小超的父亲成功申请基金救助，解决经济困难问题。

（4）亲子关系缓和。协助小超的父母在一定程度上改善亲子关系。

基于以上分析，对服务对象的服务策略包括以下方面。

（1）积极治疗。协助小超及其父母与医护人员进行沟通，了解治疗计划和进度，积极配合治疗，促进身体慢慢恢复。

（2）心理支持。运用表达性支持技术，帮助小超及其父母疏导情绪、缓解压力，并给予情感支持，树立解决问题的信心。

（3）经济援助。运用工具性支持技术，引导、协助小超的父亲申请基金救助，解决治疗费用问题。

（4）亲子和睦。通过建立亲人之间的联系，增强小超及其父母内心的力量。

五、服务过程

（一）第一阶段：协助治疗，提供支持

服务目的：帮助小超积极配合医师治疗，促进身体尽快恢复；同时，为小超及其母

亲提供心理支持。

社会工作者在每日例行查房过程中，见到小超及其母亲：小超身体瘦弱，躺在病床上没有精神，他的母亲在一旁发呆。社会工作者想与小超交流，但是小超并没有理会。于是社会工作者表明身份，尝试与其母亲进行交流。当小超的母亲明白社会工作者的服务之后，立即变得十分“健谈”，社会工作者感觉到了极强的倾诉欲。小超的母亲表示，小超身体状况不佳，术后排异反应较大，阻碍了后续治疗。因为恢复较差，小超精神不佳，一吃就吐，长期输营养液，引流袋拆不下来。医师建议小超多运动，增强食欲，以便加快恢复，但是小超不愿意下地活动。小超手术后从ICU出来后，性格大变，以前轻松乐观，积极配合治疗，主动安抚母亲，现在每天都有气无力，不吃不喝，经常发脾气。住院这段时间刚好遇上疫情，小超和母亲被封闭在院内，父亲进不来，只能通过院内工作人员交接一些生活必需品和资料。老家人不知从哪里听来的谣言，说小超和父母都被感染了，现在正在隔离，所以都远离他们的家人，弄得家里人也因此受牵连。住院这段时间，生活物资十分短缺，小超连换洗的衣服都没有，还是同病房的病友的家属好心给了小超两件衣服替换。同时，由于治疗需要很多钱，她和小超的父亲又一直在院陪护，没有经济来源，因此家庭面临巨大的经济压力。各种因素叠加在一起，使小超的母亲觉得生活十分艰难，有一种看不到头的绝望。在交流过程中，小超的母亲一直沉浸在消极情绪中，一边说，一边不断地叹气、流泪。

社会工作者表示理解她的心情，特别是在疫情还没有结束时，我们每个人都承受着很大的压力，更别说小超小小年纪就患这种重病，确实很让人难过。同为女性，社会工作者拉住小超母亲攥紧的双手，用温暖的眼神看着她，表示愿为他们提供力所能及的帮助，连疫情大家都扛下来了，只要坚持信念，相信小超一定能顺利康复，现在的难关都能渡过。社会工作者的话给了小超的母亲些许安慰，她的身体稍微放松了一些，用手擦掉了眼泪，表示“但愿吧”。

之后，社会工作者与小超及其母亲建立了专业关系，开展个案服务。社会工作者与小超的母亲讨论后一致认为，小超年纪尚小，又经历了大手术，身体的不适致使心理和情绪发生很大变化，是小孩子的正常反应，因此首先要关心小超，帮助他配合医师的治疗，这样才能更快恢复。同时，社会工作者从医师那里了解到小超病情的具体情况、计划的治疗方案，以及小超需要注意的事项，并将了解到的信息及时与小超的母亲沟通，让她理解医师的安排，因为医师查房时可能没有解释得很详细，使她对一些康复事项不甚清楚。

在之后的服务中，社会工作者基本上间隔不到两天就来看望一次小超和他的母亲，了解小超的身体恢复情况，相关情况也会及时向医师反馈。起初小超仍然不理会社会工作者，社会工作者就将医院里好玩的东西讲给小超听，引起他的兴趣，同时他的母亲也在一旁开导他。在一次活动结束后，社会工作者将一只娃娃送给小超，小超十分开心，终于露出了微笑，后来当他父亲进到病房时，他还不停地展示给他父亲看。小超在愿意和社会工作者交流之后，身体也在慢慢恢复，引流管拆除了，可以慢慢行动、进食、与人沟通。在后续的化疗中，受化疗药物影响，小超有轻微的口腔、肛周破溃等症状。当社会工作者告知医师后，医师开具了洗液，小超疼痛和瘙痒的症状明显减轻，他也会经常主动要求母亲帮忙用洗液擦拭。

（二）第二阶段：释放压力，舒缓情绪

服务目的：多途径帮助小超及其母亲释放心理压力，舒缓负面情绪。

因为身体的疼痛和不适感时常反复，加上化疗的副作用，小超的情绪反复变化，小超的父母也都承受着很大的压力。

社会工作者尝试以多种方式提供服务。当小超可以下床活动之后，社会工作者邀请小超及其母亲参与集体游戏。小超在母亲的带领下，挑选了乐高积木进行拼搭。社会工作者一边引导其他小朋友参与游戏，一边观察小超及其母亲的表现。

游戏刚开始时，小超尝试用积木拼搭一间房子。在选好底座、拼接好两面围墙后，剩余的两面围墙因为底座尺寸较小，无法完全拼接。小超在尝试多次无果后，将积木递给母亲求助。母亲不断尝试，更换角度和拼接点，仍然无法拼接，就告诉小超积木无法组合成房屋，建议他更换零件。但小超坚持不更换零件，继续拼接房屋，而且嘴里发出不开心的哼哼声，母亲无奈继续尝试，但是拼接动作加重，行动中带着一丝火气。多次尝试无果后，母亲开始不断调整房屋结构，添加零件，在多次重新组装后，一间臃肿的房子的轮廓出来了，但是小超不满意，稍一调整，房屋的结构就散开了。

随后，社会工作者引导小超逐步融入集体游戏的其他环节中。看到有小朋友探索游戏室内的秋千和滑梯，发出开心的笑声，小超也渐渐被吸引，想要参加集体游戏。在游戏过程中，小超虽然打着吊瓶，但是在体验秋千的过程中，能够按照社会工作者的活动规则体验游戏。小超在荡秋千的游戏中，感受到了做游戏的快乐，在游戏过程中主动与母亲交流。

社会工作者与小超的母亲交流了这次游戏的感受，小超在搭积木环节有点情绪，明知行不通却偏要那么做，母亲在搭积木过程中提供了帮助，但是明显带有情绪。小超的母亲表示现在她心理压力大，孩子有一点不顺心她就容易焦虑。社会工作者引导她回顾入院治疗以来的成效。从疫情期间入院以来，小超得到了病友在生活各方面的支持，在病情加重后，医院各科室通力合作，手术 30 多个小时，为小超切除了肿瘤。现在，随着治疗的进行和时间的推移，小超的病情慢慢好转，医护人员、病友和社会工作者也一直陪伴小超、倾听小超的感受，给予小超情感、精神支持。小超的母亲表示住院这么长时

间以来，从来没有人同她说过这些，现在看到这些好的变化，她的内心有了一股力量，她会反思自己的行为，虽然艰难，但也要努力尝试，让小超感受到自己的关爱。在之后的服务中，社会工作者都会与小超的母亲进行交流，让她内心积压的情绪及时得到宣泄。

（三）第三阶段：协助申请，获得救助

服务目的：积极申请基金救助，减轻经济压力。

经济压力始终萦绕在小超父母的心头，让他们倍感煎熬。社会工作者与小超的父母讨论，去申请基金救助。社会工作者帮助小超的父亲逐步梳理清楚慈善众筹的途径和1+1实体瘤救助项目的申报流程，通过小超的母亲向其转述，小超的父亲顺利完成了基金申报，并通过了审核，最终通过了1+1实体瘤救助项目的审批，得到了3万元资助金。另外，社会工作者也向小超的父母介绍了其他救助项目信息，帮助他们积极申请，拓宽救助资金来源。资助金给了小超父母极大的信心，让他们心里的压力减少了很多，慢慢能看到他们脸上的笑容多了起来。

（四）第四阶段：亲子互动，家庭和睦

服务目的：帮助改善家庭亲子关系，促进家庭和睦，为小超回家后的继续康复打下基础。

服务后期，疫情散去，医院不再封闭管理，小超的父亲在早晚送饭的过程中，可以抽空进病房见到小超，小超和父亲都很开心。

社会工作者在与小超的母亲沟通时，可以感受到她的状态积极，压力明显减少。小超的病情明显好转，引流袋被拆除，可以自主行动，饮食恢复正常，精神状态积极，会主动跟母亲撒娇，合理地表达情绪、提出诉求，积极地配合治疗，并开始自己独立玩耍。

社会工作者对于小超及其父母的积极转变予以肯定，并引导小超的母亲思考其个人情绪和精神状况好转的原因：首先是小超的病情明显好转，其次是经济压力得到缓解，最后是他们以及周围人不离不弃的坚持和信念。之后，社会工作者引导小超的母亲继续做好住院治疗期间的生活规划，在进行治疗的同时，丰富住院生活，保持良好心态，积极面对各种困难。

考虑到小超出院回家后还有适应和康复的问题，社会工作者向医师咨询了出院后的相关问题，并反馈给小超的母亲，让他们做好相关的准备，使居家康复顺利进行。

小超有一个哥哥和一个姐姐，均在老家上网课，由于小超生病住院，父母要在医院陪护，小超的哥哥姐姐主要由奶奶照顾。小超的母亲时常打电话回去，但是两个小孩都不想接电话。社会工作者尝试与他们交流，但得不到很多回应。由于不能面对面交流，因此社会工作者对小超的哥哥姐姐的服务有限，最后只能在多次沟通后，约定等小超出

院回家后，他们作为哥哥姐姐要关心爱护小超，多陪伴他，并理解父母。同时，社会工作者与小超的父母也约定，回家后也多关心一下小超的哥哥姐姐，让他们感受到父母的爱，让亲子关系得到改善。

六、成效评估

通过与医师的密切配合，与小超及其父母的紧密联系，社会工作者的服务取得了较好的成效，经与小超的父母讨论后，社会工作者结束了服务。通过与当事人面谈及社会工作者的观察，本个案的服务成效主要包括以下方面。

（1）小超的病情明显好转，引流袋被拆除，可以自主行动，饮食恢复正常，精神状态积极，愿意配合治疗，也能与父母进行互动。医师表示小超整体的恢复情况比较好，再观察一段时间没有复发或转移就可以办理出院了。

（2）小超及其父母的心态变化很大，由原先的焦虑不安，眉头紧锁，情绪很不稳定，到现在的心态平稳，精神愉悦，能在轻松的氛围中接受治疗。社会工作者后来与小超的母亲聊天，她对社会工作者及医师的帮助很感激。她表示，如果没有大家的帮助，她可能就会支撑不下去，实在是太难了，现在觉得生活还会继续，看到小超慢慢恢复往日的笑容，有一种幸福感。现在，小超的母亲还会在病房里向其他人分享治疗和住院的经验，为他们提供指引，减轻别人的焦虑情绪和压力。

（3）经济压力得到了缓解。资助金 3 万元申请下来后，小超的父母感觉压力顿时小了很多，为小超的继续治疗和康复带来了希望。

（4）亲子关系得到了改善。一方面，小超与父母的关系明显改善，他现在会主动跟母亲撒娇，合理地表达情绪、提出诉求；另一方面，小超的哥哥姐姐经过多次通话，慢慢与父母有了沟通交流，并愿意在小超回家后帮忙照顾小超。

七、专业反思

（1）重症儿童医务社会工作服务具有特殊性。人在身患重症的情况下，长期住院，又进行大型手术及多次化疗，对成年人来说都是严重的身心打击，更别说是儿童了。儿童因其自身认知能力及情绪调节能力还未成熟，面对这些医疗过程，出现反常表现其实是正常现象。本个案不仅仅关注儿童自身的问题，更关注儿童父母的问题，因为父母的行为、情绪对儿童有重要影响。为了让儿童能在被关爱的环境中接受治疗，社会工作者积极开展心理支持和辅导，运用社会工作的同理、鼓励、展望等技术对儿童的母亲开展情绪疏导，同时，积极协助申请救助金，解决经济压力问题。需要指出的是，父母的情绪反应和压力来源与儿童的病情和经济压力密切相关，因此不能单纯做心理辅导，而应该将治疗、经济援助、心理辅导同时开展，只有解决了治疗、经济压力等基础问题，心理压力才能从根本上缓解。

（2）医务社会工作需要多学科跨团队支持。在本案例中，面对服务对象疾病凶险、情绪失控、经济困难等问题，社会工作者在服务过程中需要注意平衡需求与回应和解决问题的轻重缓急，同时需要随时做好哀伤辅导的准备，挑战很大。事实上，在服务的过程中，社会工作者常常有很吃力、很疲惫的时候，因为这是社会工作者开展的为数不多的医务社会工作个案服务，本身经验不足。同时，社会工作者对医务知识储备不够，面对服务对象的病情及情绪反应不能较好把握，致使服务开展不能及时回应服务对象的需求。事实上，在医务社会工作领域，服务需要结合临床医学知识、社会资源、社会工作专业知识和技能等，这需要医师、护士、康复师、营养师、社会工作者、志愿者等不同学科团队的合力，只有多学科跨团队合作才能提供全面有效的服务。在今后的服务中，社会工作者还将遇到相似或不同的服务对象，要想更好地提供服务，社会工作者需要继续学习、提升，并在不断的实践中反思和精进。

（3）全人健康和全病程管理是医务社会工作的重要服务理念。这两种理念不再只关注患者的病情治疗，而是将治病与身心关怀、将住院与社会生活连接起来，让患者感受到多重关怀，身体放松愉悦的状态也有利于病情的恢复。医务社会工作者的作用就是营造全人健康和全病程管理的氛围，通过这样的服务使医疗更有效，构建和谐的医患关系。

专家点评

个案工作作为给予服务对象情感支持和直接服务的最有效的途径，被广泛应用于儿童社会工作服务中，该案例的服务对象为特殊对象，即患病儿童。社会工作者在综合分析服务对象的家庭状况和个人治疗情况的前提下，为服务对象制定了综合的个案辅导方案。社会工作者秉持全人健康和全病程管理理念，依据社会支持理论和增权理论，充分运用同理、鼓励、展望等技巧帮助服务对象及其家属疏导情绪、缓解压力，给予他们情感支持；协助服务对象及其家属与医护人员进行沟通，了解进度，参与治疗过程；帮助服务对象申请资助金；改善服务对象的亲子关系；等等。服务对象的治疗取得了成功，服务对象及其家属的压力也减轻了很多，服务取得了有效的成果。

黄君　华中师范大学社会学院副教授

图书在版编目（CIP）数据

社会工作实务案例选编／万仁德主编；周小帆，王志武副主编．-- 北京：中国人民大学出版社，2024．3

新编21世纪社会工作系列教材

ISBN 978-7-300-32604-7

Ⅰ．①社… Ⅱ．①万… ②周… ③王… Ⅲ．①社会工作－案例－中国－高等学校－教材 Ⅳ．①D632

中国国家版本馆CIP数据核字（2024）第039446号

新编21世纪社会工作系列教材

社会工作实务案例选编

主　编　万仁德

副主编　周小帆　王志武

Shehui Gongzuo Shiwu Anli Xuanbian

出版发行	中国人民大学出版社		
社　　址	北京中关村大街31号	**邮政编码**	100080
电　　话	010－62511242（总编室）		010－62511770（质管部）
	010－82501766（邮购部）		010－62514148（门市部）
	010－62515195（发行公司）		010－62515275（盗版举报）
网　　址	http://www.crup.com.cn		
经　　销	新华书店		
印　　刷	中煤（北京）印务有限公司		
开　　本	787 mm×1092 mm　1/16	**版　　次**	2024年3月第1版
印　　张	16 插页1	**印　　次**	2024年8月第2次印刷
字　　数	309 000	**定　　价**	39.90元

关联课程教材推荐

书号	书名	作者	定价
978-7-300-30042-9	社会工作实务（第三版）	库少雄	65.00 元
978-7-300-28790-4	社会工作实务案例教程	陈树强 李璐龄	49.80 元
978-7-300-31632-1	社会服务项目运作实务（第二版）	赵海林	48.00 元
978-7-300-30127-3	小组工作（第二版）	万江红	48.00 元
978-7-300-26267-3	个案工作（第二版）	隋玉杰	59.00 元

配套教学资源支持

尊敬的老师：

衷心感谢您选择人大版教材！相关的配套教学资源，请到中国人民大学出版社官网（www.crup.com.cn）下载。部分教学资源需要验证您的教师身份后，才可以下载，请您登录出版社官网后，点右上角“注册”，填写“会员中心”的“我的教师认证”项目，等待后台审核。我们将尽快为您开通下载权限。

如您急需教学资源或教材样书，也可以直接与我们的编辑联系：

龚洪训　　电话：010-62515637　　电子邮箱：6130616@qq.com

专业教师 QQ 群：

195761402（全国社会学教师 QQ 群）

欢迎您登录浏览人大社网站，了解图书信息，共享教学资源

期待您加入专业教师 QQ 群，开展学术讨论，交流教学心得